其命维新

篯筜书院 山长文集

王维生 著

东北师范大学出版社
NORTHEAST NORMAL UNIVERSITY PRESS

图书在版编目（ＣＩＰ）数据

其命维新：筼筜书院　山长文集／王维生著．--
长春：东北师范大学出版社，2020.8
　ISBN 978-7-5681-7082-6

　Ⅰ．①其… Ⅱ．①王… Ⅲ．①书院－教育史－厦门－
文集 Ⅳ．① G649.299.573-53

中国版本图书馆 CIP 数据核字 (2020) 第 158078 号

QI MING WEI XIN

其命维新：筼筜书院山长文集

责任编辑：包瑞峰　封面设计：丁　瑶

责任校对：张　彬　责任印制：许　冰

东北师范大学出版社出版发行

长春净月经济开发区金宝街 118 号（邮政编码：130117）

电话：0431-84568126

网址：http://www.nenup.com

武汉市盛宏源印务有限公司制版

武汉市盛宏源印务有限公司印装

武汉市硚口区下铁大厂路 141 号

2019 年 9 月第 1 版　2019 年 9 月第 1 版第 1 次印刷

幅面尺寸：170mm×238mm　印张：20　字数：290 千

定价：68.00 元

《筼筜书院文库》出版总序

文律运周，日新其业，
变则可久，通则不乏。

——《文心雕龙·通变》

筼筜是竹子的雅称，书院是君子之所寓。

2009 年初夏，厦门筼筜书院落成，鹭岛遂有一处可资商量旧学、培养新知、揭橥书院文化之地。书院在筹办之初，审当下之时，明过往之势，确立"旧学商量，新知培养"的宗旨，期冀新生的书院既能承继传统，又能创新发展。在时代转型之际，构拟书院框架，无立异之心，有求真之意，运作三年多来，筚路蓝缕而有条不紊。出版《筼筜书院文库》既是计划中的事项，也是书院应有的题中之义。"数必酌于新声"，渠成而水到，巢筑而凤来。《筼筜书院文库》第一辑应运而生，呱呱坠地，甚可喜也。

八十多年前，商务印书馆编撰了《万有文库》。嗣后，各门类文库相继出现，成就斐然。"保存为名，启智为实"是不少文库的理念，金匮石室也好，藏之名山也好，从四库到四部，到万有文库，中国文化的流播，渊源有自，一脉相承。

如何在众多的文库中确立一席之地，是我们编辑《筼筜书院文库》取择文本时所考虑的主要问题。"勿为媚俗之文。"黄侃在《文心雕龙札记·通变》中写道："文有可变革者，有不可变革者。可变革者，遣词捶字，宅句安章，随手之变，人各不同；不可变革者，规矩法律是也。虽历千载而粲然如新，由之则成文，不由之而师心自用……"

今后，但凡其业维新，文有经术，学能益世，通变堪久之文，均会被纳入《筼筜书院文库》的视野。"漱六艺之芳润，储二酉之情采。"筼筜书院将倾心关注当今学界学术动态，择取海内外学者的佳构杰作，陆续编辑出版。

此外，书院开办之初，亦同步创立了每年一届的"国学论坛"。每年深秋，名儒耆硕，学者俊彦齐聚筼筜，纵论古今，谈经论道，论议宏富，足以嘉惠学林，值辑成集，此亦为文库编辑所资之源。

今日，《筼筜书院文库》从无到有，可以想见，假以时日，必能蔚为大观！

筼筜书院创院理事长、山长 王维生

2012年5月

序

文／潘世建

　　篔簹书院，是厦门这座文化之城在走进 21 世纪经济特区建设时不忘传承中华民族传统文化的经典之作。正如篔簹书院名誉院长、当代国学泰斗饶宗颐先生所提出的为人修学饶氏"三境界"：第一重境界为"漫芳菲独赏，觅欢何极"，意为在孤独里思考和感悟，上下求索。第二重境界为"看夕阳西斜，林隙照人更绿"，所谓"日愈西下，则其影愈大"，尽管并非赫赫如中天之日，却仍然不失其光辉。第三重境界为"红蔫尚仁，有浩荡光风相候"，即无论如何都要相信，永远会有一个美好的明天在等候自己，永远以积极向上的态度，培养自己"富贵不能淫，贫贱不能移，威武不能屈"的精神意志。

　　王维生院长是篔簹书院创办的建议人，是篔簹书院设计与建设的推动人，是篔簹书院十几年办学的辛勤执掌人。他不仅追随饶公的学问之道，创办书院、弘扬国学，也努力践行"饶氏三重境界"。的确，从一片烂泥荒地里创办篔簹书院，直至今天篔簹书院成为当代中国书院的一面旗帜，十几年的艰辛是常人难以理解和体会的。他几乎是尽一己之力，成就了一个当代书院的传世佳话。我见证了篔簹书院从无到有，见证了王维生从城市园林人到书院界翘楚的蜕变和洒脱转身过程！当然，个中艰辛不是几句话能够道明的。但最让我感到欣慰的是，尽管筚路蓝缕，他依然初心不改，砥砺前行，并且，在中国当代书院的创办与运营等方面，做了许多有益的实践与理论探索。

　　欣闻他的新书《其命维新：篔簹书院山长文集》即将出版，我在此向他表示祝贺，并期待他能继续向饶氏第三重境界迈进！同时，我相信他的这些实践与理论探索，对于现代书院的创办者和理论研究者都具有一定的参考价值和借鉴意义。

　　是为序！

2019年7月29日

　　（潘世建，厦门市人民政府原副市长，厦门市政协原副主席，厦门市教育基金会理事长）

自序　曲成万物

生命是一个过程，人类一切有意义的努力无非是要辅助这个过程，使愈丰满，愈益便利。

——潘光旦

走在前面，为中国文化张本

在中国当代众多书院当中，筼筜书院无疑是一个典范。2017年9月3日，金砖国家领导人厦门会晤期间，习近平总书记在筼筜书院会见俄罗斯总统普京；2018年11月，筼筜书院荣获"致敬国学"第三届全球华人国学大典之国学传播大奖。

筼筜书院是一个"无中生有"的书院，我在创办之初亦曾被批评为"不务正业"。然而，经历十几年的耕耘，筼筜书院却从无中生有到蜚声国内外，从不务正业到业界翘楚，此乃秉持天命，苍天不负！

15年的耕耘，我真心体会到什么叫筚路蓝缕、以启山林，什么叫栉风沐雨、初心难忘！这里的一草一木、一砖一瓦、一石一竹、一桌一凳、一字一句……都浸润着我的心血，承载着我的梦想，也凝聚了书院大家庭浓浓的爱心，寄托无数学子的精神希冀。十几年来，我有幸与衮衮诸君、莘莘学子一道，耕耘这方精神家园，商量旧学，培养新知，去除偏蔽桎梏，提升生命境界，实为人生一大快事！

筼筜书院15年的发展历程，是中国当代书院发展进程的一个缩影，它契合了中华民族文化复兴的伟大进程。它的发展、影响与作用都早已超过我们的预期。这是时运，亦是必然。筼筜的过去和今天再次说明，筚路蓝缕、以启山林的艰辛与不易，也印证了远见与情怀、坚持与使命感是成就一项事业的根本，更是"曲成万物"的最好诠释！

本文集是本人作为筼筜书院创院理事长、院长，在创办和运营筼筜书院15年来，对当代书院的创办、运营、管理、目标定位、时代使命、课程设置及国学交流等方面的实践与探索的文章选集。文集包括创办书院的"初心与愿景——院记、学规、序言""当代书院的探索与实践——论文选编""言为心声——重要论坛活动的致辞"三个方面的内容以及两个附录"日新其身""媒体观察"。这些文章体现了一个中国当代书院先行者对书院事业与弘扬传承中华优秀传统文化孜孜不倦的追求与探索,对现代书院的创办与运营,也具有一定的参考价值与借鉴意义。

在本书的编辑过程中,执行编辑戴美玲、陈路加、陈灿勇、饶瑛华、邱晓静等同人,做了大量工作,其中有三篇论文还是与筼筜书院教学主任戴美玲博士共同完成的,在此,向他们表示衷心感谢!

同时,特别感谢厦门市人民政府原副市长、厦门市教育基金会理事长潘世建先生,他在百忙之中为本书作序,他是筼筜书院创办的决策者、推动者、支持者!对他在筼筜书院的创办与运营过程中所给予的大力支持,再次表示衷心感谢!

王维生

2019年7月30日

目录

第三部分　言为心声

附录一　日新其身

附录二　媒体观察

第一部分　初心与愿景

——院记、学规、序言

筼筜书院记

盖闻筼筜而名湖，古之湖畔有竹之徵也。书院宅此，傍湖而筑，隽竹而名，得竹劲节之精，含竹秀逸之气，存竹丰美之神。于是高构轮奂而灿然，烟景翳翳而波青，鹭熠熠栖于前屿，篁猗猗簇于筼筜。戊子春，时值承平，正泽宣敷，敦励风教，启迪英俊，创业鼎新，倡导和谐，必自人文始。敝司乃膺其命，选址筼筜湖之白鹭洲东园，启涂植表，鸠工勒石。伉门峻宇，皆不违先哲之制；梁栋恢宏，更新以当代之材，海内名儒傅以彩笔，地方贤达资以关怀。是以高檐三丈，乃为讲学之堂；连廊四周，应作陶育之地。殿堂嵯峨，泮池清碧，鹭岛学宫，以次告成。历时凡十八阅月，俨然洙泗，东南邹鲁，何其盛哉！

其辞曰：

淇澳权舆	书院肇始	哲人已逝	筼筜兴矣
叠叠多士	八方云集	商量旧学	培养新知
振其徽烈	存以规仪	修辞立诚	宜恭且敬
问学思辨	所以穷理	式此海隅	立石永志

筼筜书院创院理事长　王维生　撰

2009年3月

朱子书院记

　　银邑同安，西晋始名，太康三年立县。斯域山海环连，涵天浴日，城似银锭，因称银城。南宋绍兴二十三年，紫阳朱子，首仕同安，主其簿书，兼治学事，莅职勤敏，建教思堂，立苏颂祠，倡教兴学，以人文化天下。廨有燕坐之室，朱子寓之，更其名为高士轩，寓自励自谦之意。文公簿同五载，殚精竭思，逃禅入理，后承濂洛诸儒之学而集大成，道学于是大明。是谓朱门此地开，源头活水来！此后八百余载，儒风沛然，银邑后生，代有精英。有语曰：承朱子过化同安而海滨邹鲁，诚哉斯言！然则时序更替，世事屡迁，黉宇学堂，曾为食府，书院荒怠。乙未之岁，旧府华光，逢千载之幸；银城邑民、闽南学子，浴习习春风，念朱子德盛，乃过化之功；更食府而书院立，复旧轩而经学明；缔社区而亲民议事，造新园而众庶正行。银邑文风，蔚然再睹，畏垒之庵，后先辉映，何其盛哉！是以为记。

朱子书院创院院长　王维生　撰

2016年3月

筼筜书院学规

古代书院皆有学规，所以示学者立心之本，用力之要，言下便可持循，终身以为规范，与今时学校之学生守则近似，但实不同科。因其本具，导以其由，驱使力赴，对学子终身影响尤为深远。

现代书院的作用与旧昔书院差异较甚，诸生读经习礼，旨在弥补当代教育对中华传统文化教习的不足。但就教习国学而言，诸生读书以"四书五经"为本原，儒道法墨，诸子学问有所涉猎；遵国家作养之方，守圣贤亲切之训，知万善本具于我，信古道可践于今，皆务为躬行心得明体适用之学，此与古时皆缘一脉。

今立学规，盖遵旧礼，义取简要，融合古今，求其易喻。诸生若能循守，使知有定向而弗致于迷方，终身由之而不改，必适于道。

一曰立志。孔子曰"士志于道"，孟子曰"尚志"，凡为学当从立志为先。果能立志向学则无难，果能立志向学则乐在其中。志存高远，胸无芥蒂，则诸事可成。

一曰立敬。学以敬为入门。登斯堂也，师保在上，良朋在列，经典在手，须心存敬畏，正容敛肃，入惧之，出畏之，制其平日一切浮妄之习，默识吾心本来之体，是入门下手实功。

一曰得法。古之学序曰，"博学之，审问之，慎思之，明辨之，笃行之"，今之名师曰，学习国学须"四要四忌"——"要背诵，要投入，要出新，要持久。忌肤浅，忌空疏，忌拘泥，忌间断"。此皆为古今大家名宿之至理名言，诸生循之，定有长进，必有收获。

一曰修身。修身之学，圣门言详矣。今世纷华声利之习，入人心髓，故兴习国学，呼声日渐。今日诸生学习国学，弥后专业从之者毕竟少数，多为弥补平日所学之不足，或从中汲取道德修齐之涵养，格致诚正以修身。故读经习礼，传续道统，端本善则，完善慧智，是为首义。

厦门筼筜书院山长　王维生

2019年11月

斯人若彩虹 *

历史的洪流里，泥沙起伏，所向何处，全然不由己！

"所有的颠沛流离，最后都由大江走向大海，所有的生离死别，都发生在某一个码头——上了船，就是一生。"

——龙应台

多年以前，李敖先生曾送给我一本他的谈话录：《大江大海骗了你》，拜读之后，再看龙应台先生的《大江大海1949》，心有戚戚焉！李敖先生和龙应台先生的观点立场不是我要评论的事情，我所感慨的是那个时代的巨大变化给中国人带来的冲击！对于去台人员而言，那是一整代人"隐忍不言的伤"，其对台湾几代人的思想、心理、情感等方面的影响之大，可能是我们大陆许多人未曾了解的。

自从创办筼筜书院和主办"海峡两岸国学论坛"以来，与台湾学界、文化界的交流互动，变得非常频繁。十几年来，有幸结识了许多台湾的文化名人与著名学者，如李敖先生、余光中先生、陈鼓应教授、汪荣祖教授等，在他们身上，我时常感受到浓浓的家国情怀和民国时期文人的气息与风范。

2018年11月中旬，我应邀带领中国书院学会参访团，到高雄师大参加"海峡两岸经典书院论坛"，期间有幸结识高雄师大的韩必霁教授，一位留美归台的知性美女博士。交谈中她感慨说我的神情酷似她的父亲，并希望我能为她父亲即将在北京某出版社出版的书籍写篇序言。对于这一殊胜因缘，我难以谢绝，便不自量力地应允下来。

韩必霁教授的父亲韩光俊先生，对于大陆读者而言，应该比较陌生，他是龙应台先生笔下的200多万人中的一位。这是一位出身名门、深受中国传统文化教育熏陶的民国知识分子和文学创作者，在1949年迁移台湾之后，先生与那一批渡台的中国知识分子一样，充

---

* 本文是笔者为台湾韩光俊先生的文集所做的序言。

满浓浓的家国情怀与中国文化情结，他们在台湾承继接续中华文化，"他们在等待，一直在等待，等待惠风和畅，等待着风清日丽，直至生命最后一天都不曾放弃对未来返回故乡，拥有美丽新世界的盼望与执守。他们的花果飘零，代表着一种坚韧的中华魂，在等待中，先生让自己的强烈情感透过文学创作，找到了可以让那一代人生命安顿的支点；在想念中，让生命的意义在台湾开枝散叶。"

初看先生的经历与文稿，若有人告诉我他体认苏东坡《前赤壁赋》里"寄蜉蝣于天地，渺沧海之一粟。哀吾生之须臾，羡长江之无穷"的话，我定万分理解。但我看到韩光俊先生嘱咐子女镌刻的墓碑文却是"盖将自其变者而观之，则天地曾不能以一瞬；自其不变者而观之，则物与我皆无尽也，而又何羡乎！"由此，我不得不感慨先生的达观。颠沛流离、背井离乡的岁月里，他将对生活的热忱、对家乡的思念、对过往的回忆转诸笔尖，用一个个文字勾勒出自己心里的画卷——用过去的星火，温暖现实的生活，照亮未来的希望。

先生是一个现实主义者，为了一家的生计，弃学从"戎"；先生又是一个理想主义者，在心田里自留一块"地"，耕耘自己的"文学果园"，酸、甜、苦、涩，各有滋味。

先生对大陆和家乡深厚的情感与乡愁，滋养出他在台湾发表的第一篇文章《子规声里犹啼血》，也让他临终前仍在精修长篇小说《万里云罗》。前者出自宋代王令的《送春》："三月残花落更开，小檐日日燕飞来。子规夜半犹啼血，不信东风唤不回。"家乡就像离去的"春天"，身在台湾的自己犹如啼叫的子规（杜鹃鸟），每一声都是化不开、散不去的离愁别绪。后者出自唐代李商隐的《春雨》中后两句"玉珰缄札何由达，万里云罗一雁飞。"联系这首诗另两句"远路应悲春晼晚，残宵犹得梦依稀。"山高水远、故乡难回的无奈和对乡土的深情跃然纸上。以《送春》始，以《春雨》终，而1949年5月先生离开上海去台湾的日子也是春天。

让人欣慰的是，先生和夫人终于在1989年踏上故土，也因为这次回乡，促使先生再次对小说《万里云罗》进行精修，书中"奔程""受难""试炼""还乡"四个章节，无疑是先生此生的心路历程。用"还乡"收尾，也应和了他早期另一部作品《莫认他乡作故乡》，只可惜未及《万里云罗》出版，先生就已仙逝。

先生的文章用语朴实，却鲜活生动，他的作品多和各式各样的人物相关，那一个个从他记忆里涌现的人物印象，让往昔的情景浮现在我们的眼前。江湖机智的老牛根、"香头奶奶"袁五娘、泼辣俏皮的柳枝嫂、脸有刀疤的游击队员陈蒲生、进退两难的余老爹、耍泼害人的赖四……他们的一举一动，一言一语，一思一念，让时隔多年的乡间历史在文字中"复生"。

先生的文字，让我想起鲁迅先生。按时间算，他们并不在同一时代，鲁迅先生离世那年，先生约 8 岁，但那乡间的景象和人事物，又有几分相似。在他们的笔下，"封建的思想对人的迫害"不是一句考试答案，而是化成了一个个具体的人、一件件具体的事，看了聂二姐的故事，忍不住想起祥林嫂；看见三妹妹，想起《药》里面华小栓久治不好的病。在他们的年代，影像、声音资料相对少地"关照"乡村，历史，更多是由文字记录。一个又一个的作家，一个又一个的故事，使得记忆相续、交叠，那些苦难，那些苦楚，那些真情，那些冷漠，那些惊喜，那些残酷，于今日的我们而言，有何意义呢？我们为何要再去触碰那些累累伤痕呢？怎有一个统一的答案。

于我，只因"看见"本身。

历史不应该遗忘！在中华民族的伟大复兴和统一的进程中，在海峡两岸的交流当中，加深对这段历史的了解是非常必要。也许通过阅读对方的一些书籍，多了解了对方所经历的痛苦、感受，才能对一些行为、一些思想有新的认识、新的理解，之后所做的价值判断，才能够更接近真实。

先生的代表性著作《少年子弟江湖老》《春深庭院》《子规声里犹啼血》《从警记》《我的台湾警察生涯》《万里云罗》《怀乡散文》等短中长篇小说、报导文学、散文集，即将陆续在大陆出版。真诚希望先生的文集能让大陆的读者更多了解：这是"那一代人在流离失所后，仍旧相信温厚乡里中国，并感受先生作品中对中华的真诚的深信，对纯文学的炽热的深爱，以及对实现那个必须接续的中华之梦的坚守。"

斯人若彩虹，遇见方知有！

中国书院学会副会长、厦门篔筜书院创院山长　王维生　敬笔

2019年1月31日

永葆对大自然的敬畏之心 *

　　《周易·文言》曰："夫'大人'者，与天地合其德，与日月合其明，与四时合其序，与鬼神合其吉凶。"生长于黄土地的中华文明在历史上始终对大自然葆有敬畏之心，"天人合一"是中华传统文化的核心思想之一，也是先贤圣哲所崇尚的最高人生哲理。前几天刚刚去世的著名国学泰斗饶公宗颐先生，更是提倡在"天人合一"的基础上，追求"天人互益"的境界。

　　饶公曾谈及，"天人合一"的理念古人早就提出来了。那时生产力低下，只有顺从大自然，人类方能生存。而今不同了，在"人定胜天"的思想激励下，特别是人类有了大型机械，发现并利用了新的能源之后，人类似乎有了"改天换地"的资本。若说 20 世纪五六十年代人们凭借的是信念和勇气的话，那么今天的"力量"能让梦想变成现实，能让现实似做梦。我们今天在世界上很多的麻烦，就是"天人互害"引起的。我们做了很多事情，可以说是"伤天害理"，把整个环境都改变了，破坏了，以致现在需要"环保"，这是人为制造出来的一个恶果。我们对不住宇宙，因为我们不懂"天人互益"，所以就"互害"了。所以我提倡"天人互益"，"天"同"人"互相补足，一切的事业，要从益人而不损人的原则出发，并以此为归宿。

　　这几日，为了完成何教授交给我的任务，也为了悼念饶公，因此重温了饶公的这些讲话，我深以为然，同时感到何清钏教授所著的这本《自然与人生》有着现实意义。

　　我与何清钏教授结缘于 2015 年 7 月的台北，当时我应邀到台大参加"'朱子学'学术研讨会"，之后一直与他保持往来与联系。2017 年初，何教授携友人到访篑笃书院并赠送他的新作《自然与人生》，过后认真拜读，掩卷沉思，颇有感触。何教授开设此门课程并著此书，源于他对这几十年来对"天人互害"的现实及其后果的忧

---

*　本文是笔者为何清钏教授《自然与人生》一书所作的序言。

虑。正如他在自序中所述：有感于现代人在生存竞争的压力下，有太多的心识作用，陷于无明而不能保持平稳的心境，与大自然有所互动。因此开设此门课程，期能使学生借此课程了解违反自然法则、破坏生态对人类生存环境与心灵成长所造成的危害，能进入大自然生命的世界，体悟大自然的法则，从而知道人们应当如何依此真理待人处事。

本书作为一本通识教育的读本，所讲述的是天地日月等自然环境中的现象和规律，并介绍了自然界各种生命的生态情况，对"人与自然"共生共存、生生不息的互动关系，做了精辟的阐述和生动的导读，其中更透露了作者的深层关怀，值得拜读，所提出的问题也值得深思。诚然，经济建设与生态环境的矛盾，人与自然的诸多不和谐，这是一个全球性的问题，个中缘由，非三言两语能道完，但人类越来越缺乏对大自然的敬畏之心，则是一个重要因素，而这与通识教育有关。

欣闻本书即将在大陆出版，承何教授厚爱，嘱咐我写一篇推荐序，遂以此读后心得代为序言。期待更多读者葆有对大自然的敬畏之心。

厦门篔簹书院院长　王维生

2018年2月18日

言谋天下·鬼谷子 *

《文心雕龙·诸子》曰："鬼谷唇吻以策勋"，"辞巧理拙"，"而诸子杂诡术也"。

刘勰的这段话或许可以代表历史上社会主流对《鬼谷子》一书及纵横家的基本评价。一般认为，纵横家所崇尚的是权谋策略及言谈辩论之技巧，其指导思想和儒家所推崇之仁义道德大相径庭。所以《鬼谷子》一书历来被人们称为"智慧之禁果，旷世之奇书"，但它在中国传统文化中独具特色，是乱世之慧说，乱世之哲学。春秋战国之世，诸侯争霸，人心唯危，险恶莫测，祸乱横生，权变游说之士应运而起，鬼谷一书，得时而生，并很快成为纵横家的救世宝典与游说方略。

从汉墓马王堆出土的《战国纵横家书》中，今人验证了这样的场景：纵横家活跃在春秋战国时代的乱世政治舞台，他们面对各国之间的利害冲突，凭借自己的语言智慧，"朝秦暮楚"地奔走于各国君主之间，找机会论述自己的主张，勤谏、建议、协商、判断，希望影响君主，以实现自己的理想与抱负。《史记》中认为苏秦、张仪二人俱事鬼谷学术。

孔子曰："巧言令色，鲜矣仁。"权谋与技巧是一把双刃剑，既可以为善，亦可以为恶，用在为善，是智慧；用在作恶，是奸诈。苏秦之流，以权谋为里，以语词为表，鼓三寸不烂之舌，谋得六国相位于一身，然而最后不得善终，死于非命。古人云"春秋无义战"，唯利而已。苏秦、张仪用鬼谷之话术，合纵连横，朝秦暮楚，以致一时间生灵涂炭，血流漂杵，尸骨遍野，是历史上一段血腥的时代。虽然苏、张的政治理想都在一定程度上得以实现了，但社会与民众为此付出的代价却是十分巨大的，这也可以解释为什么此后《鬼谷子》一书不为世人所重。盖宅仁爱之心者，多不为也。

---

* 本文是笔者为孔维勤《孔维勤说鬼谷子·言谋天下》所作的序。

时隔两千多年后，时至今日，伴随着"国学热"的升温，《鬼谷子》一书再次引起人们的关注。抛开其阴险毒辣之政治目的与手段，《鬼谷子》一书中亦有丽辞雄辩、贞文有斐之处，其语言智慧和语言策略亦影响着历代策士与谋臣。在当今社会，我们仍然可以感觉到其影响的存在，一如"传销"、各类"推销"和"广告"等行当，自觉或不自觉地采用了纵横家的语言策略。

其实，在生活中我们也无时无刻不被别人的思想引导，同时引导着别人。比如你容易听信更权威、更亲密的人的意见；你受广告引导而做出购买商品的决定；你作为一个企业高管，说服你的上司同意你的商业计划等。人的一生说到底就是说服与被说服的过程，小到家庭的柴米油盐，大到企业发展方向，莫不如此。

因此，在当下重新解读和建构、阐发《鬼谷子》一书，是一件非常有意义的事情。我非常高兴地看到台湾孔子学院孔院长维勤兄用电子邮件发给我他的新作《孔维勤说鬼谷子·言谋天下》书稿，并嘱咐我为该书作序。兄台之托自然不敢怠慢，于是我花数夜时间拜读一遍，先睹为快，也为之赞叹：这是一部令人耳目一新的《鬼谷子》重构之作，是一部"吸其精华，去其糟粕"的"经世致用"的范作。

如前所述，鬼谷子一书，历来不为世人所重，但鬼谷子之术，历代均有伪托其名、以为相术之书，以之测算运命星途，坊间有诸多版本，融五行家、阴阳家、堪舆家、星算家、道家等为一体，在底层百姓中颇有市场。此固然是与生命无常，群民贫弱无助而需要一种精神寄托有关，尚可同情，无须厚非，但造成了历代人们对此书负面看法多于正面看法，鬼谷之学自然无法进入历代主流文化。

时至今日，我们在书市上看到的此类书作，或为相术，或重在阴谋权变之术的演绎，于社会毫无正面积极意义可言。

但维勤兄的新书却是完全与众不同，他抛弃了《鬼谷子》中消极、负面的糟粕，从语言学与谈判学的角度入手，重新解读与建构《鬼谷子》的学说，引导读者重新认识与评判这部经典。

一、《鬼谷子》不是诡计，不是阴谋术，而是一门语言艺术、语言智慧、语言策略，是先秦战国时代留下的一部探讨"语言智慧"的经典，是中国第一部口语修辞著作，它开启了中国修辞辩论的先河。

二、以《鬼谷子》传统十二篇为框架，系统糅入和整合了先秦诸子的代表人物，如老子、孔子、孟子、墨子、庄子、杨朱等的语言艺术，极大地扩充其语言学的内涵与外延。诚如在先秦文献中记载的，前述诸子的语言智慧，都有着司马迁所谓"究天人之际，通古今之变，成一家之言"的伟大见识，他们也是广义的纵横家（如此附会是否会贬低诸圣贤呢）。

三、从谈判学的角度入手，独创各个篇章的教战守则，仔细读之，会深深感叹纵横家谈判语言的深奥、精准与玄机无限，同时深深感佩维勤兄驾驭语言的能力与深厚功底。读者诸君日后读到，必定收获良多。

写到这里，我忽然感到对冯友兰先生的"抽象继承"论有新的感悟，我们对国学经典应是抽象地继承。维勤兄的这部新作应该就是如此。

因明日要出国，行前必须交账，匆忙之中，未及细细品读，粗略谈几点读后感受，非常肤浅，还望诸君海涵。

筼筜书院创院山长　王维生

2012年10月25日

于厦门筼筜书院

第二部分　探索与实践

——论文选编

现代书院建设与城市园林生态
文化融合的探索与实践*

【引言】园林是一种文化现象，文化是园林的灵魂。把文化和艺术的内涵融入城市园林的建设与管理当中，是世界园林的发展趋势。我国园林界提出的"文化建园"理念中的"文化"包含"优秀传统文化"和"时代文化及地方特色"两大主要部分。

"文化建园"的核心内容就是从弘扬我国优秀传统文化和展现时代文明风范的结合上，赋予城市园林建设和管理以浓厚的精神文化色彩，创造出有时代特色和地方特色的园林文化，满足人们日益增长的精神需求，为生态文明与精神文明建设做出贡献。

传统书院是儒家文化的"道场"，是儒学传承与发展的重要场所与阵地。在儒学迅速复兴的今天，现代书院同样承接着传承、弘扬与推广传统文化的重要使命。

而公园是一个现代城市公共设施的重要组成部分，也是展示一个城市文明的窗口。随着城市建设的发展和经济水平的飞速提高，现代城市居民的审美品位逐渐提高，精神需求逐渐增强，对公园休闲的需求，已不是简单的"需要有一片绿地可供散步、呼吸新鲜空气"，人们更希望在公园能获得一种美好的心灵体验，得到一种精神的享受。城市公园的社会效益也因此提升到满足人们精神生活需求的层面，这是一种文化高度的提升，也是生态文明发展的一种体现。

如何将传统文化融入公园建设中，将现代书院建设与城市园林生态文化建设相融合，使之成为其生生不息的生命源泉呢？20年来，厦门白鹭洲公园在"文化建园"方面做了许多成功的探索与实践。

---

* 本文是笔者 2014 年在"北京园林论坛"上所作的论文。

一、白鹭洲公园简况

白鹭洲公园是厦门市首座大型开放式综合性城市中心公园，由3个片区公园组成，面积约40万平方米。公园位于市中心的筼筜湖上，四面环水，毗邻市政府行政中心、滨北金融区及繁华老城区，优越的地理位置、良好的绿化景观与休闲文化设施，使其成为厦门城市的"磁心"和"绿肺"。

在历史上，筼筜湖原是厦门西海域的一座港湾，名为"筼筜港"。夜幕下，筼筜港内渔船上点点星火形成的"筼筜渔火"，成了厦门"老八大景"之一。那时，白鹭洲也只是筼筜港内一块不知名的小岛礁。20世纪70年代的围海造田，使筼筜港变成了筼筜湖，小岛礁也变成了湖心岛。随着城市建设的发展，大量排放的生产和生活污水让筼筜湖的生态环境发生了根本性变化，水质恶化，白鹭离去，居民的生活环境受到严重影响。

20世纪80年代，厦门市政府启动了筼筜湖治理工程，让这一湖心小岛走进了人们的视线。1993年，厦门市政府决定对其进行开发，实施"梦之岛"计划，并以市鸟—白鹭的名字命名为"白鹭洲"，白鹭洲公园的开发建设工作由此拉开序幕。

20年来，白鹭洲公园遵循着"把更多的文化融入大自然之中，让更多的园林成为艺术之苑"的宗旨，本着"为城市创造高品质的文化、休闲、娱乐环境"的经营理念，努力探索一条将文化艺术与园林景观完美结合的城市园林建设新思路，开创了一条人与自然、自然与文化和谐共处的公园建设运营发展之路，使白鹭洲由滩涂变绿洲，由荒芜变繁华，成为备受青睐的文化、休闲场所，大家将它称为厦门最具魅力的"城市客厅""城市原点""五星级公园"。2010年12月，经国家住房和城乡建设部批准，厦门白鹭洲公园荣获"国家重点公园"称号。

探究20年来白鹭洲公园建设的成功经验，坚持文化建园与重视人与自然的和谐发展是两个根本原因，而这与我们的理念与宗旨密切相关。

我们的宗旨：为城市创造高品质的文化、休闲、娱乐环境。

我们的理念：把更多的文化融入大自然之中，让更多的园林成为艺术之苑！

二、文化建园的实践

（一）把握城市文化特色，展现时代文明风范，营造体现"天和、人和、心和"和谐思想的"公园和和文化"

每个城市都有其自然、人文、历史传统与风格特点，并形成独特的城市文化。城市园林的建设与管理要把握城市文化的特点和园林文化的性质，才能创造出适应时代与城市特点、符合人民需求的高品位园林文化。

中国人的和谐思想起源于《周易》的阴阳和谐论，在《庄子》中提出"天和、人和、心和"的概念使之趋于系统，到汉代董仲舒提出"天人合一"思想，使之进一步完善。而现代城市园林是实现这"三和"境界的主要途径之一。园林的建设体现了"天和"，人与人在其间的活动体现了"人和"，在二者的基础上通过个体的心理体验满足实现了"心和"。

我们在白鹭洲公园的建设与管理中一直在实践这些思想。经过20年的努力，白鹭洲从一片淤泥沼泽地，蜕变成"厦门城市客厅、鹭岛中央公园"，并荣获国家住建部颁发授予的"国家重点公园"称号。白鹭洲公园也形成了各具特色的三大片区：

中片区：厦门首个开放式公园，来厦游客必到之景点；厦门城雕——白鹭女神、黄金大道、摄影广场等标志性景点与文化设施。

西片区：音乐喷泉广场、水上广场及大片绿地组成城市会客厅，是市民休闲与大型文化活动的最佳场所。

东片区：以"箢筜书院"为主体，是集国学传播、教育、展览和休闲于一体的高品位文化休闲公园。

（二）筼筜书院的创建与文化建园、生态文明建设的新探索

白鹭洲公园文化建园的点睛之笔当属创建筼筜书院，它是城市公园文化建设与运营模式的一种大胆与成功的新探索，是站在文化的高度，透过公园文化建设，沟通古今文化，构建市民求知国学的精神家园。

1.书院的前世今生

书院是中国古代一种独特的文化教育机构，它起源于唐代，兴盛于宋代，延续于元代，全面普及于明清，清末改制为新式学堂，绵延了1000多年，对我国古代文化教育、学术思想的发展产生过巨大的影响。千百年前，书院作为儒学文化的一种载体，"以诗书为堂奥，以性命为丕基，以礼义为门路，以道德为藩篱"，将学术传承与教育由文人交流变成一种向公众开放的领域，成为名流学者们讲经论道之所、文人学士们向往之地。在中国古代的文化传播中，没有一种形式能如书院呈现的这般自由、包容和开放。在发扬儒学方面，唐宋以后，儒学教育与普及便以书院教育为主力，起到教化民众、改进社会风气的作用。正如欧洲中古学术的发展往往依附于大学、学院一样，儒学或宋明理学的种种风尚及学派往往依附书院而发扬光大。可见学术的发达往往和思想家荟萃的场所有千丝万缕的关系。虽然100年前，书院在我国古代所承载的精神气质和文化使命已告结束，现代仅存的书院大都失去它曾经的思想传播功能，但它依然成为后人精神瞻仰的指引性符号。

传统书院在近代渐趋衰弱后，历经近百年的沉寂，又在现代意识的反观下悄然兴起。从20世纪80年代冯友兰、季羡林、汤一介等当代著名学者发起成立中国文化书院起，相继又出现了万松蒲书院、白鹿书院等，近年来有更多的书院在新一轮国学热中相继成立。据不完全统计，目前全国有2000多所书院，这些现代书院的创立，再一次昭示，书院仍然是中国文化人心中永远抹不去的记忆，是中国文化人所向往的一个美好的精神家园。

中国传统书院在今天的再度出现，从积极的方面讲，是"盛世兴

国学"，改革开放以来，经济发展了，人们的文化信心开始增强了；从另一方面讲，历经30多年的高速发展和市场经济的荡涤，功利性、世俗化、快节奏，成为现代人的精神之累。在崇尚西方文明过后，很多人开始面向中国历史和文化传统，去那里寻求根源，进行精神上的回归。书院的重现，也给人们多了一种教育与文化的自由选择。诚如复旦大学文史研究院院长葛兆光教授在筼筜书院演讲时所说的"仓廪实而知礼节"，厦门作为中国大陆经济发达的地区，政府、企业、大学，都有在"仓廪实"的基础上使得民众"知礼节"的需要，所以推动筼筜书院的成立，推广传统文化教育，很合乎孔子所提倡的"富之"然后"教之"的理念。筼筜书院提倡传统文化的教育，从大的方面来说，是对传统和历史的认同做出努力；从小的方面来说，是对民众的教育和文化提供滋养，这是一件非常好的事情。作为一种文化设施，把书院建在公园里既丰富了公园的景观，又增加了公园的文化气息，何乐不为？

2.筼筜书院的创立、体制与理念、定位

创立：从2005年开始策划，2007年动工到2009年落成启用，筼筜书院从规划到完工，历时五载，经过多番周折。当初这块地有人要建酒吧，有人要建博物馆，有人要建酒店，我们主张建一座书院。理由有二：一是文化建园的理念；二是我们已觉察到"盛世兴国学"的趋势。改革开放以来，经济高速发展，但人们的灵魂跟不上脚步，总感觉缺少点什么。人们生活好了，但心却很累，活着为了什么？为名利？为地位？精神没有支撑，没有信仰，钱多了，不知道该干什么，世风日下。反思现状，我们认为应该重新审视传统文化，应该回归传统，学习祖先的智慧。

建筑特色：书院建成什么样？"远处看，很传统；近处看，很现代；进去看，很地道。"这就是我们为筼筜书院设计的三种表情，由此也体现出我们对弘扬传统文化和文化建园的认识与态度：传承、创新、发展。书院建筑要与公园环境相协调，让大家到这里来能静下心来。创意不离谱，公园内的建筑要让人赏心悦目，公园内的氛围要让人心灵宁静。箬笃书院占地 38000 平方米，依湖而居，虽处市中心，却因周围的小山和绿树环抱，造成一种"与世隔绝"的氛围，颇有闹市中的世外桃源之感，体现了"大隐于市"的精神与境界。其主体建筑位于公园中部，居中心位置的是书院主体功能用房，带有经典的中国书院格局和闽南建筑风格，由"讲堂""学堂""展廊"三部分组成。书院周边的两家美术馆和一家茶文化馆是书院的"学田"，与书院一起形成了浓郁的传统文化氛围。

体制：书院采取"政府支持、企业投资、公益性经营"的方式运营，致力于传统文化的教学、研究、传承与发展。

箬笃书院的创立，可谓是在中国传统书院的基础上应运而生，顺势作为。然而，作为厦门首家现代意义上的国学书院，在新的历史条件下如何兴办与发展，这是一个全新课题。正如当代著名作家冯骥才所言，目前书院发展最大的问题是没有先例。我们是第一批人，最大的困难是没有可以仿效的对象，而最大的优点则是可以发挥想象力自由创造。诚如台湾辅仁大学校长黎建球教授寄语箬笃书院所说的，箬笃书院是第一个既没有传统的包袱，又承受现代使命的书院。

理念："旧学商量，新知培养"是箬笃书院贯彻始终的办院理念。

走进书院的正厅讲堂，"旧学商量，新知培养"在两侧对开，直入眼帘，这副对联出自朱熹的"旧学商量加邃密，新知培养转深沉"，通过研讨、辩论，"旧学"因有"新知"的启迪而更加精深周密，"新知"因得"旧学"的栽培滋养而更为深稳沉实，这也是孔子"告诸往而知来者""温故而知新"治学思想的继承和完善，此中蕴含的正是箬笃书院贯彻始终的办院理念。如果将"旧学商量"视作一种方式和态度，那么"新知培养"无疑就是其主旨和目的所在。弘扬经典传统与开发创新，两者之间并不矛盾。箬笃书院的同人正是心怀对中华传统文化虔诚敬畏的心态，以"旧学商量，新知培养"为理念，结合传统书院的风俗和现代书院的特点，搭建了一座沟通古今的别样的文化园林。

定位：对现代学校教育起有效补充作用，为市民构筑一个学习传统文化的精神家园。

3.筼筜书院的主要活动模式

（1）国学经典普及：青少年国学启蒙教育、成人经典讲习等教学活动

青少年国学启蒙教育：秉承"旧学商量，新知培养"的"致用"理念，在课程设置上，依照循序渐进的原则，对于青少年的国学启蒙，我们根据学生年龄层级和培训科目等，制定了《三字经》《弟子规》《千字文》《笠翁对韵》及四书等 10 个阶段的国学启蒙计划，孩子在小学五年级之前可以学完相关的课程。

传统艺术课程：开设书法、国画、古琴、箜篌、琵琶等艺术类课程，以及暑期的各类特色课程。

成人的经典普及教育：我们为成人制订了相关的计划，包括古琴、书法和国学经典系列讲习班，注重从经典原文的字句开始，学习传统文化。特别值得注意的是，筼筜书院面向公众的经典普及都是公益性质的。

暑期国学活动：丰富有趣的主题课程和大学生国学夏令营、朱子之路研习营等。丰富孩子们的暑期生活，增加了两岸学生的交流。

高端国学精英培训课程：新儒仕课堂，面向社会精英人士开设的国学培训。

（2）名儒会讲：以讲会友，会通天下

在中国传统书院的发展历史上，名儒会讲就是书院"致用"的一大特色，在传统文化交流、国学专题研究与讨论方面，厦门因其独特地理位置，成了两岸交流的窗口和桥梁，筼筜书院同样也是国学大师、学者们交流、研讨的最佳场所。五年来筼筜书院陆续聘请百余位海内外知名专家作为书院学术顾问，邀请他们来书院为公众做演讲，也为书院的学术发展把握方向。

除了名家讲座以外，还定期举办小型专题论坛，让具有影响力的专家就专门的问题深入研讨。如青少年国学启蒙教育、古琴文化交流研讨会、《孙子兵法》电视论坛、老子文化主题、周易思想等几十场

专题论坛，知名学者会聚筼筜，谈经论道。尤其是 2011 年 4 月 4 日，筼筜书院与厦门大学国学研究院联合举办了"国学高峰论坛"，两岸知名专家学者会聚书院，探讨"国学与中国文化传统"。论坛的主持人为台湾地区著名作家、文化学者李敖，论坛嘉宾包括台湾学者陈鼓应、徐泓、汪荣祖，大陆学者张立文、陈来、葛兆光、汪毅夫、陈支平等，可谓是当代鸿儒的巅峰对话。充分发挥地缘优势，促进传统文化交流成为筼筜书院有别于其他书院的最大特色。

（3）出版刊物：经典的现代传播

目前，厦门筼筜书院已经形成举办高端国学论坛，以及日常国学普及的运营模式，同时出版刊物也是书院的重要功能之一。书院从规划之初就已设立通过定期出版《筼筜书院文库》和《筼筜书院》院刊，将专家顾问的文章收录其中，希望能在国学复兴史上留下其独特与悠久的印记。

由于网络在现代社会的信息传播中占据重要地位，筼筜书院除了推出自己的网站、博客、微博，与国学爱好者保持密切交流外，还在重要网站设计专页，将名儒会讲的内容实时通过网络途径广泛传播。

（4）"国学论坛"：筼筜书院的成功之举

书院在开院之初便与厦门大学国学研究院联合创办了"国学论坛"，立意创建一个国学研究交流的高端平台，并逐步聚集两岸国学界的主流学者，有计划地、系统地进行研究交流，以推动国学研究的深入与经世致用。

2009 年 11 月 28 日，厦门筼筜书院开院典礼暨"首届海峡国学高端研讨会"成功举办，作为两岸传统文化交流平台的首次尝试，筼筜书院会聚了 30 多位国学研究者，就"如何推动国学经典的经世致用"的论题各抒己见。与会学者在对当前的"国学热"进行反思的基础上，对于"'国学与经典'范围的界定"等问题进行深入的探讨和交流。

2010 年经国台办批准，研讨会升格为一年一度的"国学论坛"，以进一步扩展两岸专家学者研究交流国学的平台、促进两岸传统文化交流，在更广的范围内寻求文化认同与国学经典的经世致用。

2010 年 11 月 27 日至 28 日，首届国学论坛暨"第二届海峡国学高端研讨会"在厦门篔筜书院举行，自此论坛被列为国台办对台重点交流项目。第十届全国政协副主席罗豪才、福建省政协副主席叶家松、厦门大学校长朱崇实、厦门市市长刘赐贵等领导，以及 60 多位学者嘉宾出席了本届论坛，纪念朱熹诞辰 880 周年，主题为"朱子理学与当代社会"。

2011 年 11 月 11 日至 13 日，厦门篔筜书院成功举办了第二届国学论坛暨"第三届海峡国学高端研讨会"，主题为"《诗经》研究——学术·生活·展望"。论坛聚集了近百位诗经研究领域的学科代表人物及高端学者，具有较强的权威性和代表性，受到两岸文化领域及各大新闻媒体的高度关注。

会议期间，中央文明办专职副主任王世明亲自到会场看望两岸学者，王世明副主任充分肯定了篔筜书院在弘扬传统文化和促进两岸文化交流方面所做的工作。

2012 年度的国学论坛，于 2012 年 11 月 23 日至 25 日在篔筜书院成功举行，主题为"道家研究：学术、信仰、生活"，本届论坛新增了北京大学、香港中文大学等为主办单位，来自全国各地的道家文化研究学者，以及来自美国、德国、爱尔兰、比利时、伊朗、新加坡、韩国等国家的汉学家等总计百余位参加了论坛，与会学者具有广泛代表性与国际性。与会代表认为，本届论坛是近 20 年来道家研究领域最广泛、最具国际影响力的高水平的学术盛会。

2013 年度的第五届国学论坛，于 2013 年 11 月 23 日至 25 日在篔筜书院成功举办，主题为"周易：经典、释读与传承"。80 多位周易研究领域的权威专家、学者参会。许多专业媒体给予高度评价。

三、结束语

（一）白鹭洲公园文化建园，尤其筼筜书院的设立取得三个成效

1. 创造了一个天人合一的文化园林环境，为市民构筑一个精神家园；白鹭洲公园成为厦门的城市客厅和文化名片。

2. 打造了传统文化交流的高端平台，让台湾地区学者看到我们对国学的态度。

3. 创造现代书院的"厦门模式"，被各级领导和两岸专家学者、书院界同人充分肯定，被誉为目前两岸最具活力与影响力的现代书院。

（二）从白鹭洲的建设与运营实践中，我们有两点体会

1. 文化是提升园林内涵的要素。人类社会已进入 21 世纪，人们对公园的要求越来越高，已不是简单的需要有一片绿地供散步、呼吸新鲜空气而已。人们更希望公园在原有的基础上，提供满足人们精神生活需求的设施与内容。因此，现代的园林建设不应仅局限于传统的植树、种草和造景，更应有包括丰富文化内涵的景致、设施与活动体验，透过文化的融入，尤其是优秀传统文化的融入，进一步丰富和提升园林的内涵，让人们在享受绿荫与鲜花的同时，也能在精神上、心灵上受到一点浸润，这就是公园作用的升华，也是儒学对生态文明建设的新贡献。

2. 现代书院建设可以成为现代城市园林生态文化的重要载体。本着传承、创新与古今融合的理念，现代书院的建设，可以从弘扬优秀传统文化和展示现代文明风范结合的角度，从追求完美空间艺术形式和融入园林新科技结合的角度，赋予园林城市建设和管理以浓厚的精神文化色彩和科学技术成分，创造出时代特色的园林文化，并最终成为传承与弘扬优秀传统文化的重要场所，为儒学的传承与发展提供良好的平台。

儒学在当代社会中的使命 *
——厦门筼筜书院在儒学践行中的缘起与尝试

【引言】当前，中华民族正处在伟大的民族复兴过程之中，民族的复兴必须有民族文化的复兴来支撑，而国学就是我们固有的民族文化。德国著名哲学家卡尔•雅斯贝尔斯著名的"轴心时代"理论说："直至今日，人类一直靠轴心期所产生、思考和创造的一切而生存，每一次新的飞跃都回顾这一时期，并被它重新燃起火焰。轴心期潜力的苏醒和对轴心期潜力的回忆，或曰复兴，总是提供了精神力量。"人类文明的"轴心时代"，世界上各个文明都出现了伟大的精神导师，如古希腊的柏拉图、亚里士多德，古印度的释迦牟尼，中国的孔子、老子等，他们的哲学与文化思想塑造了不同的文化传统，有悠久历史文化传统的民族，在它们的每次重大历史转折点时，往往要回顾自己文化的原点，以得到"精神力量"。

在此复兴之路中，关于儒学、儒家思想与当代社会、未来社会的议题从改革开放以来就一直引起热烈的讨论。2005年左右，我们开始创想筼筜书院时，就面临着如何认识传统文化，特别是儒学在当代社会的传承与创新，如何复兴中华民族传统文化树立民族文化自信，如何让中华传统文化的传承从星星之火到燎原之势等一系列问题。在筼筜书院创想、策划到运营的将近10年时间里，我们感受到"盛世兴国学"的大趋势，越来越多的人日趋重视中华传统文化是一种历史的必然与未来的希望。

一、儒学在当代社会复兴需要传承与创新

历史的现实的确如此，如欧洲十四五世纪的文艺复兴，就是要回到古希腊；印度在争取民族独立时就提出要用其源于婆罗门教的印度

---

* 本文是笔者 2014 年在"国际儒联第七次普及工作会议"上所发表的论文。

教作为立国之本；在我国的宋朝时期，因之前经受了几百年印度佛教文化的冲击，宋朝的学术界提出了"出入佛老，及诸六经"的理论，于是产生了朱熹这一伟大的人物。那么，在近 200 年的历史中，中华文化受到西方文化的严重冲击之后，我们是不是会出现一个"出入西学，返诸六经"的文化复兴新时期呢？我想答案是肯定的。今天的"国学热"就是其序曲。

在 1989 年复旦大学召开的"儒家思想与未来社会"的国际学术研讨会闭幕时，中国著名历史学家、历史地理学主要奠基人谭其骧先生曾说过，中国之所以曾长期持续发展，中华民族之所以长期屹立于世界民族之林，主要的原因是长期吸引各种文化，兼收并蓄。"全盘西化"是行不通的，我们肯定传统文化，甚至以为传统文化就是儒家思想文化，同样也是行不通的。现在如果要提倡儒学，事实上已经回不到孔子的时代了，倒很有可能回到明清时代的程朱理学、陆王心学的那一套东西上去。新中国成立以后，一些提倡传统文化的人，总是强调以前中国比外国强，中国的落后归结于帝国主义的侵略。而其实中国落后于西方至少 500 年的历史，远在鸦片战争之前。我们在提倡儒家文化的时候，拒绝接受他人的优秀文化，后果是不堪设想的。由此可以看到老一辈的传统学者在深厚的中国文化的基础上，吸收了很多西方的学问，将学问与见识提高到一个新的层级。只是因为时间太短，还来不及产生传承与创新相结合的成果，而这正是我们今天所要承担的任务。

20 年后，2009 年 11 月 28 日，筼筜书院开院典礼暨"首届海峡国学高端研讨会"上，30 多位知名国学研究者以"如何推动国学经典的经世致用"为论题各抒己见。谭先生的学生、复旦大学葛剑雄教授在筼筜书院发表的《国学的传承与创新》中说，我们现在讲国学，首先需要做好的是国学的传承。传承是第一位的，有了传承今后才能发展。但另一方面，国学必须也完全可能创新。传承与创新并不矛盾，如果放弃传承或者对传承不重视的话，国学就不能得到充分的发展。但如果没有创新，一直停留在原来的水平，也会被淘汰。应该承认在以往的发展过程中由于种种原因，特别是在近现代中国的特殊条件下，国学在创新方面是有局限的。而今天的改革开放为国学的创新提供了很好的条件，所以我们对国学的创新是有信心的。我们需要坚持自己的理念，在传承的同时做好普及，做好创新，国家兴旺发达的时候也应该是国学兴旺发达的时候，并且要有信心，传统的国学会成为新的国学，或者是"大国学"。

而对于如何继承和创新国学传统的问题，当时与会学者从不同的方面进行了阐释。台湾辅仁大学校长黎建球教授着重对儒家经典与21世纪全球化潮流的关系进行阐发。他认为，儒学的本质符合全球化的原则，但儒学的全球化也存在着诸多障碍。所以，对于以儒学为核心的国学未来的发展，他提出应拥有普世化精神，对经典进行准确诠释，并且要身体力行。

这次会议作为厦门筼筜书院开院的活动，也创立了国学交流平台，凸显了东亚社会以国学与儒学为归宿的讨论，既使筼筜书院正式开启传统文化的实践之路，也让学者们更加清晰地认识到我们共同的文化血脉，就东亚各国不同的国学研究发展轨迹产生独特的思想碰撞，为传统文化特别是儒学的传承与创新提供了更多思考的空间。

二、当代儒学书院的可能性——厦门筼筜书院的缘起

筼筜书院从 2005 年开始筹划，2006 年 5 月确定方案，2009 年 7 月落成。当初我们秉承文化建公园的理念，把文化和艺术的内涵融入园林的建设当中，这也是世界园林的趋势。其实在十几年前，我们已经觉察到"盛世兴国学"的趋势，改革开放以来，经济高速发展，但人们的灵魂跟不上脚步，总是感觉缺少了点什么，其实缺少的就是智慧。所以我们就想为厦门人民营造一个精神家园，用国学的智慧来引导大家。这个想法一提出来，就受到市领导的充分肯定，后来才会诞生筼筜书院。

筼筜书院从创想到诞生的历程却并不容易，特别是我们要在一个城市中心的公园中建设一个"无中生有"的书院，在当时也引起了

不少争议。2007 年 3 月 22 日《厦门晚报》刊载了一篇关于书院的报道，标题叫《厦门渐掀"国学热"》，文章写的是筼筜书院的建设，让"国学"二字重新为厦门人所审视。但当时厦门的一些"文化名人"对筼筜书院的建设是很不看好的，甚至是冷嘲热讽。

作为朱子理学发源地的福建，理学传承历史悠久，但留给当时厦门普通市民的印象，恐怕只有"程门立雪"中两名福建青年杨时、游酢的向学之心。历史上也不曾有过筼筜书院，我们在书院建设过程中还试图寻找厦门最早的书院，这个书院是元代至正十年（1350 年）创建于同安区县城的文公书院，现在只剩一间小房子位于寺庙山后。而根据新编《厦门市志》的记载，到清朝末年，有名可考的书院共有 19 所。这 19 所书院，除文公书院外，其余全部是清朝创建的。

近代国学在厦门的兴起，以厦门大学创办"国学研究院"为标志。1926 年 10 月 10 日，厦门大学继北京大学"国学门"、清华大学"国学院"之后设立"国学研究院"。当时的厦大"国学研究院"延揽鲁迅、林语堂、顾颉刚、法国汉学家戴密微等名家，人才会聚，一时成为南方国学研究重镇。可惜由于多种原因，仅持续半年多即停办。2006 年开始，厦大先后在泰国、英国等国家建立孔子学院，把这股"国学热"渐渐地"烧"到了国外。2006 年 12 月，厦大国学研究院在时隔 80 年后正式复办，更是把这股"国学热"推向了一个高潮，学校为复办国学院预热而组织的几场国学讲座场场爆满，就是一个明显的例证。厦大国学研究院目前以朱熹理学为核心，并进而深入研究朱熹与闽学影响下的闽台及周边区域的历史文化社会状况，建构国学研究的东南风格。厦大国学院主要是研究性机构，现在以国学为一门学科招收博士研究生、博士后为主，同时向社会开放进行普及教育。

在社会普及方面，厦门接连出现了许多少儿读经班，还有高校举办国学讲座、企业家参加国学培训等，种种现象表明，"国学"受到了越来越多人的关注。2004 年，厦门青少年宫开办过国学班，面向幼儿园中班至小学三年级的学生授课，受到了市民的广泛欢迎。但在筼筜书院开始兴建时，报纸邀请了本地的文化名人就建设筼筜书院的设想提出了他们的评论看法，得出的小结是"设想很好，但前景难测"。比如，厦门地方志编审洪卜仁说，篔筜书院的建设是一件很好的事情，但这些目前还只是设想，将来请什么人来讲学，有多少学生来听讲，现在都很难判断。办学并非易事，需要进行深入的思考，方方面面都要考虑到。厦门市博物馆原馆长龚洁认为书院前景很难预测，师资、教材、办学方向等都是大问题。书院要培养什么样的人才？不能光会说"之乎者也"呀，我们的时代进化到现在这个程度，光读四书五经是没有用的，应该结合时代的特点进行学习等。

一方面面对"国学热"，一方面面对争议，我们在建院之初就选择了"旧学商量，新知培养"作为我们的办院理念，并且将这副对联放在我们讲堂的两侧。"旧学商量，新知培养"出自朱熹"鹅湖论道"后所写的和诗中的一句"旧学商量加邃密，新知培养转深沉"。本意是讲学问之道，强调对于学术的传统既要尊重，又要商榷，开拓新的知识领域。这也是对孔子"告诸往而知来者""温故而知新"治学方法的继承和完善。篔筜书院正是心怀对中华传统文化"旧学商量，新知培养"的态度与理念，结合传统书院的风俗和现代书院的特点，搭建了一座别样的文化园林，讨论、商量"旧学"，培养"新知"与"新人"。

五年来，书院采取"政府支持、企业投资、公益性运营"的办法，以弘扬中国优秀传统文化为主旨，坚持学术性与普及性相结合，广邀专家学者交流、研讨传统文化。书院聘请国学泰斗饶宗颐先生为名誉院长，并延聘百余位知名学者为学术顾问，同时与北京大学、清华大学、台湾大学、香港中文大学等数十所高校、研究机构建立紧密联系，构建学术交流的高端平台。书院秉承中华民族的优秀传统，形成了以国学论坛、名家讲座、经典讲习班、少儿蒙学班、书院古琴班、新儒仕课堂等多种形式且独具一格的国学经典教育普及方式，如今已经成为涵盖国学经典教育、传统文化交流、国学专题研究与讨论的传统文化平台。

三、当代儒学传播与践行的方式
——厦门筼筜书院的儒学传播与践行的尝试

筼筜书院通过几年的努力，在弘扬中华优秀传统文化这一理念的指导下，在各方的关注、热爱和支持下，努力弘扬中国文化，以慈悲入世之心，苦心孤诣地经营书院，开创以商养文的"厦门模式"，立意成为国学与文化交流的重要纽带，成为接续中华文脉的重要基地，将书院打造成鹭岛亮丽的文化客厅，成为具有活力和影响力的文化场所。在儒学践行方面的尝试与经验，我们归结为以下几点：

（一）创造中国当代新式书院建设的"厦门模式"

在厦门市政府的支持下，稳定的企业资金支持，使得筼筜书院能够在发展中坚持公益性经营，各项活动取得广泛的社会影响力。在经营模式上，创造性地将中国古代书院的"学田制"与现代经营理念相结合，通过经营书院周边的配套设施，为书院提供办学经费，保证书院有充足和持续的资金从事文化教育和学术研究，保证了书院作为市民精神家园和城市文化地标的公益性与纯粹性。这一模式目前在全国的1000多家书院中处于领先地位，正成为各地书院学习和参考的样板。

（二）构建传统文化交流的高端平台

悠久灿烂的中华传统文化是两岸同胞共同的精神财富和根脉，是维系两岸人民感情的重要纽带，在两岸交流中，传统文化的交流是最基础、最有感染力的共同语言，文化认同也是两岸关系中最重要的认同。因此，近几年来，筼筜书院在两岸传统文化交流方面所做的工作，受两岸学界，乃至中央文明办、国台办的充分认可。书院每年举办的"国学论坛"，是国台办批准的目前两岸最有影响力的国学论坛之一，每年参与的学者多达近百人。此外，书院每年还举办若干次小型专题论坛，同样受到两岸学者的重视。通过搭建传统文化交流平台，不仅极大地推动了国学领域的学术研讨交流，也让两岸学界加深了了解。尤其是不少台湾地区的学者通过参加论坛活动，对大陆有了新的全面的认识，因此增加了两岸的文化认同感，拉近了彼此的心理距离。

（三）通过中华文化的传播传承推动美丽城市环境提升

当下人们在反思现代化、过度城市化给生活和生命的负重，篔筜书院的景致反而给人一种从容、文雅和淡定的文化内涵。篔筜书院所在的区域回避了鳞次栉比的高楼大厦和标新立异的豪华场馆，慎重选择了"莺飞草长、白鹭为伴，留步读书、观照内心"的园林建筑理念，在流变中形成积淀。作为一个集国学传播、教育、展览和休闲于一体的文化休闲区域，篔筜书院旨在传承与创新中国传统文化方面的新突破，给城市文化建设带来一种新理念、新突破、新发展。如今，厦门篔筜书院已成为外地游客来厦游览时最喜欢的文化景点之一，每到周末，书院内书声琅琅，书院外许多市民、家长自发组织读书会，在书院前的大草坪前学习传统文化，形成一道美丽的文化风景线。

（四）通过传统文化普及助推全社会学习传统文化的热潮

几年前，"国学是什么？"曾经是书院创办初始时被参观者问得最多的问题。几年后的厦门，人们对传统文化的学习热情空前高涨，这其中，作为厦门高校外最早一批推动学习国学的力量，篔筜书院做出了自己的贡献。近几年来，书院通过多种形式的传统文化推广活动，在全社会掀起学习传统文化的热潮，以书院为核心，形成了多个热爱中华传统文化的学习圈子，为厦门市民营造了一个学习传统文化的精神家园，并逐步扩大到社会各个阶层，带动了广大市民学习传统文化的热情。

正如著名思想家葛兆光所言，篔筜书院提倡传统文化的教育，从大的方面来说，是对传统和历史的认同做出努力；从小的方面来说，是对厦门民众的教养和文化提供滋养，这是一件非常好的事情。北京大学陈鼓应教授说，中国国力的提升使越来越多人寻根本国文化，为国学的复兴创造了一个良好的环境。厦门是一个人文气息比较浓厚的国际性港口城市，有很多华侨在外国，正是复兴和发扬国学的最好家园。

四、儒学在当代承载的使命——新知培养

在完整意义上，儒学，特别是理学包含了"道德倡导"与"社会构建"两个部分。道德的提倡历经百代，不同的时期因为政治因素的影响，经过一定国家化的改造和制度化的实践有所偏重，儒家真正的精神在具体运行中或多或少也有所改变。社会构建特别是民间的儒学践行却依然继承与发扬了儒家的历史与传统，发挥着儒学的使命，对于我们当代社会仍然有很多的启示。

儒学作为"旧学"的智慧和精神也承载着"新知培养"的使命。结合厦门笃笃书院的实践，我们认为有两大方面值得重视：一是注重对青少年的国学教育，培养未来的新知新人，这是未来的根本与希望所在，目前我院日常对青少年开展各类形式的公益国学经典课程与活动。二是对成人的"补课"，弥补他们在国学文化上的不足，重中之重在于让人们"修身明德"，即结合当代人的语境和生活状况，重建"修身之道"。

（一）奠定修身的根本

《大学》中"正心诚意、格物致知、修身、齐家、治国、平天下"的理念，奠定了古代读书人特别是君子的人生格局。所谓"格局决定结局，境界决定高度，高度决定视野"。这一切都需要以修身为根本，所谓"自天子以至庶人，一切皆以修身为本"。修身不仅是个人行为，也是家庭的需要，更是社会的诉求。当下人们学习儒学的最大功用，实际上就是提升境界和视野，这样的视野与境界在很大程度上决定了中国社会的走向。

（二）提供修行的养料

儒家教人脚踏实地地修行，而中国传统文化经过 2000 多年的衍变和融合，最终形成儒、道、佛三大支柱。儒家强调开拓进取、积极入世；道家强调自然无为，道法自然；佛家以"解脱"为本位，强调空无自在的境界。儒、道、佛三家虽各有所重而相径庭，然仍能融合

会通，相济相补，和而不同，构成彼此共存共荣的文化格局。

应该看到，当代儒学普及需要着重的是"悟道"而不是"求术"，要让人们学习儒家的智慧和思想，奠定人们脚踏大地的基础，又让人能够以出世的精神来从事入世的事业，追求游刃有余的人生，这是人生最高的境界。

（三）修炼强大的内心与定力

内心的强大得益于生活的历练，源于思索与沉淀。只有通过自我修行，才能提升精神境界，才能拥有强大的内心，拥有坚定的意志和饱满的情绪，拥有战胜怯懦的勇气和敢于冒险的精神，才能圆满走完人生这场艰苦的旅行。

现代人普遍心理脆弱，儒学应该作为修炼人们强大内心的指引，一如孔子所言："仁者不忧，知者不惑，勇者不惧。"仁者不忧虑，是因为仁者乐天知命，内省不疚，所以才能无忧无虑；智慧者不迷惑，是因为智慧者明于事理，洞达因果，所以才能够不迷惑；勇毅者不畏惧，是因为勇毅者折冲御侮，一往无前，所以才能够不畏不惧。不忧不惑不惧，那么他的内心一定足够强大，碰到任何困境一定有毅力扛到最后，最终成为一个卓越的人。

（四）铸造君子的社会

需要用儒家的思想与文化铸造当代的君子，最基本要符合三个要求：人格高尚，正直善良；要有责任感，对社会、对家庭、对自己都要抱着负责任的态度；要做到言行一致，知行合一。倡导和追求君子文化精神，提倡人人学做君子，有利于和谐社会的建设。

传承与创新：
当代书院建设与发展中的若干关键问题*
——以厦门箽笪书院的实践为例

【摘要】盛世兴国学，书院作为中华优秀传统文化的载体，在世界文化的多元发展和中华文化的复兴中，在多种力量的参与推动下呈现复兴之势。目前，众多当代书院以传播国学经典内容，传承中华优秀文化，弘扬民族精神，培养人性道德为理念宗旨，相对于当代书院建设的蓬勃发展，当代书院建设运营的理论还在探索与形成中。本文以厦门箽笪书院的建设与发展为例，分析当代书院文化传播、建设中的若干关键问题，力求找到当代书院在国学传播、新知培养，以及中华优秀文化的传承与发展中可以借鉴的规律与经验。

【关键词】传承；创新；当代书院；箽笪书院

书院作为中华优秀传统文化的载体，是中国古代一种独特的文化教育机构，历经千年，蕴含了深厚的中国传统文化内涵，有着经久不衰的生命活力。在东亚文明的传播中，书院作为儒家文化的一种载体，将学术传承与教育由私人交流变成一种向公众开放的领域，成为名流学者们讲经论道之所，文人学士们向往的精神家园。在近代，传统书院渐趋衰落后，历经近百年的沉寂，又在现代意识的反观下兴起。从 20 世纪 80 年代到近年来有更多的书院在新一轮"国学热"中相继成立。近 10 年来，传承着传统书院文化与精神，新时代的书院蓬勃兴起，出现了多样的新形式。古老的书院焕发出新的生命力，昭示着传统文化普及的兴起。

考察当代书院再度出现与兴起的背景，最初动力正是国学复兴的盛世驱动，特别是与世界文化多元发展和中华文化复兴密切相关。"仓廪实而知礼节"，在"仓廪实"的基础上，普通民众与世界沟通

---

* 本文是笔者 2016 年在"国学论坛"上所发表的论文。

交流越来越多，中国民众的行为表现与现代"新知"公民应有的素养相比出现了脱节的现象，需要重新树立对中国文化的自尊和自信。在崇尚西方文明后，政府和民众有了"知礼节"的需要，所谓"富之"然后"教之"，很多人也自发性地开始回归中国历史和文化传统，进行现代中国人人文素养与精神的补课。近年来不断有新的书院诞生，再一次昭示书院制度历久弥新的活力，当代书院建设与传播中的若干问题值得我们关注。

一、传承与创新：当代书院发展的几个关键问题

面对中华文化复兴的迫切需要，又面对传统文化"复古""开倒车"的质疑，当代书院的建设如何从文化历史的资源中找到适合的道路，目前并没有充足的理论依据，大量兴起的当代书院，需要在实践中慢慢总结，在传承与创新的两端逐步实现时代性的创造与定位。

（一）当代书院的功能定位

中国书院最初是官方修书、校书和藏书的地方，南宋书院成为一种融合讲学修业等多种功能的教育文化组织。元代统治者对儒家文化与书院有过应有的尊重，明清书院是教育机制重要的组成部分。清末书院废止，不同层级的书院改成了现代的大、中、小学堂，书院完成了其传统职能，不少古代书院变成了旅游景点、历史古迹乃至寺宇庙堂。虽然传统书院的主要功能被各类专业机构代替，但书院在社会道德建设方面的作用仍然值得学习借鉴。自宋代起，在书院中四方士友，相与讲学，被认为是践履儒家经世理想"传斯道而济斯民"的基地，也许正是这样的书院精神，鼓舞了社会各界人士投入当代书院的复兴之中。

当代复办与新办的书院首先要明确的是其功能与定位，当代书院已经无法回到过去，在相当长的一个阶段，当代书院的定位应该是作为现代学校教育的有效补充，而非替代学校教育。大学中的"书院制"教育，主要是作为其通识教育课程与文史哲素养培养的方式，社

会中的书院建设需要结合新的时代特征，通过书院这一富含传统文化底蕴的机构，深入探索新的知识，开拓新的领域，培养新世纪的人才，集聚社会的力量，贯通当前的学术研究与民间普及，给青少年多一种传统文化学习的选择，给成人一次弥补中华传统文化的机会，从而培养人们在中国优秀传统文化中成长、生活的一个氛围与环境，最终能够使得国民人文道德修养取得进步，促进社会的进步与发展。

（二）当代书院的机制、体制创新

传统的书院从创办形式与发展上看，其性质既非官学又非纯粹意义上的私学，而是时而融于私学，时而汇合于官学，时而又与它们形成鼎足之势，具有"非官非私，既官既私"的特征。书院教育制度的关键在于经费，"学田制"是古代书院常见的一种教育经费保障机制，由国家、家族拨给或书院创办者自行购置一定数量的土地，作为书院的固定资产，书院通过土地租赁来获取教育经费"以为学粮"。学田的来源，除了朝廷赐田以外，地方官府也会为书院拨田、拨钱，购置学田，政府官员个人会捐俸市田，民间家族或士绅个人会捐私田立为学田以教族里子弟，供四方学者，促进了社会捐资办学的优良传统的形成。书院多种方式的田产获得与经营为书院的生存和发展提供了可靠的经济保障。

当代书院的机制和体制决定了其类型与经费的来源，影响甚至决定着当代书院的办学目的。上级部门拨款型书院主要以地方政府文化品牌建设的书院为主，经费多出自官方体制内经费，多为政府相关部门在历史遗迹的基础上复建或重新找地新建，其目的在于响应弘扬传统文化的指示精神，但建成后，不少书院未常规开展传统文化活动，基本成为传统文化景点，空置率较高；企业赞助型书院其主要特点是书院的建设与企业的文化相关，书院作为企业的品牌建设而建设，一些书院本身就以文化公司的方式进行运营，以传统文化为核心内容，兼顾企业经济与社会效益，如一些作为地产企业本身的社区建设而建立起来的书院组织形式；慈善捐款型主要是与宗教密切相关的书院，特别是佛教相关书院；依托自身实体经济盈利的书院主要是受民间读经运动影响而成立的国学堂、私塾、培训类型的书院，以教育学生、出版教材等方式的收入促进这种类型书院的运营。

当代书院如何保证持续的资金来源，如何良性地经营与运转，如何避免书院在运营中的诸多乱象？这些问题需要出台相应的措施加以规范，也为当代书院的机制体制创新提出了更高的要求。

（三）当代书院的建筑创新与环境再造

传统书院不但是教育子弟、培养人才的学校，而且是地区的文化中心。家族书院往往与祠堂相伴，建筑也有别于一般官学建筑与民间建筑，往往综合两者特点，朴实庄重，典雅大方，反映了中国古代知识分子的品格。在具体功能上，书院主要满足讲学、藏书、供祀为主的事业，其园林建筑与人文景观、自然环境相得益彰，体现了与文人雅士闲情逸致风格相契合的环境再造，并且将思想上的天人关系投射到了书院的环境与建筑之中，将书院作为个人修养的道场，沉淀读书人的审美情趣与价值取向。书院的布局一般以讲堂为中心，庭院天井组合，中轴对称，从总体格局到装饰都力求方正严整，形成一个序中有和，和中有序，和序统一的整体，体现了儒家的观念与秩序。在书院具体的装饰上，通过树立书院碑记，镌刻书院的学规、信条，悬挂书院精神的楹联、匾额等方式，力求在字里行间，在书院的各个角落，用中国传统道德精神去建构子弟的学识与行为，敦品励学，教化人心，进而转移社会风气，沉淀醇厚民风。

当代书院的建设形式：一是复建，复建者多以尊重历史为先，力求遵从历史资料去复原书院原貌，多以博物馆的形式呈现古代书院的样貌。由于古代书院内部空间往往不大，不少复建的书院主要功能也是作为古代书院的展示与相关文物的展览。然而，由于历史资料的欠缺，加之传统书院的建筑功用已经满足不了当代书院的现实需求，完全复古的形式已不合时宜。第二种方式是完全新建，主要采取已经有的处所开展传统文化活动，多在装饰布局上体现儒家文化精神，也有会通禅道等理念。一些主要以政府为主导的或者以有实力的企事业单位为主导的新书院的建设，如何在建筑的综合创新与环境的再造，以及国家与地方文化特色上体现当代书院的文化精神，可谓是一个新的课题。总而言之，在书院的环境和建筑设计上，遵循"天人合一"的思想，体现传承、创新与发展的理念，是一个比较正确的态度。

（四）当代书院教育内容的传承与创新

传统的书院在以朱熹为代表的宋代理学家的理念中，首先是一个独立于官学的学术共同体，不以科举为目的，而以讲学为旨归。明朝时，书院根据其教学与学术活动内容基本分为：一种是重授课与科举考试的考课式书院，同于官学的教学内容；另一种是教学与研究相结合，各学派在此互相讲会、问难、论辩的讲会式书院。到了清代，创建和修复书院更是以科举为目标，清代书院取代了官学成为培养人才的主要机构，除了少数以研习汉学为主要内容的书院以外，绝大多数书院的教学目标、内容以及课程的设置都是围绕科举而进行，不少曾经以程朱理学为宗旨的著名书院也转向科举，并力求科举之学与理学之道内容上的统一。

在全面科举化的时代，书院主要以四书五经等传统旧学作为主要教课内容，承担了普及文化知识的启蒙教育功能，教授生童掌握课艺特别是八股文的写作。应该看到，书院在培养学生时，依然是注重学问与道德的同时提高，注重教授"有本之学"，既满足了士子求学的需要，也为国家与社会培养了大量的人才。在清末书院改革与改制之际，书院已经随着时代的步伐与社会的文化教育需求引入了"新学""西学"等作为研究与教学的内容。甲午战争之后，风气日开，西学日进，经史的国学内容在书院中日益下降，西学使用类越来越多，可谓与旧学越行越远，随后就开启了 20 世纪初的书院改学堂的历史进程。随着科举废止，经学内容的没落，书院的传统使命正式告一段落。

在当代书院的蓬勃复兴中，虽大都以弘扬"国学"作为自己的主要内容，但因各自定位与办院条件影响，在弘扬传统文化内容方面各有所侧重，或许正因为"国学"的多元开放性，为正在探索中的当代书院的多元发展提供了多元的可能。当代书院在教学内容上如何"融通古今、经世致用"以满足现代社会的人才需求，特别是在提升民众人文素养方面起到补充性的作用？如何将学术或者精英的国学文化与民间及百姓喜闻乐见的文化形式对接？当面对诸多困难特别是运营压力时，如何面对多方的要求与需求，保证自身活动内容的教育性、价值性与纯粹性？这些问题都值得我们关注与研究。

二、旧学商量，新知培养
——厦门篔筜书院探索当代书院的传播之路

篔筜书院是厦门市首家现代书院，2005 年开始筹划，2009 年建成，位于城市中央的"国家重点公园"——白鹭洲公园东部。书院以"旧学商量，新知培养"为办院理念，在市政府指导下由厦门白鹭洲建设开发公司投资兴建，采取"政府支持、企业投资、公益性经营"的运营方式，立意成为最具活力与影响力的现代书院之一。篔筜书院的创立，可谓在中国传统书院基础上应运而生，顺势作为。然而，作为厦门首家现代意义上的国学书院，在新的历史条件下如何发展，这是一个全新课题。著名作家、文化部（现文化和旅游部）前部长王蒙先生说，篔筜作为书院没有历史，但可以创造历史。

篔筜是竹子的雅称，书院以此命名，以传播中国优秀传统文化思想为主旨，广邀学者专家讲授国学要义，开展多层次的国学教育普及、两岸国学论坛及国学专题研究、经典文集出版等活动。到过篔筜书院的许多专家认为，书院有"三绝"："第一绝"为规划设计，虽地处城市中心，但闹中取静，回归草长莺飞，是块"天人合一"的净土，尽显"大隐于市"的境界；"第二绝"为建筑形态，将闽南建筑风格与现代建筑材料相结合，很好完成了新闽南建筑的美学思考，被规划部门誉为 21 世纪新闽南建筑的样板；"第三绝"为功能作用，虽是"无中生有"，但真正起到了书院功效，成为专家学者谈古说今、讲学论道，市民学子学习国学的课堂。篔筜书院一直致力于探索一条当代书院建设与发展之路，希望能让人们在教育上多一种选择，也多一种中华文化的寻根与创新的载体。2014 年 9 月，书院被推举为中国书院学会副会长单位，并获批成立"中国书院学会当代书院研究中心"。在当代书院的建设上，筼筜书院有以下几点可供借鉴的经验：

（一）筼筜书院环境再造与建筑创新

在筼筜书院建设过程中，考察了国内现存的多个传统书院和现代建筑，经过对国内外建筑风格的几番挑选，力求既要深得传统书院的精髓，又要匹配城市文化格调。书院区域三面环湖，整个区域占地38000平方米，每栋建筑环筼筜湖而建，区位十分优越，视线开阔，具有良好的水景，在环境再造中颇有闹市中的世外桃源之感。

书院主体建筑坐西朝东，建筑平面为正方形组合，中规中矩，体现儒家"中庸之道"的根本理念，也吸取了闽南大厝的建筑风格及传统经典书院的平面格局，建筑面积约1300平方米，体量小巧玲珑。书院大门的玄关迎面以创院理事长王维生山长撰写的"筼筜书院记"为屏风，背面则镌刻孔子像。庭院内植传统书院所种寓意努力读书的桂树。庭院后以古典优雅的讲堂为主体，也是书院核心所在。讲堂按古代室内装修格式布置，讲台、课桌等都是用绛红色木作，门窗和墙上的扁、轴、条幅等也是沿袭传统样式加工，使其有"国学"讲堂的氛围环境，讲堂两侧穿插四个小庭院和辅助用房，并与外部水池贯通，使书院建筑"印"入池中，拓展空间深度，以达到丰富空间层次感。整个书院建筑远看是传统琉璃瓦结构，但实际是采用了一些现代的铝合金管装饰材料，可谓以最现代化的建材简约诠释了闽南民居的经典元素。"新材旧貌"使得书院既古色古香，又具有现代甚至后现代的审美感，完成了21世纪"新闽南建筑"的美学思考，也体现了对传统文化"从传承到创新，再寻求发展"的态度。

（二）筼筜书院教学内容的传承与创新

在教学方面，书院紧紧把握传承与创新的关系，积极搭建新时期学术研讨和文化普及的平台，创建学术性与普及性相结合的国学乐园，在国学普及教育、两岸学术交流、国艺传习等诸方面着力尤多，已经具备一定的规模。一方面，书院聘请著名学者饶宗颐先生为名誉院长，聘请百余位知名学者为学术顾问，同时与海内外数十所高校、研究机构建立紧密联系，先后邀请知名学者与文化名人到院开讲，推动学术交流分享；另一方面，面向市民日常开展不同形式和不同专题的公益性传统文化活动，特别是坚持面向全市青少年开展系列国学经典启蒙教育，一年三季的"国学经典公益常设班"已开展百余班次，每周六晚上面向市民定期开展系列国学经典讲习，举办"竹林读书会""筼筜分享会"，开展书法艺术类课程、古琴箜篌等传统乐器弹奏课程及武术课程，举办"筼筜明月夜音乐会""筼筜雅乐分享会"等系列活动，形成了独具一格的国学经典艺术教育普及方式，得到了广大市民的普遍欢迎。通过诚恳、认真的传承优秀传统文化的活动，吸引了海内外学者、专家和国学大师的关注和莅临活动，以广泛持续的国学活动成为市民的精神家园，被市民称为"活着的书院"。

在特色内容的发展上，书院发挥地处厦门的优势，以弘扬中华优秀传统文化为己任，以促进两岸传统文化交流为重点，推动闽台两地民众增进了解、融合共进，创建传统文化交流的高端平台。自2009年起，坚持每年底都与厦门大学国学研究院等单位联合举办"国学论坛"，至今已连续举办七届。作为国台办批准的重点对台交流项目，该论坛以高端、两岸交流及重视经世致用为特色，被誉为当今两岸最活跃的高端学术交流平台，影响日益广泛。此外，书院还积极促进两岸青少年文化往来，支持开展两岸大学生"重走朱子之路"活动，举办了多期两岸大学生"儒学与志工之爱"研习营、"同根同源·传承经典"两岸青少年中华经典之旅夏令营等活动。2014年11月，书院被全国台联确定为"全国台联国学研习交流基地"。

（三）创新现代书院的"学田制"

在经营机制与体制上，作为当代书院的一种创新模式，筼筜书院秉承书院传统，创新书院发展体制，汲取先人的办院智慧，将古代书院的"学田制"与现代的经营理念相结合，通过经营"学田"、收取周边配套的租金等，为书院筹措办学经费，解决资金来源问题。筼筜书院筹建伊始，就明确由厦门白鹭洲建设开发公司进行投资兴建和运营管理，书院用房、周边配套设施等"学田"及箢筜书院学术交流中心等均属白鹭洲公司所有，为书院所用。白鹭洲公司在厦门市委、市政府的指导下，按照城市文化产业发展的整体战略布局开展建设，有了企业稳定的资金支持，确保了书院的可持续发展，使得箢筜书院在从事课程教育和学术研究的同时，能够在发展中坚持公益性经营，各项活动取得广泛的社会影响。当代书院由于主管部门、牵头部门等的差别都具有自己的特殊性，当代书院的"学田制"发展模式应该也可以认真地摸索，并力求形成制度性的规定，或许这可以成为当代书院在新的历史条件下一个具有重要意义的探索。

三、当代书院未来建设与文化传播之路的探索

　　未来还会有更多的书院复建、新建，在建设发展中同样存在功能定位，机制、体制的创新，建筑创新与环境再造，教育内容的传承与创新等诸多问题，需要更多的"结合"才能走向可持续发展之路。在箢筜书院过去的建设发展中，非常注意高端与普及相结合，传统与现代相结合，从大的方面来说，这是对传统和历史的认同做出努力；从小的方面来说，这是对民众的教养和文化修养提供滋养。如今，箢筜书院成为广大市民与四海学人可以在现代都市中学习优秀传统文化的国学乐园，其创立与发展可以逐步发展为当代书院文化建设与发展的新模式，在中国当代书院复兴中确实具有标志性意义，也为当代书院下一步的发展指明了可行的方向。在未来几年的发展中，当代书院应着力结合以下几个方面有所发展：

　　（一）形成以书院为中心的国学聚集区与体验区

　　书院文化的传播需要有一个文化聚集区及体验区的概念。以国务院参事室牵头的中国国学中心项目为例，它是"十二五"期间国家重点投资建设的国家级、标志性、开放性公益文化设施，位于北京奥林匹克公园中心，以弘扬中华优秀传统文化、建设中华民族共有精神家

园为建设宗旨，致力于研究和展现中华优秀传统文化所蕴含的道德、智慧、审美的丰富内涵及其当代价值，促进中华文化与世界文化的交流。目前的中国国学中心主体建筑已经完成，包括国学展示区、国学体验区、国学研究中心等七个部分，建成后将成为国家级新型公益文化设施。书院未来的传播发展应该像中国国学中心的设计规划一样，注重整个聚集区的文化改造提升，书院园区中可以对传统儒家"六艺"进行创造性的转换，设立新的国学各个门类的体验馆，将传统文化与现代生活相结合，用人们喜闻乐见、具有广泛参与性的方式来推广，如用书院的方式集合以传统书画交流、培训、名家作品展为主的书画院；还可以建设集合以古琴、箜篌等国乐艺术的培训、雅集与欣赏为主的国乐馆，以及以花道、香道、茶道等为主要内容的新生活美学馆等。

（二）结合基层社会建设，将书院文化深入社区等基层单位

文化的根基在于普通民众素质的提高，山东尼山圣源书院、河南本源书院、苏州德善书院等当代书院都已经在尝试打造面向社区、学校及图书馆的社区书院，力求形成更大的社会影响力。厦门市 2015 年在深化"美丽厦门共同缔造、创新社区治理实践"中，坚持用"共同缔造"的共享发展理念引领文化教育领域改革，打造社区中集学习教育、文体活动、群众议事于一体的社区书院，筼筜书院有幸参与其中，首批六个区的六个试点书院是由筼筜书院负责协助建立的。截至 2016 年 5 月，厦门市设立了市级社区书院指导中心，海沧、翔安等启用区级指导中心，统筹整合面向社区书院的各种资源，形成课程库和师资库，采用"中央厨房"的模式，向各个社区书院配送，形成市、区、街（镇）三级配送体系。目前厦门全市已有 25 个社区书院，形成"指导中心 + 品牌书院"模式，采取"先试点探索，再总结推广，先开设重点课程，再不断调整充实"的形式组织实施、逐步完善。如何通过社区书院实现居民群众的"自我管理、自我服务、自我教育、自我监督"，如何把社区书院打造成市民的精神家园，打造成传播文化知识、孵化组织团队、发展兴趣爱好、提升群众精神文化素质的场

所，如何更好地满足社区居民需求，促进文化知识与精神的传播，厦门目前还在探索之中。可以肯定的是，社区书院作为当代书院建设与传播的新形式，有很强的时代性，也为当代书院多元发展提供了更多的可能。

（三）建立当代中国书院建设与传播的合作机制

据不完全统计，全国致力于弘扬国学、传承文化的各类当代书院已经有 5000 多家，目前很多政府、专家及企事业单位都建有各种类型的书院。为了更好地引导中国书院的现代转化与创新发展，继承和弘扬中国优秀传统文化，2014 年 9 月成立的"中国书院学会"，旨在团结全国学术界与书院界同人，促进海内外的学术交流，研究书院的发展历史，保护、继承和发扬书院传统，推动当代书院建设及书院活动，促进文化的大发展大繁荣和社会的文明进步。未来还会有更多的书院创办，以福建省为例，近年来新创办的书院就有上百家，2016 年上半年厦门箈笃书院就参与创办了厦门同安区的朱子书院，并就集美区的杏林书院复建开始初期的规划。未来如何建立书院建设与传播的合作机制，发挥当代书院的品牌影响力，有待更深入的研究与实践。

在全球化的时代，在中西文明的碰撞与对话中，书院的复兴和现代转换关乎中国传统文化的传播与发展，关乎中华文明的传承与创新，关乎中华民族的复兴与进取。当代书院如何用书院这一历久弥新的形式吸引众多一心向学的人，如何在引领民众进行精神上的回归方面发挥更大的作用，如何顺应时势发挥优秀的传统文化的生命力，如何传承与创新，还有待我们更深入地探索。

参考文献：

[1]袁行霈.国学的当代形态与当代意义[J].北京大学学报（哲学社会科学版），2008（01）.

[2]邓洪波.中国书院史（增订版）[M].湖北：武汉大学出版社，2012.

[3]田建荣.书院化的国学教育：问题与改革路径[J].大学教育科学，2014（5）：95.

[4]徐梓.国学教育乱象及治理[N].光明日报，2014-07-01.

[5]赵法生.书院复兴：一个耐人寻味的问题 [N].中国艺术报，2013-07-08.

[6]岳晗，李永富.文化自觉视野下的当代书院复兴[J].理论界，2014（04）：54-56.

[7]戴琏璋.书院讲学的现代省思[J].杭州师范大学学报，2008（02）：57-61.

[8]戴美玲.文化建园：城市变迁与城市文化新建的一种模式——以厦门筼筜湖、白鹭洲为例[J].湖南城市学院学报，2014（01）：58-61.

[9]王利、柯贵福.书院传统的当代价值[J].文化纵横，2013（03）.

从国学教材看优秀传统文化
与青少年道德教育*

　　【摘要】中国优秀传统文化绵延不断，薪火相传，"人无德不立，国无德不兴"，道德修养意义深远，特别是青少年的道德教育如何开展，更是一个历久弥新的话题。历代有识之士通过编写童蒙教材的方式，根据青少年的年龄特征和认识规律，选择青少年日常生活中易行的行为，训练青少年的生活习惯，将传统文化落实到青少年的生活中，在这些童蒙教材中尤以朱熹为儿童编写的《童蒙须知》和《小学》两本教材为著。"旧学商量，新知培养"，在旧与新之间，民国初年的新国文、新修身教科书兼旧迎新，通过现代的教学法，把传统文化的内容、伦理道德的规范点滴进入学童心中，既注重彰显中华固有的国粹特色，又注重自由平等的时代新人格。在中国大陆开始重新理解传统文化的价值时，自1952年以来，台湾地区编写了《中国文化基本教材》，通过国文课堂的形式教授中华民族基本精神，落实儒家思想的基本准则，培养学生"社会伦理意识和淑世爱人精神"，让学生学以致用，把优秀传统文化传播到生活中。

　　本文通过梳理古代中国的启蒙教育与教材中有关道德教育的部分，分析民国初年的新国文、新修身教授法，以及探讨现代台湾地区的国学教育对于青少年道德教育的传承与发展，以期大家对现在的中国优秀传统文化的创新发展与青少年的道德教育有所领悟。

　　【关键词】传统文化；教材；青少年；道德教育

　　中国优秀传统文化绵延不断，薪火相传，正如2009年温家宝总理在西班牙塞万提斯学院畅谈中国传统文化时说，中国五千年的文明史博大精深，从未间断。中国传统文化的一些主要精神有着非常重要

---

*　本文是笔者在2012年8月山西汾阳市"中华美德与社会主义精神文明建设论坛"上所发表的论文。

的现实意义，比如自强不息、刚健有为的进取精神，以和为贵、和而不同的和谐精神，民为邦本、民贵君轻的民本思想，天人合一、民胞物与的人与自然统一的思想等。中华传统文化塑造了中华民族醇厚中和、刚健自强的人文品德和道德标准，不仅对中国的经济和社会发展产生了巨大的影响，也为中国人的世界观和行为方式奠定了基础，一直影响至今。

"人无德不立，国无德不兴"，道德修养意义深远，特别是青少年的道德教育如何开展，更是一个历久弥新的话题，关系着民族的未来。在今天的世界经济、社会、文化环境中，如何将优秀的传统文化教授给懵懂青少年，读什么书，采用何种方式启蒙，过往的中国启蒙教育和教材对于后世乃至今日的青少年道德教育有怎样的启示，仍然值得深入研究和探讨。

一、中国古代的启蒙教育与教材中
有关道德教育的部分的回顾

总的说来，中国古代教育以儒家思想为中心，以儒家经典为教材。上古教育制度大多为汉儒臆造，假托古制以现己见，在这些臆想中，就有关于养老与视学之礼，有教学教悌之意。在《舜典》中就有"五教"，即"为父以义，为母以慈，为兄以友，为弟以恭，为子以孝"，进行伦常之教即孝亲敬长的教育。礼教伦理化以后，"礼"再经过儒学者的多方倡导，从此成为中华民族的习惯思想，支配中国人心，为天经地义，影响千年之久。

在后人附会的所谓西周教育中，《周礼》说，人生八岁，入小学，教以洒扫、应对、进退之节，礼乐、射御、书数之文。八岁之前通过日常生活教孩童出入、饮食种种礼节，八岁以后起居饮食稍可自立，就要开始以文字教育为主，学习幼年时代的礼节。十三岁入小学时期，教材与幼稚时期衔接很多，首先就是修身科，有关洒扫、应对、进退之节，其次是知识和运动的部分。到大学教育时期，课程分

类大致与小学时期一致，关于修身科，教以正心、诚意及修己治人之道，这样的课程占据一大半的时间。要治人必先修己，修己主要是"训练身心"，以身作则才能有好的政治，如《学记》记载的"敬业乐群""博学亲师"等，其中道德教育很重要的体现在于和他人的交往，这与学习知识和技能是同等重要的。

汉代特别是东汉时期，儒学地位上升，民间教育普及，"学习"气氛浓厚，东汉时期的《四民月令》中有关乡村早期启蒙教育的内容显示，避开酷暑和严寒，九岁至十四岁的孩子须入小学识字和计数，读"五经"、学书"篇章"，幼童读《孝经》《论语》《篇章》等。汉代童蒙教育的进步，是当时文化成就的突出内容之一。《汉书·食货志上》中说到汉朝的文化教育："八岁入小学，学六甲五方书计之事，始知室家长幼之节。十五入大学，学先圣礼乐，而知朝廷君臣之礼。"在基础的文化教育中，"学六甲五方书计之事"之后，"始知室家长幼之节"，可知当时教育理念中道德教育就寓于知识教育之中。对于汉朝蒙学的特点，有教育史家分析说："启蒙教育犹重品德伦常和日常行为规范的培养，并且寓于书算教材和教学之中，以收课程简、重点突出之效。"（王子今：《汉代的"小学"》）

至宋代，学术思想和前朝相比异常发达，各种思想融会贯通，迸发出新的学术种子。由于书院的发展，印刷术的进步，宋代形成了一种浓厚的学习与自省的氛围。宋学派的教育家们，注重"修己"，以自己为研究对象，研究自己应该怎样做人，研究的目标就是自己要做一个什么样的人，颇得实践主义的精髓。

特别是朱熹根据儿童年龄特征和人们由浅入深的认识规律，为儿童编写了《童蒙须知》和《小学》两本教材。《童蒙须知》就儿童日常生活中择其可知而易行的部分，作为训练少年儿童生活习惯的教材。《小学》是把古人的"嘉言善行"编集起来，分内外篇。内篇四卷为《立教》（阐述先王所以教人之法）、《明伦》（说明君臣、父子、夫妇、长幼、朋友的关系）、《敬身》（讲解儿童修身养心的重要和相应的规矩）、《稽古》（记载古代先圣前贤的崇高德行）；外篇两卷为《嘉言》和《善行》（记载古人值得我们效法的言行），共

385 章。除《童蒙须知》和《小学》两本蒙学教材之外，朱熹还把他与吕祖谦合编的《近思录》和"四书"（《大学》《中庸》《论语》《孟子》）作为小学教材。朱熹认为，青少年道德教育的实施必须以正面引导为主，应通过启发诱导以提高其认识，不能只靠简单的防禁。教人者能"知其心"，言"中其情"，讲到学生的心里去，这才是青少年教育之要道。

如何才能有效地培养少年儿童的道德行为习惯呢？朱熹认为须从具体的日常事务入手，所谓"圣贤千言万语，教人且从近处做去"。为此，朱熹主张，培养少年儿童道德行为习惯最佳的方法就是把社会伦理具体化和条理化，让他们遵照履行。朱熹还强调少年儿童必须通过日常生活上的琐事来磨炼和培养"敬"的精神。这个"敬"的精神是少年儿童做人的根基，也是他们日后成圣的基础。朱熹强调学"眼前事"，注重道德行为操作的训练，要求少年儿童的学习由浅入深、自近及远，这不仅符合儿童认识发展与道德行成的规律，易为少年儿童掌握，而且有助于自幼培养少年儿童良好的道德习惯，养成践履笃实的作风。

不过中国的启蒙教育与教材的教授方法更多地依赖家庭教育和教师的主观能动性，没有严格地规定《三字经》《弟子规》《千字文》还有"四书五经"等具体在什么年纪学习；因为古代教材多是把语文、政治、历史等多学科的知识融合在一起，如何教学，分几课时教授，也都由教师自己决定。青少年的道德教育更多的是依赖家庭教育的耳濡目染，以及教师个人的言传身教。

二、民国初年新国文、新修身教科书

复旦大学文史研究院的葛兆光教授在《西潮又东风》的序言里说，横亘在古代中国和现代中国之间的，就是晚清民初。"那一段不遥远的历史，让逝去的古代与实在的现代相关联，给当下种种思想和文化寻找源头，给一页页的历史寻找落脚处。""我们至今还生活在那个时代的延长线上"，"因为它与当下相关，所以它使研究者可以切肤地体验那个时代，每一个学问中人其实都离不开自己的想象、体验和经验"。"在那个古与今、中与西交错交织的大变局中，那个时代的人和我们面对同样的问题，经历同样的处境"，"体验那个时代人的心情"，"更有一种难言的魅力"。

（一）中华民国初年新国文、新修身教科书编辑要点

自 1912 年中华民国成立，国人的教育思想开始接受西方的思想，政府开始规定教育以"促进世界大同"为宗旨，在传统与西方思想间，教育家们开始重新思考青少年的启蒙。民国肇建，因教科书的重要性，教育部长蔡元培 1912 年 1 月 19 日公布的《普通教育暂行办法通令》指出，"凡各种教科书，务合乎共和国宗旨，清学部颁行之教科书，一律禁用"。根据教育部的通令，商务印书馆、开明书店和世界书局随后开始编写适应新时代的教科书。

根据南京临时政府颁布的教育宗旨，教科书应积极提倡平等、自由、独立、合群、尚武等素质，应合乎新文化、新政体。而此时的封建势力仍然顽固，新旧文化激烈冲突，一些落后观念根深蒂固。这样的背景之下，选择怎样的内容、采取怎样的形式来宣扬新文化，如何合乎新政体、新时代，对于新政府的教育宗旨与民众内心的传统观念之冲突又如何处理？商务印书馆刊发的《编辑共和国小学教科书的缘起》一文的十四条编辑要点里首要两点：一是注重自由、平等之精神，守法合群之德义，以养成共和国民之人格；二是注重表彰中华固有之国粹特色，以启发国民之爱国心，比如对于"忠"这一传统道德体系的核心理念，一种观点认为应以淘汰，但商务印书馆认为，所谓忠者，未必专指忠君，对于职业、国家也非常必要。又如对女子教育，一种观点认为，应学习欧美提倡妇女从业从政，但商务印书馆认为，我国国人对女子的期望历来以贤妻良母形象为主，现在的情势未必适宜。在新旧之间究竟如何调和、如何取舍，商务印书馆对此十分为难，编辑教科书亦"不敢率尔倡导"。基于此种考虑，教科书作者们强调注重"自由平等之精神、守法合群之德义，以养成共和国民之人格"。

（二）民国初年的教科书——《共和国教科书新国文》

《共和国教科书新国文》国民小学（初等小学）一共八册，每册五十篇课文；高等小学一共六册，每册有三十五篇左右课文。整体而言，初等小学的课文涉及青少年的居家生活、生产常识、运动游戏、自然地理常识、历史常识与故事，以丰富广阔的生活内容为主，穿插各类知识。到初小四年级即第七、八册开始编有政治常识的内容。其中关于青少年道德教育的部分列举如下，以期大家对此有个大体的认识：

第一册，涉及学生道德培养的部分主要是以下五课：第一课主旨为"人"，为诸生讲"人"字，通过发文启问学生心思，"人何以胜于鸟兽？能读书明理"。第九课言父母养男女极劳苦，男女受父母生养之人极深，故男女宜孝事父母。男女相称以哥弟姊妹，须互相亲爱。男女同入学校，尤当互相劝勉。第二十八课主旨为孝与敬，在家中，孝父母；入学校，敬先生。孝者，承顺父母之颜色意志而侍奉之；敬者，正其仪容、诚其心志之谓也。第四十六课言兄弟之间的互相亲爱。第四十八课教学生接客之礼，应客之道，待客须恭敬，勿傲慢。

第二册中主要是以下三课：第二十七课言学生迎客之礼，应接宾客之道；第三十五课主旨在弟之思兄及与兄通信，启发学生亲爱之情；第四十五课，主旨在敬客，不断地巩固学童接待宾客的礼节。

第三册中主要是下列五课：第一课强调读书，而不读书则知识不足，道德不完，将为人所轻视也，读书须勤勉，否则无以报答父母之恩；第二十三课主旨孝亲，学生安然读书无忧衣食，皆父母之恩，激发儿童孝思；第二十七课教弟，使学生知为兄之道；第三十八课教路遇先生的礼节；第四十课以故事教学生知积贮孝养之道。

从上可见，民国时期青少年的道德教育仍然是从《论语》《弟子规》所列出的儿童教育的纲目："弟子入则孝，出则悌，谨而信，泛爱众而亲仁。行有余力，则以学文。"开始，从一开始入学就教导青少年在家要孝敬父母，外出要尊敬师长，以及待客之道等，沿袭了

《周礼》所提到的教学方案："人生八岁，入小学，教以洒扫、应对、进退之节，礼乐、射御、书数之文"。鼓励孩子从家庭、学校的日常生活做起，再强调读书明理的重要。

从第四册第一课开始，让学生学习国家的地理知识，以激发学生的爱国心，而爱国是要求学生做到竭力勤学，做良善的国民，否则爱国将成为空言。再涉及道德修养具体方面的爱弟、陪客，以及诚实、助人等，通过具体的人物故事阐述父母的恩情，读书的重要，言子女不可忘恩，并推亲子之爱到爱物，涵养学生好生之天性。最后，以敬国旗作为本册的最后一课，与本册第一课呼应，使学生知爱国之意。

第五册开始讲述黄帝、嫘祖、禹、汤、孔子、孟子等古代圣贤的故事，教授学生历史知识，引起学生景仰古圣的心情。

总的说来，新国文延续了晚清教科书浅显易懂的特点，取材于儿童常见之物，以养成共和国之人格为目的，注重立身居家处世，重视人道和兼爱，从而扩充了国民的德量。

（三）民国初年的教科书——《共和国教科书新修身》

《共和国教科书新修身》（简称《新修身》）一科，涉及范围甚广，而义理甚深，以其深甚广之内容，语诸蒙养之童子，其难可想而知。只能以浅言说至理，舍此，别无他法。教科书的编著者力求遵循儿童认知发展规律，根据由近及远、由己及他、由小到大、由知而行的道德行成特征来设计内容。

《新修身》"以养成共和国民之道德为目的，注重独立自尊，爱国乐群诸义"，而对于小小年纪的学童们来说，要达成这一目的，需要遵循学生认知发展规律，特别是道德行成规律。因为个体的道德与修养，绝不仅仅是轰轰烈烈的英雄壮举，更多的时候应凝练为生命中的一种平凡品质，这种平凡品质只能沉潜在"求己""不畏难""孝道""诚实""守信""专心""正直""礼节""尚武""义勇""度量""宽容""仁厚""强毅""武勇""尚勇""专一""忍耐""恒心""坚忍""励志""修省""正直""礼貌""人格""高义""躬行""忠烈""忠勤""义勇""果

敢""祛惑""改过""勤俭""节俭""习勤""节用""不拾
遗"这样朴实无华的细节中，而渐渐地、不知不觉地发芽、成长。

在关注平凡品质、如何由近及远地对学生进行道德修养的熏陶
上，《新修身》教科书做出了很有价值的探索。"陈义务求浅显，使
学者易于躬行。""材料故事多于训词，期合儿童心理。"内容由
近及远，从学会处理自己的事、身边的事开始，渐及乡土、社会、
国家。比如初小第一册十八课，主要课文是：《入学》《敬师》《爱
同学》《课室规则》《操场规则》《仪容》《早起》《清洁（一）》
《清洁（二）》《应对》《孝父母》《友爱》《慎食》《衣服》《温
课》《游戏》《休息》等。第四册十八课则已经上升为《职业》《勇
敢（一）》《勇敢（二）》《戒惰》《卫生（一）》《卫生（二）》
《爱物》《礼让》《守信》《不妄语》《投报》《不拾遗》《御侮》
《尚武》等。而第八册第一课到第十八课的目次依次为：《孝道》
《兄弟》《慈幼》《尚义》《宽厚》《公益》《守法律》《服兵役》
《纳税》《教育》《选举》《尊重名誉》《博爱》《对外人》《爱
国》《平等》《自由》《好国民》。

《新修身》教科书之最大特色便是其选文所呈现出的兼旧迎新
的特征。与清末教科书相比，增加了大量的宣扬新时代的内容。而与
"五四"后所出版的教科书相比，又保存了大量弘扬中国固有传统道
德的内容。准确地说，《新修身》的主要特点是"新主题旧材料"。
这与作者都是从清朝过来、在清末给学童做过教习、新旧兼于一身的
知识分子身份相关。他们都是跨时代的人物，他们自身所经受的巨大
转变也是具有震撼意义的，更何况要以新时代思想来引领学童、引领
全社会。

中国传统伦理思想源远流长，以"仁"为核心的儒家伦理反映封
建等级关系，表现为重群体而轻个体、重私德而轻公德等特点。康德
说过："通过一场革命或许很可能推翻个人专制以及贪婪心和权势欲
的压迫，但却绝不可能实现思想方式的真正改革。"《新修身》虽然
出版在辛亥革命之后，但没有脱离传统社会的强大影响力，仍然选入
了大量灌输中国传统伦理的内容。如初小第八册前五课依次为：《孝

道》《兄弟》《慈幼》《尚义》《宽厚》，其他还有大量内容列举其名如后：《爱亲》《事亲》《去争》《合群》《食礼》《礼让》《投报》《报德》《节俭》《自省》《求己》《责己》《隐恶》《慎言》《忠勤》《仁勇》《孝勇》《恤族》《安贫》《知足》《不妄语》《不妄取》。从数量上看，传统道德的内容显然多于现代伦理的内容。

但是，革命的产生，是"与知识精英对传统价值的怀疑相应的，是传统的价值结构在日渐解体"的结果，中国传统的伦理精神不得不相应地做出改变。特别是辛亥革命后，个性张扬、权利、义务、自由都开始提到重要议程上了。《共和国教科书》自然担当起新时代新国家建设的宣传者、新国民新道德养成的培育者的角色。《新修身》注重选择反映新政治新文化的内容，加入共和国体政体及法政常识，以宣扬新理念，提升国民参政之能力。如《公益》《公义》《公共卫生》《公德》《善待童仆》《人道》《国际道德》《商业道德》《国民义务》《守法律》《守法》《服兵役》《纳税》《教育》《选举》《尊重名誉》《博爱》《对外人》《平等》《自由》等，其中平等、权利和自由等民主思想的宣扬尤为值得关注。

三、从台湾地区的《中国文化基本教材》
看其青少年道德教育

20 世纪，曾经作为清朝末代帝师的庄士敦就发现，当欧洲人开始惊异地发现中国的社会文化思想、道德伦理、文化艺术都有着崇高价值的时候，中国人自己却开始轻视自己文化中的传统价值。国学的传承在中国大陆出现过较大的断层，对于一代一代正在形成价值观的青少年来说，中国传统的文化、道德观念变得比较陌生，其内心产生困惑，很多人在国学与西学的冲撞中成长。

近年来，中国大陆的国学热潮中，人们对于传统文化心怀向往，对心灵的充实和提升也有了迫切的需求，国学机构陆续兴起，话题范围越来越广泛，许多地区已经开始将国学经典的诵读、传习引入青少年的教育实践之中，不少青少年开始热衷中国的历史和文化。优秀的传统文化是中国人共同的精神财富，在中国大陆开始重新认识中国传统文化时，已经推行正统儒家教育几十年的台湾地区有着较为成熟的经验和模式值得我们借鉴和思考。

1949年后，台湾地区大力推行"重建中国文化"的教育。1952年，台湾地区通过了《台湾省各级学校加强民族精神教育实施纲要》，其中规定：国民学校把"爱国、守法、孝顺、信实、礼节、合作、勤俭、整洁"作为民族精神教育的中心，中等学校以"忠勇、孝顺、仁爱、信义、廉耻、礼节、勤俭、合作"为训导准则，自此，正统的儒家教育通过国文教育一直在台湾教育中占有主导地位。台湾地区的《国文课程纲要》明确地将"体认中华文化的精髓"作为其语文教育的基本理念，把树立高远志向、孝敬父母、学会感动、劝学惜时、做品行修养高洁之人作为国文教育的主要目标。从小学一年级开始，全年200天的授课时间中，《国文》要占到正规学习的30%；《国文课程纲要》还要求逐步提高文言文的教学分量，比如初一上学期的文言文占课文的20%，以后每学期递增10%，到初三下学期占到60%。在教材上，高中国文有三套教材：《高中国文》《中国文化基本教材》《国学概要》，其中《国学概要》为选修课。《国学概要》中不仅文言文比例都在50%以上，而且要求高中生具备写作简易文言文的能力。《中国文化基本教材》的内容为四书的现代诠释。教师在讲解时，也常常配合历史故事和日常生活的事件，阐发其中蕴藏的深意，使得学生能够透彻领悟。在这套教材的《教师手册》中说，"四书中所讲的伦理道德，是人与人相处之道。人与人的关系，古今相同，未尝稍变。孟子所谓'父子有亲，君臣有义，夫妇有别，长幼有序，朋友有信'，《大学》所谓'为人君，止于仁；为人臣，止于敬；为人子，止于孝；为人父，止于慈……与国人交，止于信'这些基本精神，现代亦未稍变。因此，教师教导学生在研读时，要体认中华文化的精博，培养爱国淑世的精神，从个人的道德修养和社会实践做起，以奠定家庭伦理、社会秩序与国家建设的基础，进而实现大同世界的理想"。

总的说来，无论是中国历来的传统，还是中华民国初年及现在台湾地区的国民教育，都继承了优秀传统文化的教育思想，注重中国儒家伦理道德对学生的熏陶，让青少年学生可以在传统文化的学习中"吸取古人深思、反省之生活的智慧，并落实在日常生活上；配合现代思潮，以达新旧传承之目的"，通过优秀传统文化和现代生活结合中蕴藏的道德、伦理和人格的教育帮助青少年实现正确的世界观、价值观和人生观，"把经典生活化"，进而"把生活经典化"，从而培养社会的核心价值观，重构全体民众可以共享的文化共同体，塑造良好的社会新秩序。

附文：

厦门筼筜书院青少年国学教育
十阶主干课程规划与理念

一、课程安排

青少年国学教育十阶主干课程规划

阶次		主干课程	课时	适读年龄	参考年级
蒙学	一阶	三字经	一学期	4~6岁	幼儿园小班
	二阶	弟子规	一学期	4~6岁	幼儿园中班
	三阶	千字文	一学期	5~6岁	幼儿园大班
	四阶	笠翁对韵	二学期	5~7岁	幼儿园大班
四书	五阶	论语	二学期	7~10岁	小学一、二年级
	六阶	大学	一学期	8~10岁	小学二、三年级
	七阶	中庸	一学期	8~10岁	小学二、三年级
	八阶	孟子	二学期	9~12岁	小学三、四年级
概论	九阶	诗经及五经概论	二学期	10~13岁	小学四、五年级
	十阶	尔雅及诸子概论	二学期	12~15岁	小学五年级至初二

二、课程设置说明

1.本院参研传统私塾与书院的教学规制，并充分考虑现今学童的课业负担和承受能力，制订本主干课程规划。

2.十阶课程七年完成；儿童从幼儿园中班（4岁）开始，持续参加学习，至小学五年级就可以完成以上主干课程。

3.以上为每年春秋两学期的主干课程规划，每学期为十二课次、每课次为两节课时。暑假夏令营班特色课程另行规划，增加趣味性辅助课程，目前设有书法、古琴、武术、围棋、经典诵读等课程内容。

三、关于青少年国学教育的几个理念

4~13岁是学生记忆学习的黄金时期，同时也是学生语言文字学习的最佳时期，更是少儿文化素养、高尚人格形成的关键时期。诵读经典不仅可以提高孩子们的古文和白话文水平，同时还可以增强其记忆能力，有助于对其他知识领域的领悟和旁通，促进各科学业的进步。

1.幼时定基，少时勤学

青少年国学教育就是让孩子们在大脑发育最迅速，记忆力最强的黄金时段，接触学习传统经典文化，并熟读背诵，从小奠定国学基础，积累童子功。

2.读圣贤之书，立君子之志

诵读经典，不仅开发智力，同时培养人格，为孩子的成长成才，奠定坚实的人文基础。

四、关于青少年国学教育的几个阶段

第一阶段：幼儿养性，优美人格的奠定。

第二阶段：童蒙养正，圣贤智慧的陶冶。

第三阶段：少年养志，理想抱负的鼓舞。

第四阶段：成人养德，真实生命的开始。

东亚理学早期的传播与书院的发展 *

【摘要】从宋代书院生发出的理学通过改造与诠释传统对现实社会造成影响，到后世，特别是明代，经过朝廷和士绅的重新强化，通过书院教育、科举考试及宣传等途径和法律的强制手段得以广泛传播与普及，使得宋代精英思想成为中华文化的价值核心。而东亚汉字文化圈的朝鲜、日本等地区各方面都受到理学一定程度的影响甚至是同化，至今宋代兴起的"传统文化""文化传统"仍在影响着今天的东亚世界。本文从东亚理学早期的传播视角出发，探讨东亚地区书院的传承与创新，特别是早期东亚理学传播与普及中的书院，如何使得中国思想文化特别是理学的道德伦理观念得以传播扩大，继而对东亚文化圈的发展发挥了重要作用。通过对东亚理学与书院历史文化的梳理，结合厦门筼筜书院创办与运营的实践，希望对当代中国与东亚世界的文化特别是传统文化的沟通交流、传承与发展有所启示。

【关键词】东亚；理学传播；书院；发展

理学（Studies of Moral Principles）主要指宋元明的儒学（约 1000—1700 年），与之密切相关指向的概念有道学（Learning of the Way）、心学（Learning of the Mind and Heart），以及耶稣会士钱德明（Jean-Joseph-Marie Amiot）用 Neo-Confucianism 命名的朱子学。从宋代书院生发出的理学（本文理学广义范围内包括道学、心学、新儒学、朱子学）通过改造与诠释传统对现实社会提出解答，其中不乏严厉的原则与高超的理想，通过推行"同风俗，一道德"，经过了一定时期的传播发扬，到宋末元初广泛地为士人接纳而成为中国学术思想的主流，并在 15 世纪被确立为官方正统学说。至明代建国后，通过一系列的策略，将上层的文明、伦理、道德扩展至整个民间，使"曲高和寡"的理学精英思想变成人们的"日常规

---

* 本文是笔者在 2013 年"第六届世界儒学大会"上发表的论文。

则""常识""风俗"，逐步成为后世中华文化的价值核心。

一、理学在东亚早期的传播

正如日本历史学家内藤湖南曾提出，唐宋是中国历史的分水岭，唐代以前是中国的中古，宋代以后是中国的近世。的确，自宋代（10世纪后）以来，随着科举制度的完备、文人官僚阶层的活跃、新兴士大夫阶层的兴起、商业发展及语言与印刷技术的大发展，以书院作为基地的理学家们，综合古今学说，集成各家学术成就，传播思想，培养传人，奠定学派，形成了一个新的学术文化繁荣的局面。到后世，特别是明代，理学经过朝廷和士绅的重新强化，通过书院教育、科举考试及宣传等途径和法律的强制手段，使得宋代精英思想大体上得以完成。

自宋以降，理学的议论、怀疑、创造、开拓、内求、兼容的学说与精神，对东亚各国家和民族都产生了深远的影响，特别是在与中国保持比较全面而密切接触的朝鲜、日本，历史上他们的理学曾得到充分的传承与发展。

（一）理学在朝鲜的早期传播

中国宋代时朝鲜正处于高丽王朝（公元918—1392）时期，儒家经典已被广泛流传。公元958年，高丽实行科举制，在京城扩大太学，在各州建立州学，地方大力普及乡校，私立学校也开始风起，儒学始兴。

理学在元朝时传入朝鲜半岛，当时处于高丽王朝末期，这一时期的朝鲜继承新罗时代"儒佛仙三者混合"的特征，占主导地位的是佛教，佛教世俗化后有很多弊端已显现出来，当时的政治、经济、社会都比较动乱、不稳。一些有识之士想学习中原用朱子学取代佛教，重新收拾民心。高丽诸王也都对儒家文化有一定的兴趣和造诣，并且陆续提倡儒家文化教育，公元992年建立了最高教育机关国子监，后来改组成为朝鲜半岛历代王朝最高学府"成均馆"，其地位同等于古代中国的国子监、太学。

朝鲜理学的先行者安珦（1243—1306）敬慕朱子，在当时的国子监向学生宣讲朱子学。忠烈王时期，朝鲜派学者到元大都学习抄录理学著作，如安珦的学生白颐正（1260—1340）、权溥（1262—1346）直接去元朝大都学习程朱理学，归国后刊行普及朱子的《四书集注》《孝行录》。

李齐贤（1287—1367）及其门人李穀（1298—1351）倡导务实、笃行的儒学，在四书基础上，讲解六经，以明"敬、慎"，修养心性，博取经史子集，致力改善政教风气。李穀的儿子李穑更是高丽后期理学传承中的关键人物，围绕心性论逐步将理学演绎和发展成为高丽性理学，并成为李朝朝鲜王国（1392—1910）建国的指导理念。在朝鲜社会经济的革变中，性理学理念也不断趋于成熟。

整个李氏朝鲜时期，统治阶级开展科举，奉行朱子学。1398 年，成均馆从开城迁至汉阳（现在的首尔），里面设大成殿和明伦堂，官方大力扶持以成均馆为中心的公立教育，每个郡县都设立了乡校（约有 360 个乡校），进行初级教育和儒家教育。除了公立的儒学教育之外，民间还有书院，每个村落都有书堂，都是私立的，也进行儒家理学教育，可以说，在这一时期，整个李朝朝鲜对全民推行儒学教育。

到了李彦迪（1491—1553）及其后继者——有"朝鲜朱子"之称的李滉（字退溪，1501—1570）时期，朝鲜理学以程朱理学的"居敬修己"为基础，以修养为中心，通过对人们道德价值观的洗礼来指导实践活动，并由此来解决社会矛盾，使得朝鲜性理学得到传播和空前的发展。可以说，理学对朝鲜的影响是全方位的，作为批判佛教思想的武器，它建构了新的价值理想，对典章制度、学术文化和风俗习惯等方面都有着深层次的心理文化的影响。

（二）理学在日本的早期传播

中国文化对日本的深刻影响不容怀疑，日本接触到中国文化，包括文字、儒家经典、佛法等，最早应该是通过朝鲜半岛传入日本。隋唐以后，日本通过海上贸易、宗教及文化的接触，逐步深入了解中国并开始全面吸收中国文化，这是不容否认的事实。13世纪起，日本不断派出僧人到宋朝留学，带走大量的理学典籍，这些理学著作在佛寺间流传，发展为后来的日本禅学。

日本"借用"了无数中国文化的成分去建构自己的文化，德川幕府时代（1603—1868，又称江户时代）是中国文化对日本影响的最高峰。日本学者丸山真男（1914—1996）在《日本政治思想史研究》中，以"理"为中心论述指出，宋代到清代的中国，常和德川时代的日本相比较，朱子学成为社会主流的政治意识形态，日本朝廷上下"以理学为先"，虽然德川时代没有科举制度，但理学经过一系列的改造、消化，普遍根植于日本社会，成为御用学说。

18世纪日本儒家学者十分推崇中国的"圣人之道"。贺茂真渊（1679—1769）开创了日本的"国学"，而本居宣长（1730—1801）则开始逐渐在思想世界"去古典中国化"，朱子学开始瓦解，在吸收中国文化中有价值的成分后，日本开始将"圣人之道"与中国分开，从而构建自己的"内在文化堡垒"，有着新起的民族自觉，逐步走向成熟，并逐步从传统走向近代，建构成自己独特的文明。

综上，宋代兴起的理学在东亚地区的传播与发展，与朝鲜和日本当时特定的社会、政治、经济、文化的需要相一致，因此，得到普遍的落实与普及，从上层统治者、学术精英到民间都接受了这一学术思想，使得"理"成为东亚儒学思想核心的关键词，朝鲜、日本等地区无论是在文化精神、思维方式、道德观念，还是审美情趣、文学艺术、生活礼仪等各方面，都开始受到中国思想文化一定程度上的影响甚至是同化。在理学早期的传播过程中，不同的国家民族对于这种外来文化从引进、碰撞、消化、吸收，直至创新发展成为本民族内化的精神文化，可以说理学所蕴含的"传统文化""文化传统"仍在影响着今天的东亚世界，是东亚世界儒学文化圈的文化精神和思想根源，特别是在文化与教育上，可以成为当代东亚文明研究、对话的平台。其中，书院作为东亚世界思想文化交流，特别是理学早期传播的一个载体与象征，发挥了十分重要的作用。

二、理学早期传播中的东亚书院

在古代中国，推行思想要么是通过法令，要么是与教育密切相关，理学思想的传播就与教化密切相关，人们用办书院、教塾课、定乡约、行礼仪等方法推行观念中和生活中的"文明"，从而达到保卫社会的目的。中国宋代以后，书院既是教育教学中心，又是学术研究基地。从历史上看，南宋书院有着总合古今学说，集成各家学术成就，担负起思想传播媒介的作用和再造民族精神的时代使命。不论是营造"乾淳之盛"的前朝学者，还是最终将程朱理学抬到官方哲学地位的后朝学者，多有继承衣钵、以书院为基地宣传与普及理学、以传道讲学为己任者，许多重要的理学著作都完成于当时的书院中。书院被视作理学家的精神支柱、理学家园。

中国书院的这种教育教学模式在宋代以后移植海外，尤其是明代以后在海外特别盛行，汉字文化圈内的朝鲜及日本学习了这种模式，并在当地全力推广发展。

（一）朝鲜、日本早期书院的属性与规模

朝鲜高丽时期著名的儒者大臣崔冲（公元 985—1068）首创朝鲜私学，时称"海东孔子"，设"九斋学堂"，教授中国儒家经典及其基本理念，是应举子弟们的准备学校，当时学徒纷集，促进了儒家文化的普及。根据韩国学者崔完基对朝鲜王朝的书院考察，朝鲜书院以中宗三十六年（1543 年）建成的白云洞书院为开端，以后陆续增加，在朝鲜王朝后期，特别是 1690 年前后开设的数量最多。高宗隆熙二年（1908 年）刊行的《增补文献备考》中记录的书院有 378 所，这只是政府所掌握的数据，实际上如果包括奉祀先贤的书院，则能达到千所以上。

作为"国家文物典章悉仿中朝"的朝鲜，在后世，同样因为科举制的影响，书院作为官学的色彩愈加浓厚。为了应举成为士人，必须长期吸收领悟正统思想、情趣与行为，这一学习过程从幼儿时期死记硬背就开始，掌握文学语言，以培养学生的道德修养和扎实的历史知

识。有权势的家族和商人暴发户通过建立书院，从而在地方上保持自己较高的社会地位。书院中教授的儒家经典课程是绅士的政治权力和社会地位的象征，在官学和私人书院里，教育是决定文化认同的基本要素，规范和约束着士人的行为思想。

在中国与朝鲜，书院早期主要是以士人为中心的高层次学问研究、讲学的场所，初等教育在社学、义学、家塾、书堂中进行，而书院教育、文化的影响则更为深远。根据《日本教育史资料》中有关资料显示，江户时代"书院"这个名称在日本并没有普遍使用，面向全民的民间的学校一般称为"塾"，其次称为"堂"和"舍"。这些私人设立的学问处所，普遍受中国的影响，以中国书院的模式为范本，与官立的"藩校"以及初等教育场所的"手习所"（相当于中国的私塾、朝鲜的书堂）一起，使得大都市到地方，从支配阶层的武士、商人、富农到庶民阶层的年轻人都可以广泛地受到教育，特别是在各类的"塾"中，庶民可以学习到汉学。虽然日本没有科举，也培养出不少参与幕府政治的人才。

日本的书院历史比较短，但它们的传承却很少因为改朝换代或战乱兵火而中断。日本书院私人性格一直较强，由于日本没有统一的科举，缺少政府的支持，各校的考试可以有比较自主的空间，如有的书院教授医学知识等，因此有了更多的空间来创造和维持自己的"学统"。

明治年间（1868—1912），虽然是日本接受西方科技知识的时期，但是日本各地所设立的私塾中教授汉学的，在数量上仍然远远比德川时代多。据《日本教育史资料》统计，当时仅开设的汉学塾就有180余家，有的汉学塾形成了相当规模并在当时的社会上产生了较大影响，如在东京有岛田篁村创立的"双桂精舍"、蒲生褧亭主办的"有为塾"（1879年）；在京都有草场船山创办的"敬塾"（1875年），在大阪有藤泽东畡创办的"泊园书院"等汉学塾，在塾生各自达到三四百人。其他地方也陆续仿效，汉学塾的发展可谓一时红火，形成日本19世纪初"儒学大众化""教育爆发"的时代。

（二）作为理学基地的东亚书院

综合相关的资料可见，书院在朝鲜半岛、日本推广之后，成为其研究、传播以理学为代表的儒学文化的大本营。

"朝鲜朱子"李退溪曾创办陶山书院，向学生们教授儒学并研修学问，之后一直成为韩国岭南（南部）地区儒林乃至韩国性理学的精神象征。他在《自省录》中反复与学者讨论《白鹿洞书院学规》之事，对朝鲜及日本学者了解白鹿洞书院学规精神、传播朱子理学和书院文化的普及多有裨益。特别需要注意的是，朝鲜的书院特别注重祭祀的功能，设立庙祠，奉祀先圣、先贤、先儒（如朱子），这些奉祀名贤的书院由子孙管理运营，由一族来经营书院，从而延续学派、维持宗族，保持"学统""血统"。祭祀的仪式跨越百余年在现在的韩国仍然很隆重，使得圣贤教育的理想得以具象化，进而也使教育园地神圣化。

日本书院中，持续百年的怀德堂、泊园书院都有传播理学影响的传统，值得我们注意和了解。德川幕府时代的怀德堂塾（也称为"怀德书院"）是由大阪商人于享保九年（1724年）设立的汉学塾，到明治二年（1869年）被封闭，延续145年，以教授幕府承认的官学——朱子学为基本活动。特别是到了第四代传承人中井竹山时期，迎来全盛时期。明确记载怀德书院有悬挂了《白鹿洞书院揭示》，日本学者柴田笃研究通过暗庵学派弟子纲庵《白鹿洞书院揭示考证》这一新材料，考察了《揭示》与朝鲜李退溪的关系，并指出《揭示》在当时不仅是学规，而且是作为"圣学""心法"被提出来的，因而《揭示》在日本德川时代受到普遍重视。据考证，《白鹿洞书院揭示考证》刊印当年，在京都、东京、大阪三地的12家"书林"同时发行，销量较大，流传亦广。一些不称作书院的学校，也以朱子的白鹿洞书院学规来教训生徒。

与怀德堂同样位于大阪的泊园书院原来叫"泊园塾"，是江户时代后期日本儒学徂徕学派的藤泽东畡（1793—1864）于1825年创立的汉学塾，传承荻生徂徕的学术，采取父以传子，代代相传，世守其学的方式，是明治时代前后大阪最大的学校。书院的老师对中国学问都有深入的研究，熟稔中国书法和古典诗，但不宗中国的任何学派，而发扬的是日本儒学。泊园书院教出了相当一批人才，例如第三位传人藤泽黄鹄便曾经当过明治国会的众议员。学生中包括了像陆奥宗光（明治时代的外交官）、山田喜之助（中央大学的创办人）、牧野谦次郎、内藤湖南（著名学者）、金谷治（后三人都是名汉学家）等。

日本"塾"的私人性，保持了中国书院独立自由的风气。1924年，怀德堂与1838年绪方洪庵创立的兰学塾适塾（又称洋学塾）一起组成现在的大阪大学，是日本七所著名的帝国大学之一。大阪大学在旧制大学时代，因为较少官僚味，且极富庶民特征，而被当地人们所称道。大阪大学对学术的追求在大学的章程中也有明确的体现，其中第4条规定，"大阪大学对学术的追求坚持独立性和市民性"。学术的独立性，即在学术追求中尊重学术权力和学术自由；学术的市民性，即继承和发展怀德堂私塾以来自由豁达的市民性性格和批判精神，立足于民众利益、社会现实和教育本质的学术主张。

泊园书院到了第五位传人藤泽桓夫，现代学术已经成了主流，受到现代学风的影响，他自己作为关西大学的教授，替关西大学成立了东洋文学科。在他去世前，决心将泊园书院关掉，并将书院的藏书（超过两万册）捐给了关西大学。关西大学接受了捐书，也成立了泊园纪念会，并每一年举行讲座，持续不断。研究日本书院的学者吾妻重二就是关西大学的教授，兼任泊园纪念会的副会长，主要研究方向是东亚思想文化史，也关注朱子学与儒教仪礼、书院研究，并积极地对中国、韩国、越南、日本国内等地的书院进行实地调查。

综上，13世纪以来宋元明清时期，中华文明主要是文化输出，书院在朝鲜、日本的兴盛、流传，可以说是传统的东方文化在东亚文化圈的发展，和国内的书院血脉相承，其基本的文化功效保持不变，其形式包括开展教学、刻印、祭祀等，从内容到形式都与中国看齐，与中华文化保有非常多的共性。但由于受移植时代、移植地区、移植人及其移植动机等诸多因素的影响，它和我国本土的书院又有着一些区别，不乏其自身特点，可以说书院发展是社会的需要与历史的选择相契合的结果。17 世纪到 20 世纪，东亚中的中国、日本、朝鲜都面临着如何转变自己的文化和思想形态，以适应或者回应所谓的"真理"的问题。明治维新以后的日本已经取得东亚文明的主导地位，而过去以天朝自居的中国转而处于求教的位置。1906 年书院废除后，张之洞主持颁布新式学校章程，基本参照了日本所施行的欧洲体制，而很多的现代名词如宪法、教育、艺术、民主、自由等也都是源于日语所提炼的汉字。而理学在韩国一直有着很好的群众基础，是一种日常化、生活化的东西。在全球化的时代，文明对话随之多元，无论中国还是现在的日本、朝鲜、韩国，以往对话的重点在西方，而审视中、日、朝、韩的东亚文明对话对于增进相互间的理解与达成共识非常有意义。

三、理学与书院的传承与发展——以厦门筼筜书院为例

近千年来，在东亚文明的传播中，书院也以其自由、包容和开放的姿态沟通了东亚各民族国家。作为儒家文化的一种载体，书院"以诗书为堂奥，以性命为丕基，以礼仪为门路，以道德为藩篱"，将学术传承与教育由私人交流变成一种向公众开放的领域，成为名流学者们讲经论道之所、文人学士们向往之地。传统书院在近代渐趋衰落后，历经近百年的沉寂，又在现代意识的反观下悄然兴起。中国近年来不断有新的书院在"国学热"中复建、新创。这些现代书院的创立，再一次昭示，书院仍然是读书人心中永远抹不去的记忆，是读书人所向往的一个美好的精神家园。

那么，通过梳理东亚理学早期传播的过程与书院的历史，对于当代中国与世界，特别是东亚世界在文化沟通交流、传承与创新上有哪些启示呢？结合我们所创立的厦门筼筜书院的实践，我们有以下一些思考：

（一）关于书院的性质与现代书院的创办经营

尽管关于书院之名及其定义，学者们还有一定的分歧，但其作为与"书""学问"有关的处所是无可非议的。从创办形式上看，书

院经常是介于官学、官办与私学、私办之间的，既非官学，又非纯粹意义上的私学，而是时而融于私学，时而汇合于官学，时而又与它们形成鼎足之势。特别是作为地方州县的书院，得到政府的支持有多有少，是针对青年应举还是少年儿童的学习，性质变化更是比较多。

宋代以来，由于理学的发展与传播，书院的民间性的"私学"开始突出，特别是民间家族、商人、学者个人等建立的书院，私人性更强，这点也为朝鲜、日本所借鉴，作为书院的主持者、有个人魅力的"山长"往往最能够代表书院，学子也往往是慕名前往，与传承人一起延续书院的学统。南宋以后，朝廷也越来越关注书院，中国和朝鲜的书院也有逐步"官学化"的趋势。

时至今日，书院的学术功能保存发挥较好的是中国大陆的岳麓书院。岳麓书院在学术上与湖南大学结合，拥有各级学位授予权，经常开办研讨会，并着力恢复古代书院的"讲会"制度，成为向一般社会人士推介书院精神的窗口。日本的怀德堂、泊园书院也分别成为大阪大学、关西大学的重要组成部分，在保有学术的独立性的同时，延续书院的传统，特别要标举的是书院的市民性，即面向民众，关注社会现实，期待通过学术影响社会的理学精神还在延续。

我们所创办和运营的厦门箟笃书院位于厦门的中央公园白鹭洲公园东部，占地约38000平方米，是在厦门市政府规划指导下，由厦门国资委所属的厦门白鹭洲建设开发公司投资兴建及承办的，采取"政府支持、企业投资、公益性经营"的方式运营，致力于传统文化的传承与发展。在厦门市政府的支持下，稳定的企业资金支持，使得箟笃书院能够在发展中坚持公益性经营，各项活动取得广泛的社会影响。在经营模式上，我们创造性地将中国古代书院的"学田制"与现代经营理念相结合，通过经营箟笃书院周围的文化场所（"学田"）为书院提供办学经费，保证书院有充足和持续的资金从事教育和学术研究，保证书院的公益性和纯粹性，力求真正做到返璞归真。在学术上，我们也充分与厦门大学国学研究院等学术机构与专家合作，每年定期举办国学论坛，论坛经国务院台湾事务办公室核准，作为国学领域高端学术交流的重点活动项目，有计划地对国学经典进行系列研讨交流。这样的模式在现代书院的运营中，应该是一种绝无仅有的创新性探索。

（二）关于书院所从事的活动与现代书院的文化教育功能

宋代以来，书院陆续形成"讲学、藏书、祭祀、出版"等功能。在讲学上，书院以理学为宗，东亚书院的传播也是伴随着理学的传播而被朝鲜、日本所借鉴，成为以讲汉学为主，宣扬理学的基地。在当代，书院学术研究的功能主要发展为现代大学与研究机构，如日本教授中国经典的"汉学塾"。到了后期，日本塾中传授日本传统学艺的"国学塾"大量出现，教授英国、法国、德国、俄罗斯语言和学问的"洋学塾"也相继成立。而中国自2004年11月21日在韩国首尔成立全球首家孔子学院以来，孔子学院目前已在106个国家的350多个教育机构落户，中小学孔子课堂达500多个，其也承担语言与文化的教学与交流，成为推广汉语教学、传播中国文化及汉学的全球品牌和平台。

在外国人学习中华文化与经典的同时，我们看到的是国人在传统文化学习上的期待。这几年国内，经由电视传播、图书出版及政府日趋重视的传统节日的宣传等，可以说有一定的"国学热"。不同于大学这样的学术性机构，我们在运营厦门篔筜书院时，秉承"旧学商量，新知培养"的宗旨（出自朱子"旧学商量加邃密，新知培养转深沉"），秉承朱子理学对学术传统的尊重，结合新的时代特征，深入探索新的知识，开拓新的领域，培养新世纪的人才，试图给学者搭建一座交流沟通的平台，给青少年多一种传统文化学习的选择，给成人一次弥补中华文化的机会，"以致力国民道德的进步，图学术的发达，资本邦文化向上为目的"，在开展高端的学术研究讨论的同时，注重面向普通市民开展多层次的传统文化普及课程与活动。

一如日本在重建怀德堂时，"讲圣经贤传以及本邦古典涵养德行以资究我国民道德知渊源"，针对听讲者在年龄上的分别开设特定的"素读课程"，在青少年的国学启蒙方面，我们根据学生年龄层级和培训科目等，制订了《三字经》《弟子规》《千字文》《笠翁对韵》

及四书等十个阶段的国学启蒙计划，孩子在五年级之前可以学完相关的素读课程。同时开设书法、古琴等艺术类课程及暑期的特色课程。在这个方面，特别是伴随着"读经热""私塾热"，蒙学教育一直是书院开办以来最为热闹、受众最为广泛的项目。

在成人的经典普及教育层面，我们也为成人制订了相关的计划，主要选择在每周六 19：00 至 21：00，进行国学经典定期的讲习课程及名家讲座，目前结合国学论坛，已经开设过《诗经》《论语》《孟子》《大学》《中庸》《道德经》《易经》等经典全文的讲习，注重从经典原文的字句开始学习传统文化，而名家讲座每年计划举办 10 场左右，目前已经举办将近 50 场。特别值得注意的是，篑笪书院面向公众的经典普及都是公益性质的。经过 4 年的实践，虽然定期的经典课程都是公益性的，但成人能够坚持全程学习的难度还是相对比较大，流动性较强，因此我们又辅以定期读书会的交流、书法古琴等文艺活动帮助成人学习探讨传统文化课题。在面向民众的名家讲座方面，相比于图书馆、文化馆等涉及多方面的内容，书院还是比较集中在传统文化主题领域，因而能够更为深入，也受到广泛的欢迎。

在短期传统文化的研习上，我们学习了陶山书院的先进经验。李退溪所创立的陶山书院是韩国庆北道的观光名地，也是人们短期研修儒学的地方，陶山书院为公务员、教师等社会群体举行定期的儒家文化学习体验课程。篑笪书院也于 2012 年尝试创立了针对社会的高端教育品牌"新儒仕课堂"，期待随着时代的发展与进步，中国企业家与社会管理精英们在先后经历了 EMBA、EDP 等各类高端教育后，可以学习国学智慧，透悟儒商文化，了然万物真性，成就品位人生，这也是一种平台性的创设，希望聚集一批热爱并学习传统文化的精英人士。

在仪式与节庆文化活动方面，韩国的陶山书院每年农历二月、八月举行祭祀，每年三月、九月举行"陶山别试"（汉诗大会）。而祭祀等礼仪活动一直是中国大陆所缺乏的，这方面我们主要通过在节日特别是传统节日时举办相关活动以延续书院文化，如在元宵、中秋举办"赏明月，听民乐"的雅集，举办新春古琴音乐会等多样的方式，向市民传播传统文化。同时结合中央文明办"我们的节日"等相关活动，承办厦门市文明办清明、端午、七夕等节日的节庆活动。

在对外文化交流宣传方面，箢筜书院因为地处厦门市政府前面的"城市客厅"中央公园之中，可以说逐渐成为厦门的一张城市文化名片。在书院成立之初，就受到本地宣传部门特别是厦门市文明办的关注和支持，成为厦门市经典诵读节"十佳全民阅读示范点之一"，厦门市群众性精神文明创建"先进集体"，以及厦门市道德讲堂建设"示范点"，同时受到中央文明办领导的瞩目，曾在箢筜书院召开全国重点城市文明办的学习会议。箢筜书院的这种模式也成为江苏苏州文明办指导下的"德善书院"等政府部门复建书院的参考模式。

诚如台湾师范大学东亚学系教授兼国际与侨教学院院长潘朝阳教授 2009 年在厦门箢筜书院开院仪式暨"首届海峡国学高端研讨会"上的发言指出，因为厦门地理位置的特殊性，它不仅是台海的主要门户，也是中国通往东亚世界及全球的出发港，而从闽地源发的理学特别是朱子学，就如同活水清泉涌润天地滋溉万物，不但成为中华文化的国学核心，也成为东亚儒学文化圈的文化精神和思想根源。厦门箢筜书院是在这个深远博厚的文化和学术基础上建立的，以复振且发扬朱子的书院精神自我期许并付诸实践，经由国学经典的当代诠释，融贯传统之大义与新创之心得，参与建立属于中国经典源发而生的当代全球伦理之智慧，参与创建全球形态的"自然——心灵"合而为一的生态文明（ecological civilization），此不但是 21 世纪地球的源头活水，也是中华民族必须迈进的康庄坦途。

箢筜书院自成立以来，一直与厦门大学国学研究院一起，以传统文化特别是朱子理学的研究为长期目标，探讨儒家思想与当代社会建设的结合，深得社会关注与青睐。按照"政府支持、企业投资、公益性经营"的运营模式，经过近七八年的探索，有一定的成效，或许可以给当代的书院建设一些启示。"众擎易举，独立难成"，在全球化的大趋势下，保存、坚持与传播中华文化迫在眉睫，用书院这一历久弥新的形式吸引众多一心向学的人，立意如此，施行却不易，需要我们义无反顾，商量旧学，培养新知，营造传统文化的学习氛围，传播中华优秀文化，让更多的人来此流连领略。

当代朱子书院建设与朱子文化传播刍议 *

【摘要】朱子学与朱子文化博大精深，蕴含非常丰富，不仅是典籍、精英的学术文化，更是中国社会文化实践中所形成的文化、生活的价值传统。目前朱子学学术研究呈现繁荣之势，在普及与传播上，朱子文化在传播方面精神性宣扬较多，物化性载体不足。八闽作为朱子故里，书院文化源远流长，考察中国特别是福建朱子文化传播的历史，当代社会中如何建立更多的朱子文化传播的载体，特别是如何建设以朱子文化为主旨的书院以拓展朱子文化的传播平台，值得我们思考。本文在历史梳理的基础上，结合当代的朱子文化传播学术与实践，探索当代朱子书院的建设与发展的可行性，展望朱子文化传播及中华优秀文化的传承与发展。

【关键词】朱子书院；朱子文化；传播载体

基金项目：2015年度福建省社科规划重大项目《闽南书院文化传承与产业化研究》，项目编号：FJ2015JDZ041

全球化时代，经济社会快速发展，世界多元文明与文化既有交融也多有冲突，每个国家与民族自有文化和共同价值的传承及创新是当代不可回避的命题。多元发展的世界中，文化可谓是多元之中更为多元的世界。中华民族的复兴与中华文化的复兴密切相关，关于中国文化主体地位以及中国文化的"现代化"的争论从20世纪初开始到如今已经历经百年，到底哪种学派更适合中国？谭其骧先生在《中国文化的时代差异和地区差异》中指出，中国文化随着时代的演进而随时在变，即便是同一时代，不同地域的文化也是存在差异的，其时代与地域的差异性值得我们重视。陈寅恪先生曾指出："华夏民族之文化，历数千载之演进，造极于赵宋之世。"而未来中国文化的发展必

---

* 本文是笔者在2016年"国学论坛"上所发表的论文。

归于"宋代学术之复兴，或新宋学之建立"。作为儒学的集大成者，朱子学及其文化对后世中国与东亚世界影响深远，其所创立的新儒学体系包含丰富的哲学思想、人文精神、道德理念与社会历史实践，是中华传统文化的重要组成部分。

朱子学与朱子文化博大精深，蕴含非常丰富，不仅是典籍和精英的学术文化，更是中国社会文化实践中所形成的文化、生活的价值传统。其学术与社会文化实践之间的连接点之一便是其重视书院建设，无论是其本身还是其门人，不断地有后来者将朱子与书院密切相连。作为中国书院最为重要的灵魂人物，在当代如何建设以朱子学、朱子文化为主旨的朱子书院是个值得探索的课题，同时面对当前朱子学、朱子文化更多地偏重精神性宣扬的问题，如何建设朱子文化传播的实质性平台也值得我们思考。

一、朱子书院建设的历史基础

关于朱子与书院之间的密切联系，前辈学者已经有诸多论述，朱子一生自十九岁登进士第至七十一岁逝世的五十余年的时间中，经营县学，改革州县官学，修复了白鹿洞书院，更建岳麓书院，为石鼓书院等四所书院作记、作诗并序，为九所书院题额。朱子本人亲创寒泉精舍、云谷晦庵草堂、武夷精舍、竹林精舍等四所书院，及其门人所建的书院达二十多所，朱子一生重要的理学著作也皆完成于其所创的书院之中，大部分时间也都坚守在书院中著述讲学，在宋代思想家中可以说没有任何人在书院方面的成就能够超过朱子及其门人。

朱子说"前人建书院，本以待四方士友，相与讲学"。因而，书院并非是"两耳不闻窗外事，一心只读圣贤书"，而是"四方之士有志于学，而不屑于课试之业者"通过讲学"传斯道而济斯民"。可见，朱子推动书院教育的目的：一是要弥补当时官学教育的不足，振兴地方学术风气；二是将书院提升为学术研究及涵养道德人格的场所。在书院中著书立说，编写教材，讲习儒家思想，与学生及各地来访的学者相与论学，是朱子实践其儒家经世理想的重要方式。朱子全力复兴白鹿洞书院，倾心于白鹿洞书院的教学和管理，亲手拟定《白鹿洞书院揭示》（又名教条、教规、教约、学规），总结前人创办书院的宝贵经验，又综合了佛教禅林清规的长处，明确了办学宗旨、培养目标、为学之要、待人接物、应事处世的基本要求，形成相当完整的书院建设纲领性规章。这一举措影响深远，对书院教育的制度化、规范化起了决定性的作用，成为当时和后世书院履行的标准化规约。

考察福建地区书院的发展历史可以看到，宋代福建书院也成为朱子闽学及其学派讲学和学术研究的重要基地，也可以说福建书院是朱子闽学早期传播的一个载体与象征。福建人民对朱熹充满了崇拜和感激之情，因此元代以后，根据相关文献记载，福建很多书院都与朱子有所关联，也都有祭祀朱熹及其门人的传统。如元人贡师泰言，"书院遍天下，而闽中为盛。大率祠徽国公朱文公师弟子居多，若延平、武夷、建安、三山、泉山、尤溪、双峰、北山之属皆是也"。全国各地书院供祀的众多儒学大师中，朱熹的地位最为突出，可见朱子闽学的影响力。据现有资料的不完全统计，后世福建地区以朱子之名号来命名的书院就有：

（一）宁德晦庵书院

位于今宁德市蕉城区南门外，宋庆元年间（1195—1200），朱熹讲学处，三位宁德人士郑师孟、龚郊、陈骏在此向朱子问学。郑师孟，一作思孟，字齐卿，号存斋，家贫力学，黄榦之婿，著《洪范讲义》；龚郊，字昙伯，号南峰居士；陈骏字敏仲，号仁斋，著《论语孟子笔义》《毛诗笔义》，辛弃疾之婿。

（二）福安晦翁书院

位于今福安市社口镇龟龄村龟龄寺（始建于唐咸通元年），朱熹讲学处。宋绍兴元年（1131 年）秋，因建州范汝为起义，朱松携家人避难，寓居于龟龄寺数月。庆元年间（1195—1200），朱熹为避伪学之禁，又讲学于龟龄寺，从者甚众。后人因此建书院以祀，以朱熹号晦翁，因名为"晦翁书院"。

（三）同安文公书院

位于今厦门市同安区梵天寺后，据史料记载，早在南宋嘉定年间（1208—1224），知县毛君当时于同安学宫旁创建朱文公祠，为没有正式挂牌的书院。元朝至正年间，元顺帝表现出对于恢复、弘扬儒家学说、推崇理学的热情。同安县（今厦门市同安区）县尹孔公俊（孔子53代世孙）一上任后，洞察政府的儒学复兴动向，因为朱熹曾任同安县主簿兼管学事，士人百姓对朱熹多有称颂。元至正十年（1350年），孔公俊发起创办大同书院于文庙（一说在城隍庙左，大同之名出自《礼运·大同篇》），祭祀朱熹及乡贤，还获得元顺帝颁赐的"大同书院"匾额，建有讲堂、斋室等用房，史称紫阳书院或轮山书院，因书院同时祀朱熹，故也称朱文公祠。元末明初的动乱，使得大同书院毁于战乱。

明代以后，比较重视读书人的作用与百姓教化，所以出现不少纪念先贤及学者讲学、修学的场所。同安知县张逊（江苏无锡人，乡恭进士出身）上任后重刻朱熹的《大同集》，明成化十一年（1475年），发起重建废弃了近二百年的大同书院。这时的大同书院位于县衙之东，有三进，前有仪门，仪门后为门楼，门楼后为祭祀朱熹的祠堂，祠堂中供奉朱熹画像，以朱熹离职时的居所"畏垒庵"命名，墙上书有重建大同书院的记事，通过记事可知，大同书院的主要功能是官方推举祭祀朱熹，通过倡导介绍朱熹学说纲领、价值及对于世道人心的影响，以期发挥朱子学说教化社会的功用。

明嘉靖年间（1530年），乡贤感朱熹任职同安四百年以来，原先纪念朱熹的大同书院已经毁于战乱，重建后又变为官舍，于是林希元为了"存文公之迹于没"，仿朱熹守漳时于禅刹之后建书院之先例，请于福建提学副使邵锐、县令刘裳，倡议于朱熹常去的大轮山顶梵天寺后创建文公书院，得到响应。建设的过程中，虽因为官员的几经变化，影响建设进度，最终在福建督学朱镇山的支持下，于明嘉靖三十一年（1552年）书院竣工，前辟讲堂，旁列书舍，为士子会文参圣之所，后有寝宫，供奉从"畏垒庵"移来的朱熹画像及乡贤。林希元记此事说：

> 予思昔文公守漳时，建书院于开元禅刹之后，属句题门有"五百年逃禅归儒"之语，盖公之用意深矣。同，公始仕之地，"梵天"又其时常游咏之处。予用公故事，欲作书院禅刹之后，以部东门之阙，未有任者，以告学宪邵公锐，会公至，相与登刹访旧，历方丈、战龙松，至瞻亭石……且作书院矣，会改官去……壬子[①]夏，学宪朱公衡得南勋部洪君朝选之书，乃率予往观，慨然责成于彭侯士卓，阅两月而功成。予往观之，登堂四望，凡同山川，咸来献美，盖经营之始，不图其胜之至于斯于，以近继考亭，远望洙泗，藏修油息而不懈，是在学者。

有学者考证朱熹在同安时期完成了思想上的"逃禅归儒"，从以上林希元的论述中可以佐证。明代刑部左侍郎洪朝选曾撰写《文公书院增修书舍建亭记》石碑，上云："出东门里许有山焉，自东北而来，磅礴蜿蜒，势如车轮，以其形得名，故谓之曰大轮山。"说的是梵天寺和文公祠所在的山。清朝康熙、乾隆年间，知县及邑人多有重修，主要功能仍然是纪念朱熹，"以其为始仕之邦，教化之泽存焉也"。文公书院走出了蔡复一、蔡献臣、许獬等众多同安历史名人。

（四）安溪紫阳书院

位于安溪凤城镇东（安溪县学东部），明黄怿建，祀朱熹。明嘉靖五年至十年（1526—1531），泉州提学副使邵锐倡建"紫阳书院"，后监生吴辉捐地，知县黄怿主持修建，祀朱熹，配祀弟子陈宓和陈淳。后因其地建文庙，书院无存。嘉靖三十五年（1556年），安溪知县王渐造重建。书院后于嘉靖三十九年（1560年）毁于倭寇侵扰。

（五）德化紫阳书院

位于今德化治西上市，明许仁建，祀朱熹。明嘉靖七年（1528

---

① 壬子，即嘉靖三十一年，1552 年。

年）德化知县许仁勤政为民，崇儒重教，改建县治"天妃宫"为"紫阳书院"，祀朱熹，并课徒讲学。嘉靖二十六年（1547 年）德化知县绪东山重修"紫阳书院"，书院后毁于清乾隆初（约 1736 年）。

（六）永春文公书院

位于今永春县桃城镇留安村，祀朱熹。明嘉靖三年（1524 年），永春知县柴镶主持修建"文公书院"，历时一年乃成。书院中为"中正堂"，祀朱子，后为讲堂，左右二楼"识风楼""同月楼"。四十一年（1562 年），毁于倭寇。清康熙二十三年（1684 年），知县郑功勋、教谕蔡祚周移建学署。乾隆二年（1767 年），知州嘉谟改建讲堂为明伦堂，移书院于学署后。书院后废。

（七）云霄（西林）紫阳书院

位于今云霄县火田镇西林木西林村，明建，始建人不详。西林为唐垂拱二年（公元 686 年）陈元光设漳州州治所在。开元四年（公元 716 年），州治移李澳川（今漳浦县城）。贞元二年（公元 786 年），再迁龙溪（今漳州芗城区）。明嘉靖年间（1522—1566），建"紫阳书院"于西林五通庙西北侧，祀欧阳詹、朱熹、黄榦和陈淳，春秋两祭，捐有祠田。清初（约 1644 年），毁。雍正元年（1723 年），重建。书院后废。

（八）云霄（西门）紫阳书院

位于云霄城关西门外，今云霄县云陵镇享堂村西北路，明万历年间（1573—1619）建，创建人不详。祀朱熹，配祀黄榦和陈淳。万历四十二年（1614 年），司空蔡思充作《紫阳书院记》。后毁。清康熙四十六年（1707 年），迁建于城内，一堂两室。翌年，增一堂两室。东侧厢房，为庖厨。院内正三间，中祀朱熹，侧阁祀文昌帝君，下厅为讲堂，东西舍房。东侧隔巷并列附置"七贤祠"，祀施邦曜、漳浦县令陈汝咸、汪绅文、御史江环、薛凝度、章辅廷，谓六先生。光绪年间（1875—1908），增祀倪惟钦。书院后废。

（九）永安紫阳书院

位于今永安市燕东街道，祀朱熹。清康熙三十年（1691年），知县梁文煜捐俸倡建"紫阳书院"，是当时永安最大的书院。

（十）光泽紫阳书院

位于光泽县城西宣德门外，今文昌小学旧址，由县令李光祚建于清乾隆二年（1737年），祀朱熹，同时配祀其弟子李方子。曾有房20多间，并有回廊。书院讲堂上悬有匾额，书有"正谊"二字。书院设七艺课，生员住读。书院仅存续25年。后光泽县的杭川书院建立，紫阳书院随即停办，所有财产全部移交给杭川书院。

（十一）福安紫阳书院

位于今福安市宾贤街，书院原建于清康熙五十五年（1716年）城东宾贤境旧按察司署，始建人不详。乾隆十二年（1747年），福安知县杜忠重建，名"紫阳书院"，作《紫阳书院记》。嘉庆十八年（1813年），知县梁联箕定膏伙例，生员内课月给1000文，外课月给600文；童生前三名600文，后三名400文。光绪二十八年（1902年），书院改办为"紫阳高等小学堂"。院址今为福安市供销社。

此外还有以考亭书院命名的安溪考亭书院及祭祀朱熹的书院（有的为紫阳先生祠、朱子祠改创的书院），如明代福州马尾所建的龙津书院又称"朱子祠"，为现存福州最大最完整的朱子祠；明代泉州安溪的凤山书院祀朱子，也为"朱文公书院"，养正书院中建有"文公祠"，泉州至少还有三所紫阳书院、两所专门的文公书院祭祀朱子和门人，漳州有南溪书院亦称朱子祠、文公祠等，都体现了朱子学对于福建的影响力。可以说福建书院的兴盛培养造就了为数众多的理学人才，从而发展了福建的儒家教育，改变了福建的学习风气，真正改变了福建蛮夷之地的印象，"惟惜瓯越险远之地，今为东南全盛之邦"，道出了宋代福建的巨大变化。建宁府"自朱文公倡道东南，彬彬然道义之乡"，延平府"五步一塾，十步一痒称为邹鲁之邦。诸儒讲明道义，遗风余教犹未泯"，邵武府"比屋弦诵，号小邹鲁"，泉州"泉地风气温融，人质素实，家诗书而户业学，即卑微贫贱之极，亦以子弟知读书为荣"，以上所论无不与朱子学、朱子文化与书院教化相关。

二、全球首座实质运行的朱子书院
——厦门（同安）朱子书院建院的尝试

书院作为中华优秀传统文化的载体，是中国古代一种独特的文化教育机构，在中国历经千年历史，蕴含了深厚的中国传统文化内涵与经久不衰的生命活力。近十年来，传承着传统书院文化与精神，新时代的书院又蓬勃兴起，出现了多样的新的发展形式，让书院焕发出新的生命力，昭示着传统文化普及的兴起。在朱子学、朱子文化的交流中，我们发觉当前要想进一步地扩大朱子学、朱子文化的影响，除了依靠政府与高校外，还需要更充分地发挥多方力量优势，共建弘扬朱子学、朱子文化的平台，在古代要想达到这样的目的，建祠堂、书院等都是非常有效的办法。

2016 年 5 月 21 日上午，2016 厦门（同安）首届国际朱子文化节暨厦门（同安）朱子书院开院仪式顺利举办，这意味着全球首座实质运行的朱子书院在厦门同安开院。此次活动吸引了海内外的专家学者，包括省内的南平、武夷山、建阳、尤溪、漳州及省外的北京、广东、安徽、甘肃、浙江和香港、台湾地区，以及印尼、新加坡、马来西亚、菲律宾等国家的朱氏宗亲和嘉宾及同安区各级领导，厦门市道德模范及部分中小学生代表 300 多人共同见证了这一盛事。

朱子书院位于同安县（今厦门市同安区）衙旧址西北角（县署之右），此地曾为朱熹办公居住之主簿廨。同安县衙始建于公元 929年，此后历朝历代均坐落于此，为银城（同安别称）政治文化中心。2015 年，市民向同安区委提建议，将旧县衙予以整修用于市民休闲，充分听取各方意见之后，区委启动了改造工程。此次维修工程实际是"就今修今"，即修前什么形状颜色布局，修后照样。其中，县府旧食堂维修后交与文化部门使用，据同安文史专家颜立水先生考证，此处曾为主簿廨及朱熹居所"高士轩"，以同安是"朱子学"的发祥地为基础和缘起，在厦门篔簹书院及专家学者建议下筹建朱子书院。其目的为纪念朱熹簿同勤政爱民之德，追忆朱子兴贤育才过化之功，弘扬传统文化，凝聚共同精神，传承朱子之言。

朱子书院由厦门篔簹书院和同安区共同合作创办。书院坐北朝南，正门前有一小广场及绿化。大门上挂"朱子书院"四字大匾，大门两侧分别悬挂"志道据德""依仁游艺"各四字，取自当年朱熹振兴同安县学重建的四斋铭，据《论语》分别取"志道、据德、依仁、游艺"之名。书院大门及小庭院是此次改造时依据厦门篔簹书院王维生院长的建议所增建，院墙采用闽南传统风格。院内左侧一棵古树，树盖如伞，庭院右侧新建一小水池，缘于"凡朱子所居之处必有活水"的传说。据考，1168年，朱子在写给其同安籍弟子许升的信中，专门提到了千古名句——《观书有感》中的"为有源头活水来"。水池面积11.68平方米，形似城南铜鱼池形状，池中也放置了三块古铜色的鱼形石。朱熹曾有谶语："铜鱼深深，朱紫成林。"书院的细节装饰上无不体现出朱子文化的寓意。

庭院拾级而上是讲堂大门，台阶共有五级，代表朱熹初仕同安共计五载（四年半），是逃禅归儒的五年。讲堂大门联语为"出禅入理行知弘儒终大成，治水兴学农桑恤民在同安"，横批是"兴贤育才"。进门是朱子胸像，胸像为紫铜所铸，含底座高2.4米，寓意朱熹24岁到同安上任，胸像采用朱熹学术大成之时的形象。胸像后靠屏风，上面镌刻着朱子书院创院院长王维生撰写的《朱子书院记》，阐述了同安的历史、人文，朱子初仕同安的政绩、人文教化、逃禅入理的学术思想转变，以及朱子书院成立的背景与愿景等。

屏风后面是一幅《朱子游同安》的国画，体现年轻时的朱子任职主簿时的场景，画中旁陪侍者为其同安高徒许升。许升是开闽将军许淡之后，建古同安西安桥许西安之曾孙，是朱熹最早的学生之一，也是弘扬朱子之学，过化同安的重要学者。

讲堂大厅内共有六十个座位，讲台后有移动屏风，屏风上镌刻

《朱子家训》，讲台上悬朱熹手书"同民安"石碑拓片，该石碑原位于小盈岭上，是朱熹为镇风沙、调讼事，保国泰民安所书，石碑后移入同安孔庙保存。大厅两侧设四个书柜，所有图书为社会各界捐赠，读者自取（现今流行的"图书漂流"）。两侧尚有四幅画，分别反映朱熹访贫问苦、兴修水利、兴办县学、百姓扳辕相送等场景。大厅两侧各八副对联，不同角度纪念朱熹过化同安之伟绩。

大厅北侧两层小楼为高士轩旧址，朱熹曾自谦称："此轩虽陋，高士亦或有时而来也。"这里是朱子居家会友、读书著作、格物致知之处，闽学发端之地。门口对联为："春风古邑铜鱼馆，紫气文山高士轩。"门左侧外墙集中放置了三块碑，为清康雍乾三朝地方官员重修高士轩而作，此次维修时收集陈列于此。一楼为两间小办公室和一个小型客厅，居中布置朱熹自画像，两侧由本地书家抄录朱熹在同安留下的部分诗文，二楼为朱熹高士轩的展览室，以图片形式展出朱熹在同安留下的足迹，其中一幅画为根据史书记载描绘的朱熹所居高士轩原样图。

朱子书院开院后，主要计划将通过朱子书院平台，有效整合各方资源，积极打造当代厦门"朱子文化"的品牌，通过举办教学、礼仪、娱乐、联谊、议事、协商、旅游等活动，把书院办成居民读书休闲的场所、协商议事的平台、学习成长的载体和培育公共精神的课堂，努力为居民营造更加温馨的人居环境、更加高尚的文化体验、更加和谐的人际交往，推动全社会形成崇学尚行、厚德有为、爱国爱乡、遵纪守法、勤劳节俭的良好氛围。按照"政府引导、社会管理、多方参与、公益运作"的原则，成立朱子书院理事会，理事会成员由多方组成。

依据朱子书院本身鲜明的文化特色定位、同安当地深厚的历史文化基础，以及篔筜书院十年来弘扬国学所累积的经验三方面优势，朱子书院初步拟订如下规划：

（一）朱子书院定位与功能

朱子书院将朱子文化、国学普及、同安文化特色三者结合，打造同安社区书院总部，"富美同安，共同缔造"的基地；将由财政拨款公益运作，建成面向市民免费开放的群众文化休闲场所、两岸朱子文化研究交流基地，打造成与同安孔庙、苏颂故居连成一片的同安文化旅游景点、国内领先的传统文化产业园区。希望将来朱子书院能与篑笤书院优势互补、互动共赢，携手创造当代书院新典范。

（二）朱子书院运营目标

经一至两年运作，使其成为当地百姓熟知且喜爱的学习中华优秀传统文化的活动基地、高雅且有特色的大众文化休闲场所、百姓的精神家园；经三至五年努力，使其成为同安乃至厦门新的文化地标，成为国内研究朱子文化的权威机构之一，成为在全球华人中有一定影响力的朱子文化朝圣基地之一。

（三）朱子书院主要内容

朱子书院主要开展同安区社区书院指导中心的工作，建成后，拟将它打造为同安区社区书院总院，指导、协调全区各社区书院，实现社区书院资源的有效配送，力求把朱子书院打造成同安区集教学、礼仪、联谊、议事、协商于一体的公共文化活动场所。书院将定期于周末开展面向市民的各类国学经典讲习活动，包括国学经典诵读、朱子文化普及课程、同安历史文化知识讲座等；同时定期组织本地专家学者开展"朱子与同安"的主题研讨会，每年举办一届国际朱子文化节和一至两次两岸朱子文化研讨会，并出版相关文集，打造朱子文化品牌；书院也将结合全市及同安社区书院的任务需求，经常性邀请本地各行业专家举办与百姓生活息息相关的生活伦理、中华孝道、文明礼仪讲座，并通过举办敬师礼、成人礼、志愿者服务等活动，寓教于乐，使青少年的思想道德教育活动生动活泼；我们还要引进同安的非遗等传统文化项目入驻朱子文化公园，定期于传统节日或周末举办群众喜闻乐见的传统民俗活动，丰富当地居民文化生活，弘扬优秀传统民俗文化，助力同安文化强区建设；从传统文化长远、可持续发展的角度考虑，以同安及闽南传统文化项目为核心，打造别具一格、有一定规模的传统文化产业园区，反哺朱子书院的发展。

三、朱子书院及朱子文化传播的未来展望

　　福建省陆续出台了一系列关于朱子文化与朱子书院的保护与开发特别是朱子文化品牌建设计划。2016 年福建省人大、省政协陆续提出《把"走朱子之路"活动打造成朱子文化交流品牌》《关于加快我省传统书院保护和开发利用的建议》等重点提案。目前，全国朱子文化研学旅游基地已被列为福建"十三五"旅游重点项目，据规划，全国朱子文化研学旅游基地估算总投资 82 亿元，其中"十三五"计划投资 52 亿元。福建各地如南平、三明、厦门、漳州等地都在"弘扬朱子文化，打造书院之风"，如南平计划建设的与朱子相关的考亭书院、延平书院、云根书院、星溪书院、环溪精舍等，未来必然关系到更多的与朱子有关的书院如何建设与运营及朱子文化传播的联动发展。

　　参加朱子书院开院仪式的嘉宾都表示厦门朱子书院的成立具有划时代意义，在开院仪式后的朱子文化论坛上，专家学者和朱熹后裔将以"朱子家风家训""朱子闽学与海上丝绸之路""重新认识新儒学的集大成者——先贤朱熹"等主题展开研讨和演讲。大家也为朱子书院及朱子文化的未来传播之路出谋划策，在此我们初步整理出来，以供思考与讨论。

（一）探索朱子书院与发展地方历史文化相结合之路

　　中国朱子学会会长、厦门市社科联主席、厦门大学校长朱崇实表示，朱子身上充分展现了中国知识分子的智慧和美德，这是中华文明数千年生生不息、永不枯竭的根本所在。朱熹不仅在同安兴办教育，也在金门兴办教育，成立朱子书院对于促进两岸教育、文化交流很有益处。

　　同安区委书记黄国彬表示，同安是厦门历史文化之根，闽学之源，与朱熹渊源深厚。朱熹在同安任职主簿 4 年间，勤政爱民，兴学

育才，倡导儒学，使同安成为"海滨邹鲁，闽学开宗之地"。同安区委区政府，顺应民意，整修县衙旧址，创办朱子书院，今后将用于讲学、讲座和市民举办读书休闲活动，并作为同安区级社区书院总部，希望通过朱子文化节和朱子书院这个平台，继承和弘扬朱子文化，助推同安文化繁荣发展，全力打造百姓富、生态美的"富美同安"。朱子一生大部分时间在福建度过，对福建各地都有重要影响，应该发挥朱子文化与本地区文化的联系，深入发掘朱子文化的历史资源为当今社会建设服务。

（二）探索朱子书院与当代市民生活特别是"家与社区"相结合之路

台湾华梵大学原校长朱建民教授谈到，我们今天重新思考朱子文化，不只是要思考一套知识性的理念，更要思考一种可以落实到我们生命中的生活方式。厦门（同安）朱子书院计划是做一个开放的书院，所有的活动都是面向市民的、公益性的，有兴趣的都可以来参与。未来还将建立信息发布平台，通过微信、短信等方式及时发布书院的活动信息，方便普通市民了解和参与。

值得注意的是，厦门（同安）朱子书院是通过社区书院建设开展相关工作的，更应该注重与基层的直接联系。厦门市 2015 年至 2016 年各区重点打造的 25 家社区书院陆续建成，其中，思明区有嘉莲街道社区书院、莲前街道前埔北社区书院、莲前街道前埔南社区书院、莲前街道瑞景社区书院、莲前街道金鸡亭社区书院 5 家；海沧区有兴旺书院、天竺书院、海天书院、洪塘书院、海发社区书院 5 家；湖里区有金安社区书院、金山社区书院、禾欣社区书院、东荣社区书院 4 家；集美区有黄庄凤山书院、滨水社区书院、康城社区书院 3 家；同安区有莲花书院、梧侣书院 2 家；翔安区有山头社区书院、澳头社区书院、何厝社区书院、滨安社区书院、莲塘社区书院、云头社区书院 6 家。目前同安、翔安的社区书院都在探索与朱子文化相结合的道路。

在结合的具体方式上，如华东师范大学朱杰人教授围绕《朱子家风家训与家礼》指出，当代中国家庭基本处于"自然"的状态，夫妻不睦，婆媳矛盾频发，而《朱子家礼》首篇就讲婚礼，男方要谦卑地向女方求婚，而新妇一嫁进门就要"正其初"——一入门就要先讲清楚夫家的规范，由此可以避免婚后很多问题。此外，他还指出当代应该恢复成人加冠礼、命字等传统，让家庭教育脱离"自然"状态，恢复中国人应有的文化教养。这些都是在朱子书院中可以普及与弘扬的，当代生活中应该有"礼"。韩国的卢仁淑教授介绍了《朱子家礼》对民间祭祀的深远影响——原本"礼不下庶人"，普通民众是没有资格立庙祭祀祖先的，但朱子通过对古礼的损益，让普通百姓可以在祠堂里祭祀祖先，朱子书院应该通过"家"文化的宣扬让民众可以更亲近朱子。厦门大学朱人求教授也认为，《朱子家礼》为中国普通百姓规范了一种生活方式，让人的生老病死得以安顿。"家文化"是中国文化的重要根基，今天我们复兴传统文化，不能不重视"家文化"。

（三）探索朱子书院与"走朱子之路"相结合之路

2008 年起，闽台学子"走朱子之路"研习营活动在闽举办，8 年来活动吸引了台湾 20 多所、大陆 10 多所高校的近千名师生参与。每年七八月间，两岸学子沿着朱熹生平足迹，穿越南溪书院、武夷精舍、五夫紫阳楼、兴贤古街、考亭书院……探寻朱子文化的源流脉络，增强了两岸青年的互动交流，让两岸青少年携手担当和共同接续中华文化。目前，有关人士也建议政府有关部门应统合资源，加大对"走朱子之路"活动的扶持力度，把"走朱子之路"活动纳入福建朱子文化品牌建设内容，纳入闽台文化交流重点项目，完善和配套"朱子之路"的线路图及旅游服务设施，适应两岸青少年修学、观光之旅。

值得注意的是，2016 年第九届"走朱子之路"研习营的主题就是书院文化之旅，活动内容有：在厦门筼筜书院举办讲座，大陆和台湾学者各自介绍近年来两岸朱子学研究现状；在同安县学旧址（文庙）祭拜孔子，在厦门（同安）朱子书院祭拜朱子；参访泉州晋江安海石井书院；参访福州鳌峰书院、正谊书院；参访三明南溪书院、开山书院；参访武夷山兴贤书院、武夷精舍等。可谓是将朱子文化与朱子相关的书院串联起来，真正形成当代的"朱子之路"。

（四）探索朱子书院与"一带一路"及海外朱子学研究相结合之路

世界朱氏联合会会长朱耀群表示，在同安举办朱子文化节、开办朱子书院意义非常深远，尤其对海外人而言，此次活动对带动海外朱子文化、朱子学说的宣传有很大的帮助。学习和弘扬朱子文化对当代青少年来说非常重要，尤其是海外的学生，他们受西方文化和西式教育的影响，伦理道德这一块非常欠缺。海外的当地政府也注意到了这一点，所以逐渐开始推广儒学和理学的东西，希望将来能够经常带一些学生来朱子书院参观学习。

韩国栗谷学会会长、成均馆大学教授崔英辰在朱子书院开院仪式表示，朱子学在传统社会产生巨大的影响，在17—19世纪发展成为东亚的普遍性学问。14世纪后，朝鲜半岛500年间朱子学者辈出，经过四端七情论争、湖洛论争及心说论争，创造出全新的朱子学理论。现在，在韩国，研究儒学的学者当中，大约有60%都在研究朱子学。韩国朱子学会也于2015年10月24日在成均馆大学创立，隔周进行《朱子语类》讲读。未来应当以厦门（同安）朱子书院开院为契机，与中国朱子学会及厦门朱子学会，共同奠定从国际性角度研究朱子学的基石。

可以说，朱子书院的发展之路贯穿到朱子在不同地域的人生之路、思想之路，以及不同时代朱子学、朱子文化的教育之路乃至国际化之路。新的时期如何把朱子书院建设成朱子文化传播的基地，这还需要我们不断地思考与实践。未来朱子书院建设与朱子文化传播还是系统工程，要实现可持续发展，必须把资源进行整合、共享，实现共同发展。我们现在可以做的还是要结合当前国际、国内形势，与当前的文化传播相结合，才能真正将朱子文化做好当代的诠释与运用。

参考文献：

[1]内部资料：厦门（同安）朱子书院画册[Z].厦门朱子书院运营规划，2016（5）.

[2]金银珍，凌宇.书院·福建[M].上海：同济大学出版社，2010.

[3]陈支平.朱子学·理学：唐宋变革与明清实践[J].厦门大学学报（哲学社会科学版），2014（3）.

[4]朱人求.南宋书院教化与道学社会化适应——以朱熹为中心的分析[J].孔子研究，2010（2）：74-82.

[5]朱清.新时期福建保护和发展朱子文化的新作为[N].福建日报，2015-11-09（7）.

[6]木易，杨心亮，余雪燕，郑素描.同安举办首届国际朱子文化节暨厦门（同安）朱子书院开院仪式——海内外学者聚首同安共话朱子文化[N].福建日报，2016-05-22（11）.

[7]李拯.2016福建两会焦点：共走朱子之路增进文化认同[N].海峡都市报，2016-01-15（7）.

《考亭紫阳朱氏总谱》
与朱子家风、书院评述*

【摘要】身处经济社会快速发展的今天，以及多元文明的冲突与交融的全球化时代，文化的传承是每个民族不可回避的命题。家风作为一个家庭乃至一个家族的风尚与风教，在中国"家国同构"的传统价值体系中体现了民族传统思想与美德的延续传承，承载了民族生生不息、薪火相传的精神源泉与价值追求。本文从《考亭紫阳朱氏总谱》所记载的相关朱氏谱序、谱跋，朱氏后人事迹，与朱子相关的书院等内容，考证朱子家风、书院的相关内涵与外延，以期寻找朱子思想现代性的继承和发展，对现代的家风、书院建设有所启示。

【关键词】紫阳朱氏；家族宗族；朱子家风；朱子书院

家风又称门风，是一个家庭乃至一个家族的风尚、风教的简称。追本溯源，续修族谱家谱对于家族的凝聚力、家风的延续意义深远。新中国成立以后，中国大陆的修谱一度中断。改革开放以后，举国上下修谱修志的工作得以重新开展，让人们重新去探究家族的发源、生息、繁衍历程，让人们重新审视祖先的教诲。2014年以来，中国涌现出一系列高层关于弘扬中华优秀传统文化的论述，社会各界重新探究起支撑中华民族生生不息、薪火相传的精神源泉与价值追求，引起人们对于传统的重新认识。2014年春节期间，中央级媒体推出"新春走基层·家风是什么"系列报道栏目，以及随后的"客从何处来"等关注家教、家训、家风的主题活动。让公众人物追寻家族渊源，可以说是从传播普及的视角让民众重新重视家教、家训、家风，也体现了中国政府从国家社会的层面让中国人重新审视"家"的意义。

朱氏家谱名称有称"朱氏家谱"的，也有叫"朱氏族谱"的。

---

* 本文是笔者为2016年尤溪南溪书院"中国书院联盟"第三届论坛所发表的论文。

此外，有的称"支谱"，也有的称"统宗谱"或"通谱"。有的族谱还在名称上详细注明地域或宗支，如朱次琦所编为《南海九江朱氏家谱》，又如《紫阳朱氏建安谱》《紫阳朱氏武林派宗谱》。笔者手中的《考亭紫阳朱氏总谱》（南新出 2000 内书第 72 号，以下简称《总谱》）为 2000 年由闽北朱子后裔联谊会会长朱银汉等人不辞劳苦，广积资料，组织编写，把文公三支裔孙世系，从四面八方、国内国外汇集于此《总谱》中。正如当时文公二十五世孙、世界朱氏联合会会长朱祥南先生在序言中说，编纂《总谱》"弘扬文公思想，继承先祖遗志，重振紫阳家风，开创东方文明家庭"，"意义深远，工程浩大，是历史以来首次规模"。以往朱子学研究中，较多关注朱子思想，而朱子族谱研究相对较少，而论及族谱中所延续的"家风"则更少，本文从《考亭紫阳朱氏总谱》出发，着重从"家"的角度研究朱子思想文化，以期对寻找朱子思想现代性的继承和发展，对现代的"家风"建设有所启示。

一、《总谱》谱例与朱氏家族源流

各家朱氏谱牒，其体例分类多少不一，内容详略也各有不同，但基本上是大同小异。一般的朱氏族谱，大都有这几项内容：谱名、谱序、目录、凡例、恩荣录、遗像与像赞、五服图、家规与家法、宗支世系、谱系本纪、任宦记、家传、祠宇、坟茔、艺文、族产、派语、后跋、领谱字号、杂录，共二十类。可见，族谱相当一部志书，其内容极为丰富，它记述了本族姓的来源、世系、迁徙、婚姻、族人事迹、经济状况、丧葬、祀典、家规家法等方面的文献资料。

《总谱》分为卷首（题词、图像、谱序、谱跋），第一编源流篇（考亭朱氏之源、考亭朱氏衍派），第二编人物篇（古代、近代、当代人物），第三编书院篇（朱子创建的书院、修复的书院、读书讲学的书院、题咏的书院），第四编年谱篇（新编《朱子晦庵年谱》），第五编考证篇（关于源流的考证、关于人物的考证、关于书院的考证、关于朱子生平事迹的考证），第六编附录篇（各类谱序、文公诗文等）。可以说，族谱是中国传统宗族主义文化的百科全书。可见《总谱》内容十分丰富，特别是其中各类的序文、族规、祠约、派字、世系等，详细记载了家族历史，而家规、家训则包含了先人的处世经验，值得后人学习借鉴。

在《总谱》卷首的图像中，印于谱首的是朱子的"家宝"及落款"晦翁"的手迹，朱子将家谱奉为"家宝"，一般供奉在家族祠堂，在良辰吉日由家族长老带领，净手焚香才能开箱展阅。根据家谱相关的民间调查，南方中国不少姓氏如浙江金华的陈氏、吴氏、方氏等家谱中也有将此"家宝晦翁"印于谱首，可见朱子对于后世家族的广泛影响。正如世界朱氏联合会永远名誉会长朱昌均在为《总谱》出版的题词中所言"家训垂范，家礼薪传""裔孙其远，千年万年"。

知其源，明其流，家族的源流、衍派让后世通过一个完整的世系了解家族传承。《总谱》尊朱子为始祖（一世祖熹公），其子朱塾、朱埜、朱在即为二世祖以下类推。为明世次，便于记述，《总谱》设衍传概况一览表和世系总表，分别以建安派朱塾后裔、考亭派朱埜后裔、邵武派朱在后裔为顺序，分别记述其辈分、名讳、字号、官职、配偶、生卒及子女等情况。《总谱》以朱子排行为"火"，从二世祖"土"排行以后，较为严格按照"五行相生"顺序命名，即三世祖名中含"金"，继而生四世祖"水"，五世祖"木"，六世祖"火"，七世祖再为"土"，依次类推，目前较多的在第 26 代为"火"，第 27 代为"土"，第 28 代为"金"的谱系序列。以厦门大学朱崇实先生为例，系文公第 28 世嫡孙，族谱名为金安。《总谱》的世系中，将凡从建瓯、建阳、邵武分迁到外县、外省以到国外的，谱系中仅记录其始祖的情况，人物篇不受此限制。

中国人对待族谱的态度是极神圣的，《总谱》使用朱子绍熙元年（1190 年）孟春良日对镜写真自画像中，题有"从容乎礼法之场，沉潜乎仁义之府，是予盖将有意焉，而力莫能与也。佩先师之格言，奉前烈之遗矩，惟门然而日修，或庶几乎斯语"。很多朱子后裔及一些读书人家，也都用此相悬挂在厅堂或书房的壁上，延绵和孕育着朱子裔孙与读书人家，期冀"文章德行仿其祖"的美好愿望。而历代朱子后裔也是在朱氏源流考中，寻觅先人形象事迹，扩充其爱宗族、爱民族、爱国家，"上无愧于祖宗，下不怍于子孙"而有光于家族的精神。

二、《总谱》里的朱子家风探源

在重建家族和宗亲组织方面，维系整个家族宗族关系的过程中，族谱发挥着不可忽视的作用。首先，谱序是族谱精神的集中体现。谱序作为族谱中极有价值的文章，一部族谱往往有多篇序文，它们大都由本族名流和与本族有渊源关系（如亲朋好友）的著名学者、政界人士所写。谱序文章，其内容多为论述族谱的重要意义、本族修谱的历史、本族姓的源流。历史上保存下来见载于各朱氏族谱或各朝文集中的朱氏族谱序，数量很多。《总谱》考证自宋淳熙十年所编的《婺源茶院朱氏世谱序》至清朝光绪年间各地朱氏家谱、族谱三十余篇，搜罗其谱序，以下考察朱氏谱序中所论及的"朱子家风"的论断：

（一）《婺源茶院朱氏世谱序》，又叫《新安朱氏世谱序》，茶院府君九世孙熹序，淳熙十年（1183年）癸卯五月

> 癸卯五月辛卯因阅旧谱，感世次之易远，骨肉之易疏，坟墓之不易保也，乃更序次，定为婺源茶院朱氏世谱，而并书其后如此，仍录一通以示族人。十一世以下来者朱艾，徽建二派自今每岁当以新收名数更相告语而附益之，庶千里之外，两书如一，传之永远，有以不忘宗族之义。

朱子非常重视族史，率领福建族人到安徽婺源寻根访祖，又亲自编修了《婺源茶院朱氏族谱》，并撰写谱序。此篇谱序见载于大多数朱氏族谱上，序言中规定日后书写族谱的方式方法。朱子这种重视家族历史的态度，为后世朱氏树立了榜样。

（二）《奉天谱序》，又名新安朱氏宗谱序，宝祐二年
（1254年）二月十八日

> 自朱松至朱熹，以诚意正心之学继往开来，历事三超，有赫厥
> 功，忠于我矣。赏延后世，封及先人，不亦孝乎？今尔朱在事君
> 致忠，述先致孝，修世德也。故凡收宗合族者，作谱之常居忠君
> 孝亲，而亢宗大族者，则尝求之于斯谱。朱氏子孙其尚钦哉！永
> 保厥家与国咸休焉。

在朱子去世后的第 27 年，即宝庆三年（1227 年），理宗皇帝赠
朱子以太师，追封信国公（后改徽国公）。本序言为时任工部侍郎朱
在上疏后，理宗皇帝对朱松、朱子的评价，重点在于朱氏一门忠孝两
全，与国家共存亡，一如曲阜孔府大门上的门联"与国咸休安富尊
荣公府第，同天并老文章道德圣人家"，让人联想到先哲孔子的"文章
道德，与天不老"，论及后人，世代尊荣。

（三）《紫阳朱氏建安谱》，明万历兵备分巡建南道福建按察
司副使蔡善继作序

> 夫家有正传在文献，犹道之正脉在人心。人心不死，则道长存；
> 家谱不紊，则族亦昌……余蔡于先生先后，缘分颇奇，方深自幸
> 慰……以昭先德，以明昭穆，以笃孝思，以防混冒……与东鲁孔
> 氏谱共垂天壤。世之长治久安，端必由之，虽千百世可知也。

《紫阳朱氏建安谱》，为明朱熹第 15 世明万历三林院五经博士
孙朱莹主纂，明刻本《紫阳朱氏建安谱》被列为 1982 年全国重大文
物发现之一。谱前有朱莹撰写的《建安修谱议》和《谱例解》两文，
由明万历兵备分巡建南道福建按察司副使蔡善继作序，谱后由云南
道监察御史张素养作前跋。朱熹像赞系明景泰皇帝钦颁，赞曰："德
盛仁熟，理明义精，布诸方策，启我后人。"渊源部分，记述朱子
的儒家道学渊源，从孔子→颜子→曾子→子思→周敦颐→二程→罗

从彦→李侗→朱子，以及朱子门人蔡元定、黄榦、蔡渊、蔡沈、陈淳等 321 人的简历。从谱序看，朱子后人与朱子门人后人通过祖先的联系保持世交，家族的联系也通过族谱的方式世代传承。

（四）乾隆续修王安国《建安朱氏宗谱序》，时乾隆辛未（1751年）端阳之吉，赐进士及第、经筵讲官、礼部尚书秦邮之后王安国书

> 理学之宗，千秋俎豆，岂独其子孙奉为高曾规矩哉！然念其先德而厚，其后昆历代则有同心者。我朝崇儒重道，于朱子尤极隆焉。仁皇帝诏赐联额，又升之于十哲之次。朱子之学业可久可大，食报于后世益久益大也。族谱修明则老泉所谓观谱而孝悌之心可以油然生……国恩之重、祖泽之长……明其学，缵其绪，以为宗族倡，宗族亦能各念其家世，理学大贤之后为之孙子者正复不易绍闻衣德，勿堕家声，斯为令嗣之，永世无穷也。

（五）《重修考亭族谱跋》，时康熙二十四年（1685年）岁次乙丑桂月（阴历八月）（录自光绪二十一年重修紫阳堂朱氏家乘）

> 范文正公，宋朝第一人物……旧谱虽已详言之，乃万历年间，十二世孙钟文宦臣归林下，重行修辑，始克成书，……有后进新丁、名未列谱者、有繁盛零落倏忽中更者，有迁徙远乡、觌石不识者、有久寓他省、今仅闻声者……天潢之派有改姓隐名者，唯我贤裔，隆恩阴袭。

（六）《光绪乙未朱晖续修考亭朱氏支谱序》

> 人不克上重宗祊，何以下垂子孙？余闻之先人曰："义胜恩，则大义而灭亲；恩胜义，则恩明而谊美。"所为笃宗族……导

一家之顺气，酿一世于太和……独斤斤于单祠只义，斯不变远乎是……合族之请，欲生有所序，死者有所归而已，非取云正义也。

（七）《中思齐公收录朱氏七房谱略原序》，光绪癸巳（1893年）秋茶院三十成孙崇增录

予默忆大父言，留心于木本水源，冀考世系，因检阅行世遗帙，得从帝祖……今秋展读肇万公手帙，残蠹过半，予恐斯帙散逸无存，将使后生子侄不知先世之何自，是大可惧也。

以上谱序特别强调了朱氏宗谱不"独其子孙奉为高曾规矩"，而且后序者都怀有敬畏之心，将朱子学之德厚扩展到历代有同心者。这种"家国同构"的扩展性，不独清朝如此，北宋时期张载曾论证重建家族对社会和国家的重要意义："宗法不立，既死遂族散，其家不传。宗法若立，则人人各知来处。"如果，"公卿各保其家，忠义岂有不立？忠义既立，朝廷之本岂有不固"？更为甚者，"今骤得富贵者，止能为三四十年之计，造宅一区，及其所有，既死则众子分裂，未几荡尽，则家遂不存。如此则家且不能保，又安能保国家"？可见，重新建构家族组织，实行新的"宗法制"，是稳定社会秩序、重树良好社会风俗的必由之路，谱序也多延续这样的心境。

此外，《总谱》设书院篇，记述朱子创办、修复和讲学过的50多所书院的情况，可以说朱子一生的足迹遍布福建、江西、湖南、浙江、安徽等地，所到之地，以书院为基地，著书立说，教书传人。考亭学派朱子学在士人之间形成风尚的同时，在民间特别是对于中国家族制度建构了一套较为完整的体系，可以说是在对经典的诠释之外，通过对历史的梳理，加之对朱子思想世俗化的努力，再度确定了道统。

《总谱》中明示《朱子家训》，不过比较可惜，对于家礼、家训的意义相关的叙述比较少，有待我们进一步完善。应该看到朱子在重

建家族制度时非常侧重对古代礼制的深入研究，博采众家，结合当时的民俗风尚，从而设计出新的规范，而家风之源远流长，制度化的家族制度保障是重要的延续方式。特别是《朱子家礼》所建构人群社会的秩序性作为治家、治国及教化世人的准则，虽然今天的时代多有改变，家庭关系、国家治理的许多"老规矩"也在历史中不断改善，需要重新像朱子一样，对传统进行新的诠释，从传统中借鉴有益的历史智慧。

三、朱子家风作为朱子学的家族实践成果 对于当今中国的启示

"一道德，同风俗"，曾经是宋代官方和士绅讲得最多的一句话。在推进以"道德"为中心，改变和整顿"风俗"的文明，使得国家道德伦理趋同，社会秩序规范，这时皇权所象征的"国家"与士绅所代表的"社会"是一致的。北宋刚建立时，曾经屡次下令改变旧俗中不符合时代原则的地方，强调"原人伦者，莫大于孝慈，正家道者，无先乎敦睦"。

陈支平教授在《朱子学·理学：唐宋变革与明清实践》的研究中指出，朱子和宋代理学家们极力倡导的重建民间家族制度和建立祠堂的主张，在宋代及后世产生了重大且深远的影响，成为宋以后推行家族制度的理论依据。在明清之际，朱氏修谱之风更盛，陈支平教授曾经对闽台一代的民间族谱进行过统计分析，朱子所撰写的谱序，至少在30个不同姓氏的族谱中出现过。在宋以后的许多民间族谱与相关文献的记载中，经常可见朱子对于这些家族制度及其组织的影响，所谓"冠婚丧祭，一如文公《家礼》""四时祭礿，略如朱文公所著仪式"。朱子及理学家们所创立的民间私家修撰族谱、家乘的样式，为后代所沿袭；他们的家训、家礼的设计，至今"日用而不知"地影响着我们的日常行为。而族谱、家乘、家训、家礼中一直反复提倡的敬宗收族、义恤乡里以及"义仓""义学""义冢"等，一直为后人所循至。

朱子与书院之间的密切联系已经有诸多论述，朱子一生自19岁

登进士第至 71 岁逝世的 50 余年的时间中，从经营县学，改革州县官学，修复白鹿洞书院，更建岳麓书院，为石鼓书院等 4 所书院作记、作诗并序，为 9 所书院题额。朱子本人亲创寒泉精舍、云谷晦庵草堂、武夷精舍、竹林精舍 4 所书院，及其门人所建的书院达 20 多所，朱子一生重要的理学著作也皆完成于其所创的书院之中，大部分时间也都坚守在书院中著述讲学，在宋代思想家中可以说没有任何人在书院方面的成就能够超过朱子及其门人。全国各地书院供祀的众多儒学大师中，朱熹的地位最为突出，可见朱子闽学的影响力。

据现有资料的不完全统计，后世福建地区以朱子之名号来命名的书院就有 10 多所，除了福建大量的紫阳书院以外，还有徽州歙县、杭州、广州等地历史上都有紫阳书院，此外还有以考亭书院命名的安溪考亭书院，以及祭祀朱熹的书院（有的是紫阳先生祠、朱子祠改成的书院），如明代福州马尾所建的龙津书院又称"朱子祠"，现存福州最大最完整的朱子祠；明代泉州安溪的凤山书院祀朱子，也为"朱文公书院"，养正书院中建有"文公祠"，泉州至少还有三所紫阳书院、两所专门文公书院祭祀朱子和门人，漳州有南溪书院亦称朱子祠、文公祠等，这些都体现了朱子学对于福建的影响力。可以说福建书院的兴盛培养造就了为数众多的理学人才，从而发展了福建的儒家教育，改变福建的学习风气，真正改变了人们认为福建是蛮夷之地的印象，"惟惜瓯越险远之地，今为东南全盛之邦"，道出了宋代福建的巨大变化。建宁府"自朱文公倡道东南，彬彬然道义之乡"，延平府"五步一塾，十步一庠称为邹鲁之邦。诸儒讲明道义，遗风余教犹未泯"，邵武府"比屋弦诵，号小邹鲁"，泉州"泉地风气温融，人质素实，家诗书而户业学，即卑微贫贱之极，亦以子弟知读书为荣"。

2016 年 5 月 21 日上午，2016 厦门（同安）首届国际朱子文化节暨厦门（同安）朱子书院开院仪式顺利举办，这意味着全球首座实质运行的朱子书院在厦门同安开院。此次活动吸引了海内外的专家学者，省内的南平、武夷山、建阳、尤溪、漳州及省外的北京、广东、安徽、甘肃、浙江和香港、台湾地区，以及印尼、新加坡、马来西亚、菲律宾等国家的朱氏宗亲和嘉宾及同安区各级领导，厦门市道德模范及部分中小学生代表 300 多人共同见证了这一盛事。

朱子书院位于同安县衙旧址西北角（县署之右），此地曾为朱熹办公居住之主簿廨。同安县衙始建于公元 929 年，此后历朝历代均坐落于此，为银城千载的政治文化中心。2015 年，市民向同安区委提建议，将旧县衙予以整修用于市民休闲。经过充分听取各方意见，区委启动了改造工程。此次维修工程实际是"就今修今"，即修前什么形状颜色布局，修后照样。其中县府旧食堂维修后交于文化部门使用，据同安文史专家颜立水先生考证，此处曾为主簿廨及朱熹"高士轩"居所，以同安是"朱子学"的发祥地为基础和缘起。在厦门筼筜书院及专家学者建议下，由筼筜书院和同安区合作共同创办朱子书院。其目的为纪念朱熹簿同勤政爱民之德，追忆朱子兴贤育才过化之功，弘扬传统文化，凝聚共同精神，承传朱子之言。

《朱子书院记》记载：

银邑同安，西晋始名，太康三年立县。斯域山海环连，涵天浴日，城似银锭，因称银城。南宋绍兴二十三年，紫阳朱子，首仕同安，主其簿书，兼治学事，莅职勤敏，建教思堂，立苏颂祠，倡教兴学，以人文化天下。廨有燕坐之室，朱子寓之，更其名为高士轩，寓自励自谦之意。文公簿同五载，殚精竭思，逃禅入理，后承濂洛诸儒之学而集大成，道学于是大明。是谓朱门此地开，源头活水来！此后八百余载，儒风沛然，银邑后生，代有精英。有语曰：承朱子过化同安而海滨邹鲁，诚哉斯言！然则时序更替，世事屡迁，黉宇学堂，曾为食府，书院荒怠。乙未之岁，旧府华光，逢千载之幸；银城邑民、闽南学子，浴习习春风，念朱子德盛，乃过化之功；更食府而书院立，复旧轩而经学明；缔社区而亲民议事，造新园而众庶正行。银邑文风，蔚然再睹，畏垒之庵，后先辉映，何其盛哉！是以为记。

朱子书院创院院长　王维生　撰
2016年3月

参加朱子书院开院仪式的嘉宾都表示朱子书院的成立具有划时代意义，在开院仪式后的朱子文化论坛上，专家学者和朱熹后裔将以"朱子家风家训""朱子闽学与海上丝绸之路""重新认识新儒学的集大成者——先贤朱熹"等主题展开研讨和演讲。朱子书院未来建设中特别考虑与当代市民生活，特别是家、社区相结合之路。台湾华梵大学原校长朱建民教授谈到，我们今天重新思考朱子文化，不只是要思考一套知识性的理念，更要思考一种可以落实到我们生命中的生活方式。厦门（同安）朱子书院计划是做一个开放的书院，所有的活动都是面向市民的、公益性的，有兴趣的都可以来参与。未来还将建立信息发布平台，透过微信、短信等方式及时发布书院的活动信息，方便普通市民了解和参与。

朱子书院的未来运营将着重把朱子文化与区域社区书院指导中心的功能相结合。在结合的具体方式上，如华东师范大学朱杰人教授围绕《朱子家风家训与家礼》指出当代中国家庭基本处于"自然"的状态，夫妻不睦，婆媳矛盾频发，而《朱子家礼》首篇就讲婚礼，男方要谦卑地向女方求婚，而新妇一嫁进门就要"正其初"——一入门就要先讲清楚夫家的规范，由此可以避免婚后很多问题。此外，他还指出当代应该恢复成人加冠礼、命字等传统，让家庭教育脱离"自然"状态，恢复中国人应有的文化教养。这些都是在朱子书院中可以普及与弘扬的当代生活中应该有的"礼"。韩国的卢仁淑教授介绍了《朱子家礼》对民间祭祀的深远影响——原本"礼不下庶人"，普通民众是没有资格立庙祭祀祖先的，但朱子通过对古礼的损益，让普通百姓可以在祠堂里祭祀祖先，朱子书院应该通过"家"文化的宣扬让民众可以更亲近朱子。厦门大学朱人求教授也认为，《朱子家礼》为中国普通百姓规范了一种生活方式，让人的生老病死得以安顿。家文化是中国文化的重要根基，今天我们复兴传统文化，不能不重视家文化。

时至今日，随着传统文化的回归与家族文化价值的认同，越来越多的家庭希望通过祭祖修谱、写史出书来追思先祖、凝聚亲情与教育后代，越来越多的书院也传承朱子的书院与家族精神，力求对时代有所意义。虽然家谱、书院更多地宣传传统的正统思想，更多地注重精英、高明的思想，背后却是"发展"的时间观念和历史进化成中国社会世俗的动力，朱子所提倡的家风、书院仍然让古老的家族保持着顽强的生命力，家族组织和宗亲会及书院遍布于海内外华人社会，成为中国社会思想与实践的独特文化现象，也是中国面对世界发展中核心的文化向心力。

文化自信与中国当代书院的复兴 *

　　文化是民族的血脉，是人民的精神家园。习近平总书记在 2016 年的"七一"重要讲话精神中特别提出要提升文化自信，并且在联合国教科文卫组织等多种场合强调中国文化精神的薪火相传，中国的核心价值与文化自信提升到国家战略高度。党的十八大以来，以习近平同志为核心的党中央高度重视中华优秀传统文化的传承发展，"弘扬中华文化，建设中华民族共有精神家园"，树立中国文化的主体意识，树立对中国文化的自尊和自信成为共识。作为中华优秀传统文化实施的载体——中国当代书院的复兴，值得我们关注。

一、文化自信是中国当代书院复兴的背景

　　国人恢复文化自信的最明显表征，就是对各种传统文化活动充满了热情。面对世界文化的多元与开放，建设社会主义文化强国，加强社会主义核心价值体系建设成为中华民族与国家的精神追求。在中华民族与国家文明发展中，积淀了许多优秀的价值观念与实践方式。所谓"君子如欲化民成俗，其必由学乎""古之教者，家有塾，党有庠，术有序，国有学"等都揭示了中华民族重视"学"与教育的历史传统。无论是大到国家治理还是具体到社区治理中，文化、知识的教育、学习与研究都是重要的内容，涉及社会方方面面，历代为国家与民族所重视。

　　弘扬优秀传统文化的场所与活动日趋受到关注与重视，虽然关于书院的定义与性质有一定的区别，但可以认同的是，书院作为传统中国独特的学术、文化与教育机构，是中国人围绕着书，开展包括藏书、校书、修书、著书、刻书、读书、教书等各种活动，进行文化积累、研究、创造与传播的文化教育形式。从春秋战国时代的淇奥、

---

* 本文是笔者在 2017 年西安"清明黄帝文化学术研讨会"上所发表的论文。

洙泗到汉代精舍，发展至唐末书院，以至宋、元、明、清的兴盛与普及，历史上中国共计有7000多所书院，在中国古代文化史、教育史、思想史、学术史上均有着极为重要的历史地位，不仅产生了当时世界范围内较为发达和完善的教育制度和思想，而且是中国古代学术思想的大本营，在文化传承、人才培养、学术研究等方面创造了辉煌的成就。书院承载了中国人的精神向往，承载着中国文化传承与发展的重要使命。

近代以来，伴随着新学、西学的冲击，作为传播中国传统文化精神与承载中国文人精神向往的载体，书院在1901年改制为大中小学堂，以及新文化运动后仍然有新的发展，传统书院所具有的鲜明的文化性和民族性，以及以研究和传播经典文化为己任，教人以修齐治平之道、经世安邦之策，依然成为后人精神瞻仰的指引性符号，仍然具有极强的号召力与向心力。

百年来，关于中国固有的、本有的文化的传承与发展起起落落，书院的组织形式与传播形态到20世纪80年代又开始萌芽。20世纪90年代以来，我国经济社会快速发展的同时，"国学热"自民间兴起，书院作为传统文化的重要内容和象征，日益受到广泛关注和重视。21世纪以来，随着国家综合国力的提升，社会经济的发展，民族文化自信增强，以国学传播热潮为标志的中华优秀传统文化的弘扬日益受到关注，中国当代的书院开始了新一轮的复兴。我们以中国当代书院为切入点，可以看到中国当代书院建设成为传承传统文化、弘扬社会主义核心价值观，实现文化自信的重要载体和途径。

二、中国当代书院的文化自信基本立场

（一）中国优秀传统思想文化应是当代书院的道统

千年的书院受到中国传统社会思想文化的变迁影响，同时也反过来影响了中国文化思想教育乃至社会各个方面。张岂之先生2015年曾在给予第七届国学论坛的发言稿《中华文化与会通精神》中指出，

中华文化精神的特征是"会通"——"在唐代，儒学遇到严重的挑战，儒学的代表人物想重新恢复儒学的正宗地位，他们在反对佛、道的同时，又吸取了佛、道的某些方面，加以会通，开启了后来宋代理学的先河"。中国书院的起源也正是在这样文化的会通下，于唐朝末五代时期出现，从个人的读书处到开始有了服务公众、传道授业的社会文化教育功能。

在中国传统思想文化中，首推理学家对书院的贡献。北宋时期，以理学家为代表的知识阶层为了重振儒家文化，有意识地兴办书院。在理学家的精心经营下，书院也成为传承儒家"道统"的场所。到了南宋，在朱熹等理学家的带动下，书院建设之风更盛。陈荣捷先生曾指出："朱子及其门人，在推行书院制度上，在宋代较之任何其他学团，更为积极与活跃。"查考朱子一生，大部分时间都在其自创的精舍、书院讲学，形成了人数众多的考亭学派。宋理宗以后，随着理学被官方正统化，各地官员纷纷仿效理学家建立书院。正是理学家与书院的密切关系，共同形成了富有区域特色又汇集在中国文化中的历史传统。当代各式新的"书院"多是作为传播和传承中华文化的重要载体，在书院的宗旨、目的上都是为了传承和传播"国学"（中华传统优秀文化）。

（二）中西结合、和而不同应是当代书院的基本态度

处于中西文化交汇中的国人，常出现对自身文化的不自信。在19世纪40年代，为了适应时代的变革，书院引入"新学""西学"作为研究和教学的内容，以"改革"的态度走向近现代化的过程。在改革还在进行中时，清廷下达了激进的改制诏令，全国书院短时间内被责令改为大、中、小三级学堂。胡适对于书院之废一直认为是中国一大不幸。毛泽东在1921年《湖南自修大学创立宣言》中指出，书院后期作为科举的附庸，形式上存在坏处，但少了后来学校产生后的诸多坏处。中国书院的师生关系、自由精神、课程研究等都要比西式的学校优胜，而在创办的自修大学中就是要"取古代书院的形式，纳入现代学校的内容"。

陈平原先生对中国书院的借鉴之用多有阐发，他指出，因为西学的魅力确实无法抵抗，"实学"成为大势所趋，加上大众和普及教育需求，传统书院在 20 世纪的中国被压抑了，只是成了一些现代大学教育的思想资源。

100 多年来，时代多有变化，西化的社会大环境要比 100 多年前更为广泛。当代的书院虽然办院理念、经营方式，以及招收培养对象及定位都不完全一样，不可能也不应该照搬古代书院，只有以古为鉴，与西方文化相互取长补短，采用和而不同的基本态度，才能办好当代书院。

三、文化自信下中国当代书院建设与发展

近 10 年来，在多种力量的参与推动下，特别是传统文化自民间的觉醒，当代书院呈现复兴之势，新式书院如雨后春笋一般发展起来。据不完全统计，当代叫书院之名的就有 5000 多所机构，真正从事传统文化相关内容的新老书院总数已超过明代，达 2000 所以上。当代书院的新发展，对于中华文化传承、民族精神的培育及培养民众的文化归属感都有着非常重要的意义。当代的书院已经不只是文化的传承而已，更具有现代意义，富有现代性的思考。虽然当代书院已经不同于传统的书院，但是仍然在核心内容、价值与文化精神上对中国传统有着一定的传承，是中国人文化自觉及寻求文化自信的具体表现，对于当代社会依然具有十分重要的文化教育意义。

综观当代书院的发展，因其历史背景、创院宗旨和定位不同，所选择的形式与特点也有诸多不同，对还在不断变化发展中的当代书院进行较为全面的梳理与分类着实不易。

岳麓书院邓洪波教授在《中国书院史》（2011 增订版）的《余论柳暗花明：二起二落的书院命运》中将进入 21 世纪后新建的 500 所以上的书院大致分为：

体制内的大学书院，如贵州大学中国文化书院承担教学科研任

务，而仿效香港中文大学新亚书院的复旦大学、西安交通大学等书院实质为学生管理服务机构。

民间各式各样的书院，包括面向作家类的书院，如西安白鹿书院、山东万松浦书院等作家系书院，主要面对青少年的读经学校类的如北京四海孔子书院，面对成人解经的台湾德简书院，主攻礼仪的武汉云深书院，以各类师生研习的大兴安岭长白书院。

在官民二者之间的书院，如山东尼山圣源书院采取"民办公助，书院所有，独立运作，世代传承"的机制。厦门箫笛书院采取"政府支持，企业投资，公益运营"的方式，坚持"旧学商量，新知培养"的理念，定期开办国学论坛，长年开展国学经典教育。

值得注意的是，网络的国学书院及儒佛相融的北京什刹海书院，凡此种种，不胜枚举。

武汉大学郭齐勇教授在台湾《国文天地》（2016年2月第31卷第9期）所发表的《大陆当前的国学热与书院热》中认为，就主办方而言，大体上有官办、商办、学者办、民办，或官学商，或官学，或商学，或民学合办等多种。

汤一介、王守常教授的中国文化书院是学者办的典型；岳麓书院、箫笛书院是官学合办的两种不同的典型。以岳麓书院为代表，结合传统与现代、大学与文化事业，使千年书院获得新生，但岳麓书院的经验对各家老书院来说，不可复制；厦门箫笛书院是在厦门市政府指导下办的，该院与学界与厦大国学院紧密联系，独立办了闻名全国的系列讲座、高端论坛及青少年学习国学的活动，因地利与传统，又成为两岸人文学者联络的纽带。箫笛书院之所以办得十分成功，与前述岳麓书院一样，与主办团队的热情、懂行、敬业、开拓有关。此外，地处曲阜的中国孔子研究院、地处贵阳的孔学堂是现代官办的文化机构，尚不属于书院，但多少带有一点书院的色彩；商办、民办的书院如河南省建业集团办的本源社区书院、武汉经心书院等。目前最让人担忧的也是商办、民办的一些民间书院。这些书院也分几种情况：从目的来说，有的是以盈利敛财为目的，有的是以公益为目的；从对象来说，有的是成年人（如企业家、企事业单位、机关），以办讲座、搞培训为主，有的对象则是儿童与青少年，搞课外教育或全天候教育。

陕西师范大学田建荣教授在《中国当代书院教育的发展定位与战略选择》中，综合了当代书院教育的类型：1. 按书院创办的定位及办学宗旨，分为新创办的传播传统文化和国学的书院、高校附属式书院、文学创作新书院、专门的学术研究书院；2. 按文化产业发展现状，分为博物馆式以展览为主的书院（如鹅湖书院）、以文化旅游为主的书院（如嵩阳书院）、与中学相结合的书院（如白鹭洲书院）、与高校相结合的书院（如岳麓书院）；3. 按大学书院表现形式，分理念组织、文化组织、教育组织、学生管理组织。

田建荣教授在此基础上将现代书院进行了不同的划分：1. 从书院总体上，分为学校书院、社会书院、遗迹书院和网络书院；2. 从所承担的社会功能上，分为学校教育型书院、学术研究型书院、学生管理型书院、社会化书院、文化遗迹型书院；3. 从内容上，分为国学书院、蒙学书院、文学书院、艺术书院、企业书院等。

目前我们也正在进行中国当代书院的统计工作，主要统计的书院需要满足：1. 正式注册的，有较为正规的简介；2. 有固定的办学场所或者空间；3. 主要从事传统文化内容的办学活动传承发展工作；4. 有较为固定的工作人员。

因为目前的统计工作正在进行中，据不完全统计，当代主要从事中国优秀传统文化的书院按照我国 34 个省级行政区域，包括 23 个省，5 个自治区，4 个直辖市，以及香港、澳门两个特别行政区进行划分，大致搜集到将近 150 所当代在运营的书院的基本情况。从梳理中可以看到，当代书院复兴的时间主要集中在 2000 年以后，性质上有公办、民办、公私合办，既有政府的文化品牌建设，也有企业以书院带动产业区域发展，不一而足。在统计工作中，我们发现，除了上述专家的归类以外，随着越来越多的书院建立，还有以下几类书院值得关注：

（一）官办书院的新类型

一些不叫书院之名，但是以国学为载体，同时承载书院文化精神的组织不断出现，如由国务院参事室牵头的中国国学中心项目是"十二五"期间国家重点投资建设的国家级、标志性、开放性公益文化设施，位于北京奥林匹克公园中心，以弘扬中华优秀传统文化、建设中华民族共有精神家园为建设宗旨，致力于研究和展现中华优秀传统文化所蕴含的道德、智慧、审美等的丰富内涵及其当代价值，促进中华文化与世界文化的交流。目前的中国国学中心主体建筑已经完成，包括国学展示区、国学体验区、国学研究中心等七个部分，建成后将成为国家级新型公益文化设施。

在全国范围内，官方对国学与书院类机构的投入呈现增强的趋势。一是人员的编制可以解决，二是持续的经费投入，三是与研究机构的广泛合作，也可谓迈向快步发展的阶段。以 2012 年 9 月建成的贵阳孔学堂为例，投资近 15 亿元，每年度 5000 万元财政拨款经费，是贵阳市委、市政府推崇孔学、弘扬国学，致力于传统文化传承的教育基地，被《焦点访谈》评价为"不是庙堂是学堂，不是复古而是复兴，古为今用、传承教化，传播交流分享传统文化"的典范。在福建省内，书院建设越来越受到重视，2015 年三明市的尤溪县建成朱子文化主题公园，复办南溪书院、开山书院等特色书院，项目总投资 3 亿多元，受到了省市各级政府与百姓的好评。

在地方省市的发展战略上，山东省 2014 年就开始推动建设现代新型书院，山东省文化厅正式印发《关于在全省创新推进"图书馆＋书院"模式建设"尼山书院"的决定》，推广"图书馆＋书院"服务模式，现代图书馆承担着文献收藏、整理研究、社会教育的职能，与古代书院有天然联系。2013 年，山东省邹城市揭牌成立孟子研究院，并给予 50 人、正县级编制。2015 年 9 月，孟子研究院附属的孟子学会、孟子书院揭牌，研究院参照教育部人文社科重点研究基地的运作方式，以"研究孟子思想，弘扬传统文化，助推国学传播"为宗旨。孟子书院也多次到全国各类书院中学习借鉴，所采取的"研究院＋书院"的模式得到政府的大力支持。

在组织形式上，除了图书馆和研究院形式，此外还有文明办体系的苏州德善书院，其是由苏州市文明办、苏州市语委办、苏州市文广新局、苏州市教育局、苏州市文联、苏州日报社联合主办的非学历、公益性教育机构，通过整合社会资源，举办传统文化公益讲座，开设国学经典少儿公益传习班，开展中华经典诵读活动，举办市级道德讲堂，开展中外传统文化交流，致力于提升市民道德修养，营造城市人文氛围。

（二）官民结合书院的新类型

所谓的官民结合即意味着既有官方的支持，又有充分的民间学者或者企业家的参与，既有政府的支持，又有企业、企业家及学者的自主性与独立性，大学中的书院应该更多属于这一类。2016年9月10日，清华大学苏世民书院开学。苏世民是美国黑石集团主席，苏世民书院作为其学者项目的组成部分，依托清华大学，广纳世界青年才俊，以书院的形式将知识学习、文化熏陶和实践历练融为一体，打造培养青年领军人才的国际平台，这种"企业家＋大学书院"的新形式可以吸引更多向学之人。苏世民书院秉承的"立足中国、面向世界"原则，也为大学中建设书院提供了相关的可以借鉴的模式。无独有偶，2015年由美国著名免疫学家和遗传学家、2011年诺贝尔生理学或医学奖获得者布鲁斯·博伊特勒（Bruce Beutler）教授倡导在厦门大学设立了博伊特勒书院，此创新之举，致力培养中国内地生命科学研究精英，这也是希望通过书院这一形式，会集国内外生命科学领域顶级科学家，打造生命科学领域杰出人才培养的优秀平台，可见这类型的书院非常有国际化的视野，将中国与世界更创新地联系在一起，与百年前的中西书院有传承的意味。

2015年6月起，厦门市开始探索创建集学习教育、文体活动、组织孵化、群众议事于一体的社区书院。厦门社区书院功能定位之一是希望能够孵化出更多的社会公益组织，让居民能够更好地服务自己。厦门社区书院按照"统筹规划、分级管理、注重实效"原则，采取

"总部＋教学点"架构、"总部与教学点联通共享的信息运行系统"的扁平化方式，建立市级书院总部与社区（村居）书院教学点两级服务管理体系。截至目前，全市已建成一家市级社区书院总部、4个区级社区书院指导中心（湖里、集美两个区的指导中心正在创建中）、25家市级试点社区书院和34家区、街（镇）先行创建的社区书院，初步形成了一套基本的课程体系、信息服务系统和运行管理模式，构建起互联互通、资源共享的社区教育服务体系。社区书院建设集合了多方力量，其中，民间公益力量是一个十分积极的组成部分，如何打造"社区＋公益组织"的社区书院模式，让民间公益力量参与社区书院，发挥其积极作用，解决书院运作中遇到的实际问题值得下一步继续探索。

（三）民办书院的新类型

对多数期待复兴国学的民间文化人士来说，延续传统书院精神仍是他们创办新书院时的重要基础。但因条件不同，开办书院需要土地、房舍、资金、人员等资源，前期的投入较大，民间个人力量很难支撑起这些投入，所选择的发展方向也有所不同。

许多由民间人士自主创办的书院，因各方面条件限制，功能难以齐全，因此，只能以私塾或培训班形式代替。一是面向青少年学习中国经典的延伸，包括各种私塾、学堂、讲堂和才艺班型的书院。二是面向社会人士学习中国文化的延伸，包括各式国学讲座、培训班及读书会、沙龙等，层出不穷，形式结合古今，课程兼含理论与实用，有大学的院系举办的，也有民间文化传播公司、培训机构举办的，特别标举实用性方面，这些都是书院发展面向社会的新形态，这些新形态精神渊源很多还是出自书院。

民间书院的另一发展思路是将书院与当前地方的文化产业相结合。以往的著名书院，无论是博物馆式以展览为主的书院（如鹅湖书院）还是以文化旅游为主的书院（如嵩阳书院、应天书院）、与中学相结合的书院（如东林书院、白鹭洲书院）、与高校相结合的书院（如岳麓书院），事实上这些书院都与文化旅游业密不可分。当代书院如何结合文化旅游产业也值得探究。

第一类是以本地名人为名称的书院文化产业建设，如山东德州的"中国德州董子文化街"项目。德州作为董仲舒故里，该项目作为山东省文化产业示范基地、齐鲁文化特色新地标、德州市重点文化产业项目，由山东兆光集团在山东建"文化强省"，打造"区域文化高地"的背景下出资6亿元，于2008年开工，2012年建成。项目的氛围是在古色古香的建筑中，构建文化与商业融合的一条街区，其经营以文化产业为核心，培育红木家具、古玩奇石、名人书画等重点市场，连续举办城市庙会、生活博览会等会展活动。街区以专门纪念董仲舒的董子园风景区为中心绵延围合成4A级风景区。公园中的主体建筑就有柳湖书院、董子读书台、董子像等。这类书院作为整体文化产业的一部分，如何更好地发挥其书院的功能作用还需要观察。

第二类是以蕴含中国文化内涵的物品为载体的文化产业建设，如同样是省级文化产业示范基地、国家重点文化产业项目的福建漳州龙人古琴文化村项目中，主要是集古琴文化传承、文化艺术传播、教育及学术研究、文化旅游、影视演艺等于一体的基地，其中建有龙人书院，内设学堂、讲坛、藏书楼、音乐厅等，致力于开展以古琴文化为核心的中国传统文化教育与传播活动，包括读书会、名家讲座、学者论坛、艺术展、音乐会等。

目前以与中国文化相关的物品为载体的书院越来越多，如厦门大与茶书院，成立于2015年，系大与茶间企业品牌成员机构，宗旨在于复兴中国茶道，传承中国茶文化。会集茶界名师，博采众长，长期开展茶学必修专业系列课程及少儿茶文化推广，致力于茶文化传播及茶经理人的培养。茶书院有成人茶艺空间、儿童茶道教室、日本茶道教室。此外，福建武夷山还有以武夷岩茶为载体开展国学活动的孝文书院。除了茶书院以外，福州的桢楠书院、泉州的楠风书院都以金丝楠木为载体开展相关的传统文化活动，这种类型的民办书院把越来越多样的活动赋予物品之上，丰富了中国文化物品的内涵。

总体而言，近10年来，中国当代书院的发展目前进入"春秋时期"，其呈现的特点：一是百花齐放、百家争鸣，当前社会各界，包括政府官方、学者、企业，民间各种力量都加入当代书院的建设中来；二是书院发展呈现"会盟"的趋势，在发展过程中，起步比较早、有文化情怀的较有实力的书院都在积极推动书院联盟的成立，如中国书院学会、中国书院高峰论坛、名书院联盟等，对此我们应该积极看到当代书院发展的积极方面。

四、国家文化自信战略深入对中国当代书院的推动

2017 年新春期间，中共中央办公厅、国务院办公厅印发了《关于实施中华优秀传统文化传承发展工程的意见》（以下简称《中华优秀传统文化实施意见》）指出，文化自信是更基本、更深层、更持久的力量。中华文化独一无二的理念、智慧、气度、神韵，增添了中国人民和中华民族内心深处的自信和自豪。为建设社会主义文化强国，增强国家文化软实力，实现中华民族伟大复兴的中国梦，国务院办公厅发出通知要求各地区各部门结合实际认真贯彻落实。可以说，两办印发的《中华优秀传统文化实施意见》是官方对于中华优秀传统文化传承发展的肯定，可以期待中国当代书院在文化自信建设与中华优秀传统文化传承发展中发挥更大的作用。

在国家切实实行弘扬中华优秀教育文化，建设社会主义文化强国的战略下，具体的实现方式也督促人们将文化自信通过教育引导、舆论宣传、文化熏陶、实践养成、制度保障等成为支撑中华民族复兴的重要力量。要求各地区各部门结合实际认真贯彻落实，也正是在这个背景下产生的。回顾世界历史，20 世纪 70 年代，以家庭为中心的东方传统观念受到了强烈冲击，如何整合族群的价值观念、凝聚社会的普遍共识、强化公民的国家认同，成为新加坡人民行动党立国执政的难题。新加坡政府开始"文化再生"运动，号召新加坡人要保持发扬儒家传统道德，捍卫和弘扬传统的亚洲价值观和意识形态。1991 年 1 月，经国会批准，新加坡政府发表了《共同价值观白皮书》，集聚了多元价值共识和核心精神，既继承了中华儒家伦理，又吸收其他种族

的文化精髓，还借鉴了西方文明中的有益元素，使新加坡的凝聚力大大增强，在国家振兴、社会治理方面发挥了重要作用。

在《中华优秀传统文化实施意见》提出以后，对于中国当代书院复兴的转型提出新的要求。我们认为，中国当代书院应在以下几个方面继续深入探索并发挥积极作用：

（一）讲学论道：深入阐发文化精髓

书院自古就是讲学论道之地，840多年前的"鹅湖之会"，既为当时之学术盛事，也首开中国学术争鸣风气之先河，并造就近千年之流风，所碰撞出来的思想火花和学术成果对当时及后世儒家学术文化的发展产生了重大影响，可以说影响至今。

对于中国的传统文化，依然需要"旧学商量加邃密，新知培养转深沉"，深刻阐明传承发展中华优秀传统文化是建设中国特色社会主义事业的实践之需，当代书院可以说是结合学术传承与社会需求的窗口，进行富有探讨的学术争鸣，有利于更好地阐发文化精髓。

在当代书院建设中，就有不少结合时事热点的高品质学术论坛，如厦门筼筜书院联合厦门大学国学研究院、台湾"中研院文哲所"等单位联合创办的"国学论坛"，论坛以两岸国学学术研讨会为主，重视阐发传统文化的当代意义，举办面向公众的系列公益讲座及配套活动，扩大论坛影响力；岳麓书院、白鹿洞书院、北京七宝阁书院等举办的"书院传统和未来发展论坛"，涉及"家教、家训、家风与当代家庭文化建设"等诸多当代教育话题……近年来，全国各地复兴的书院文化热潮中，多有高品质的文化论题阐发，这对传承和弘扬中华优秀传统文化，增强中华民族的文化自信有着重要而独特的意义。不少论坛因为资金的持续性还存在问题，下一步在官方的支持下，有必要延续举办下去。

（二）培育君子：融入国民教育与生活

书院教育最为重要的还在于理想人格的培养，按照《中华优秀传统文化实施意见》，中华优秀传统文化要贯穿国民教育始终。书院教育应该注重塑造令人追求的"新君子"人格理想，注重传统君子价值的创造性转化，为国民教育创造良好的社会氛围和实践机会。

国民"新君子"教育可以依托书院与家庭、学校、社会等为载体，融入国民的教育与生活中，在整个社会培养公民"新君子"的氛围。在不少当代书院的理念中，在开展富于时代性、创新性、应用型的现代教育新内容的同时，多有借鉴传统书院教育"学为君子"的教育理念和文脉传承，将优秀传统文化内蕴的核心价值理念融入书院的教育教学体系中。不少当代书院广泛地进行各阶段的国学普及教育，开展相关的国学经典诵读活动，举办面向市民的名家讲座、读书会等活动，在传统节日举办相关活动，探索着更适合中国国民"新君子之道"的现代公民自我修养提升的教育与互动模式，深入发掘儒家君子理想的当代价值。

（三）文化交流：增强文化交流互鉴

文化自信离不开文化的交流互鉴，创新人文交流方式，丰富文化交流内容，不断提高文化交流水平也引发关注。目前中国正在通过海外中国文化中心、孔子学院，文化节展、文物展览、博览会、书展、电影节、体育活动、旅游推介和各类品牌活动，助推中华优秀传统文化的国际传播。

中华医药、中华烹饪、中华武术、中华典籍、中国文物、中国园林、中国节日等中华传统文化代表性项目，以及戏曲、民乐、书法、国画等优秀传统文化艺术应广泛在中国开花结果，带给民众以愉悦与魅力，才能更好地走出去。当代书院都可以作为这些中国文化特色的载体，更加生活化地存在于普通中国百姓之中，在全方位、多层次、宽领域的对外交流中，展现中华文化的格局与特色。

（四）会通创新：参与当代文化主体性建构

会通精神是中华文化精神的特征，也是我国优良的学术传统，更是文化传承与创新的必然途径。当代书院也同样应以理学家们的革新精神，以中国优秀传统思想文化为道统，发挥中国书院千年优良传统来促进新的时代思想与精神的发展。正如张岂之先生所言，在吸收外来文化方面，无论是"中学为体，西学为用"，还是"西学为体，中学为用"，都是将中华文化与外国文化隔离开来，甚至是对立起来，与我国古代学术思想方面的会通精神不合。今天我们有必要克服这种体用关系的对立，真正实现"中西马"的会通创新，实现民族文化自信与全人类优秀文化的发展。

"当代书院研究中心"的探索与思考*

盛世兴国学！作为中华优秀传统文化的载体，在世界文化的多元发展和中华文化的复兴进程中，在多种力量的积极参与推动下，中国的书院事业进入了一个新的发展机遇期，传统书院时有修复呈复兴之势，新建书院越来越多，书院事业蓬勃发展。目前众多的当代书院以传播国学经典为主要内容，以传承中华优秀文化，弘扬民族精神，培养人性道德为理念宗旨。面对当代书院的蓬勃发展，关于当代书院建设与传播的理论还在探索与形成中，对于当代书院的研究与交流成为一种需要。本文对设立在厦门箬笪书院的中国书院学会——当代书院研究中心成立三年来的探索进行一些回顾和总结，期待与更多书院同道一同思考当代书院的未来之路。

一、当代书院研究的必要性和紧迫性

这里所指的"当代书院"是指近二三十年来所创办的新书院，这些新建书院，有别于传统书院，它们既立足于中国传统文化的根基，又吸收了西方文化的元素，没有历史包袱，轻装上阵，视野开阔，是中国书院站在新的历史起点的重新出发，其发展充满生机与活力。

（一）当代书院的快速发展令人瞩目

中国历史上共计有7000多所书院，近10年来新式书院如雨后春笋一般发展起来，据不完全统计，当代叫书院之名的就有5000多所机构，真正从事传统文化相关内容的新老书院总数已超过明代，达2000所以上，足见当代书院复兴的活力。当代书院的复兴与现代转换已成为中国书院研究者与实践者最为关切的问题，关乎中华传统文化的传播与发展，关乎中华文明的传承与创新，关乎中华民族的复兴与

---

* 本文是笔者在2017年北京"中国书院学会年会"上所发表的论文。

进取，需要我们深入地探索与思考。

（二）当代书院的问题不可回避

当代书院多以弘扬、传承、传播国学或传统文化为己任，进行传统经典的传播教育是其主要内容。然而由于发展迅速，难免泥沙俱下，诸多问题不可回避。尤其是在今天，中国传统文化根植的经济、社会基础都有了根本性的改变，但一些书院的教学中流于"表面"与"不切当下实际"的国学传播，让人们对国学与书院的争议也不绝于耳。在书院的具体办学问题上，不同于传统书院已经形成制度，其在讲学、藏书、祭祀、学田四大基本问题上都有一定的规制与历史可循，当代书院在办学目的、功能定位、机制体制、建筑环境、教育内容、教材选择、师资培训、国学考级以及未来的发展与创新等具体问题上都还缺乏经验与规律，都亟须研究解决。

（三）当代书院需要从实践上升到理论

当代书院的实践经历了从探索尝试到百花齐放的阶段，在前面一二十年的发展过程中，主要着重于书院办学实务方面的探索与实践。由于时代与环境的诸多变迁，当代书院在创办和运营过程中，缺少前人的规律、经验可以借鉴，在理念、方法与具体建院办学的诸多问题上仍然存在不少的困惑。目前并没有哪一个具体的学科在研究书院，搞传统文化研究的学者在帮助当代书院如何运营发展中，同样难有成熟的建言。因此，当代书院作为一个新生命题，需要在前面二十来年探索实践的基础上，进行理论研究，总结形成一套可供当代书院运用的理论，来指导当代书院的实践与探索。

二、当代书院研究中心的成立与相关工作

2014 年 9 月，岳麓书院成立了"中国书院学会"，旨在团结全国学术界与书院界同人，促进海内外的学术交流，研究书院的发展历史，保护、继承和发扬书院传统，推动当代书院建设及书院活动，促

进文化的大发展大繁荣和社会的文明进步。2014 年 11 月 21 日至 23 日，"第六届国学论坛"期间，近百位国学、书院专家学者、实践者会聚筼筜书院，深入探讨交流"经典传承与文化发展——儒道经典的核心价值与当代文化建设"，本届论坛适逢筼筜书院开院 5 周年，书院发展亦是本次论坛一大重要论题。在论坛开幕期间，中国书院学会会长朱汉民，原文化部部长、著名作家王蒙，台湾"中研院"文哲研究所林庆彰以及厦门大学人文与艺术学部主任、国学研究院院长陈支平一起为"当代书院研究中心"隆重揭牌。

"当代书院研究中心"在中国书院学会的领导下，旨在"立足国学交流，聚焦当代书院"，推动当代书院发展问题的研究，发挥当代书院在文化传承与创新中的作用，促进当代书院的健康发展。成立 3 年来，"当代书院研究中心"主要从事课题研究、技术开发、会议组织、项目拓展、参访交流、丛书出版等方面的工作，具体而言：

（一）课题研究

目前关于当代书院的研究课题还比较有限，对还在不断变化发展中的当代书院进行较为全面的分类研究，成为研究者首要解决的事情。在当代书院相关议题的研究方面，学者们主要关注书院的当代价值，特别是对于当代教育的影响，主要集中在教学内容、教学方法、师生关系、育人环境、人文精神等对各种类型教育的启示，以及对现代教育、园林建设、公共场所建设、思想政治教育等提供借鉴，其中当代书院与国学教育的议题最为引发关注。

除了与中国书院学会及书院研究专家保持密切的合作交流以外，目前当代书院研究中心采取专职、兼职结合的方式，广泛与高校合作进行课题的研究。3 年来，研究中心核心成员参与中国国学中心《中外文化交流特展主题研究》课题，福建省社科研究基地重大项目《闽南书院文化传承与产业化研究》《福建书院文化传承与产业化研究》、厦门市社科重大项目《社会文化视野下厦门书院与国学复兴研究》、厦门市教育科学规划课题《厦门筼筜书院国学教育模式的研究和推广》等课题研究，并在相关期刊上发表研究论文 10 余篇。

（二）技术开发

2016 年，书院研究中心协助篔筜书院进行信息技术开发，成功地开发了当代书院的学籍教务综合管理平台，极大地提升了书院的招生、收费、学籍、教务等综合管理效率。将现代信息技术的运用从消息通知层面延伸至管理层面。

目前已经建设好的有针对书院学生在线报名、学籍信息管理、日常考勤、家校互动、学员家长获取子女在学情况等的学籍教务综合管理平台，方便书院管理者实现相关数据保存和统计以及对课程的实时调整，有利于书院资源的合理优化利用。书院正在计划把线下更多教育的资源搬到线上，让学生足不出户或者利用碎片化的时间来学习国学，实现更为高效快速地传播优秀传统文化。

（三）会议组织

当代书院目前出现百花齐放的良好发展态势，其优点在于能够充分发挥各自的地缘等优势，开展相关的活动。篔筜书院因为地处厦门，长期促进国学交流，开展多种方式的传统文化交流活动，其中"国学论坛"由厦门篔筜书院与厦门大学国学研究院于 2009 年创办。论坛经国务院台湾事务办公室核准，作为国学领域高端学术交流的重点活动项目，每年举办一届，至今已经举办了 8 届，通过有计划地对国学经典与传统文化话题进行系列研讨，累计近千位学者会聚篔筜，深受学界与社会各界的积极参与和关注好评，其中不乏关注当代书院的国学领域的学者对当代书院这一话题的持续关注，如 2014 年第六届论坛期间，当代书院研究中心揭牌后，在岳麓书院中国书院研究中心主任邓洪波教授和厦门大学教育研究院院长刘海峰教授的主持下，几十位书院方面的专家与实践者展开深入的研讨。

2016 年 12 月 5 日，由中国书院学会、厦门大学教育研究院和厦门篔筜书院联合主办的"首届中华书院教育发展论坛暨第三届中国书院学会年会"在当代书院研究中心召开，本次会议会聚了近百位书院方面的专家学者、山长，围绕"中华书院教育与文化传承"深入探讨，并同期举办两岸山长论坛。大会收录两岸学者提交的论文与报告50 余篇，围绕书院与传统文化传承、儒学与当代书院发展、书院申遗的意义与价值以及当代书院的建设与发展等主题展开。

通过多种类型的书院方面的会议组织，我们发现，当代书院如何复兴，是书院研究者与实践者最为关切的问题。相关会议的研究探讨，也清晰了研究中心的诸多研究方向和理念。

1.当代书院与国学的经世致用

国学涵盖了儒道佛、文史哲等，在与当代国学学术的关系上，不少学者认为，当代书院应该在精神上传播儒家的文化精神，正如黄玉顺教授所指出，当代国学院及书院的任务：一是"传仁义之道"，即博爱精神与正义原则；二是"授仁义之业"，包括典籍学习之业、伦理政治之业、日常生活之业；三是"解仁义之惑"，包括究中西之际、通古今之变、成一家之言——民族国家的"国学"。北京大学楼宇烈教授在论述儒家道统书院传承与当代书院教化的时候，也论述了"教之以爱，育之以礼，启之以智，导之以行"。可见，学者们都非常注重当代书院的经世致用。区别于传统的书院与学术、科举的一体化关系，当代书院担负了国学传承与创新的使命，特别需要注意的是书院所涉的国学应该多元化、生活化，注重致用与创新，同时又要避免表面化、形式化。

2.当代书院的办学形式、功能与制度保证

在办学形式上，当代书院呈现多元发展的现象，民办、官办、学者办、企业办，或联合办等，形式繁多，哪一种形式更适合书院的可持续发展？目前并无答案，但无论是体制内还是体制外，都需要契合自身发展并且适应现代社会。在功能定位上，传统书院是集学术研究、讲学、藏书、刻书、祭祀等多种功能于一身，当代书院功能上如何定位？也是仁者见仁。在讲学、研究上能够传承古代书院的精神，而祭祀等职能已经消失殆尽，恢复起来也有诸多的难度，但是我们看到仍有不少书院正在尝试。在制度保证方面，传统书院的学田制度都是有一定保证的，但当代书院少有像传统书院那样的"学田"保证，

用什么机制体制来支撑和保证当代书院的可持续发展呢？诸多问题亟须研究。

3.当代书院的交流与合作

基于当代书院还处于探索之中，交流合作必不可少。近几年来，各类书院交流合作组织相继出现，如中国书院学会、中国书院高峰论坛、名书院联盟等，这些活动对加强书院之间的沟通与联系，共同探讨当今书院发展所面临的各种问题，共同探索当代书院发展的理论和规律，促进当代书院的健康发展都具有积极的意义。但也应该看到，对于当代书院在建设与发展中的一些带有普遍性的问题，目前尚没有形成完善的当代书院发展报告，更谈不上进行系统的理论研究。这些都有赖于当代书院的实践者和理论研究者及相关人士，能够从各自的理论与实践出发，进行反省、总结、提升、研究，提出当代书院比较可行的实践路径。

（四）项目拓展

如何以当代书院为龙头进行集群发展是当代书院发展过程中必须思索的问题。当代书院研究中心也在积极地创新当代书院的运营模式，除了原先筼筜书院以"园林文化＋书院文化＋学田支持"的模式以外，也在多个方向积极地拓展更多的以书院为核心的集群发展项目。

1.当代书院学术交流中心的建设与运营

以往的书院往来会有宾舍，延续到现在的岳麓书院、白鹿洞书院都有这样的可供休憩、交流的场所。以筼筜书院学术交流中心为例，其作为筼筜书院的配套服务设施于2013年起正式运营，是以国学为主题的文化精品酒店，为筼筜书院开展各类学术文化活动，特别是国学文化交流与国学教育培训等活动提供配套服务，同时也面向社会开放。中心的房间以中国古代著名书院命名，介绍该书院的历史，可谓是一座书院的精品展览馆。装修格调古朴高雅，国学文化气息浓厚。书院学术交流中心的模式成为很多以游学为主的当代书院的主要模式，有的甚至整个书院实质为文化精品酒店，注重国学氛围的布置，不足之处在于酒店的管理及活动的延续性。

2.积极参与社区书院建设与书院协会的筹办

书院与社会的互动历来是学者们关注的话题，不少当代书院开始面向社区的融合，不少书院已经在探索与基层社会相结合之路。2015年起，厦门市为践行社会主义核心价值观、提升居民群众文化修养、培育居民公共精神，进一步促进新老居民融入融合、共治共享，促进美丽厦门共同缔造行动全面深入开展，促进文明市民与文明城市共同成长，先后到基层社区、社会办学机构、相关市直部门开展了广泛调研，在充分吸取借鉴现有社区居民学校（大学）办学经验的基础上，开展了厦门市社区书院的建设实践。2015年至2016年各区重点打造25家社区书院，2017年厦门社区书院计划将覆盖全市494个社区（村），社区书院网络运行逐步规范，社区书院运行机制成熟完善。在这一系列工作中，书院研究中心参与了社区书院建设方向、课程内容、总部职能和试点社区书院等多方面的建设工作，并在附近区域提供了社区书院总部的办公场所，进行全市的社区书院指导工作。此外，为了团结联系厦门的各种类型的当代书院，研究中心还参与了厦门市书院协会的筹办，旨在先从区域中促进厦门市当代书院的发展。

3.创办或指导筹办多种类型的当代书院

3年来，当代书院研究中心充分发挥在当代书院理论与实践方面的优势，参与创办或指导筹划多种类型的当代书院。

其中2016年5月21日上午，2016厦门（同安）首届国际朱子文化节暨厦门（同安）朱子书院开院仪式顺利举办，这意味着当代书院研究中心参与的全球首座实质运行的朱子书院在厦门同安开院。朱子书院开院后，按照"政府引导、社会管理、多方参与、公益运作"的原则，主要通过朱子书院平台，有效整合各方资源，通过举办教学、礼仪、娱乐、联谊、议事、协商、旅游等活动，积极打造当代厦门"朱子文化"的品牌。研究中心还参与厦门集美区杏林书院的早期复建计划。该书院坐落于全国首个以教育为主题的景观园区——厦门园林博览苑中华教育园的北部，总占地面积 10500 平方米。此后杏林书院基本按照研究中心给予的方案建议，按照"公益性质、政府扶持、企业运营"的模式，通过整合集美高校师资力量及各方文化、旅游资源，举办系列学术活动、开办传统文化课堂、组织学术研讨会、建立教育研究院，传播国学经典，深入实施中华优秀传统文化传承和发展工程。

（五）参访交流

当代书院研究中心所在的筼筜书院成为当代许多想办新式书院的同道必拜访的一站，每年都要接待上百批次殷切期望了解当代书院运营的同道，因此也成为当代书院同道探讨交流的重要场所。

在多次的来访中，令我们印象深刻的就有邹城市孟子书院一行。自 2013 年起，山东省他们就曾多次到访。2016 年 9 月，孟子研究院升格为拥有 50 人编制的正县级事业单位，研究院参照教育部人文社科重点研究基地的运作方式，以"研究孟子思想，弘扬传统文化，助推国学传播"为宗旨，其所采取的"研究院 + 书院"的模式得到政府的大力支持。还有 2013 年起多次到访的福建南溪书院，其作为朱熹的出生地，修复后的园区占地近 5 万平方米，目前定位在"五中心一基地"，即海内外祭拜朱熹中心、传统文化会讲中心、青少年国学培训中心、朱子家礼传习中心、朱子家训展示中心和朱子文化交流基地。此外，全国重点城市文明办主任会议在筼筜书院召开后，文明办体系的苏州德善书院也多次到访，随后成立了苏州德善书院，通过整合社会资源，举办传统文化公益讲座，开设国学经典少儿公益传习班，开展中华经典诵读活动，举办市级道德讲堂，开展中外传统文化交流，致力于提升市民道德修养，营造城市人文氛围。

（六）丛书出版

出版是当代书院研究中心的题中之义。在当代书院十几年的实践和探索中，各种类型不同机制体制的书院，在传承中不断创新，在探索中勇于实践，涌现出许多富有特色的典型代表。为了加强当代书院之间的交流学习互鉴，推动当代书院更好地发展，当代书院研究中心于 2016 年 11 月发起编辑《中国当代书院丛书》，将于 2017 年 8 月陆续出版。

在首批书院的选择上，着重于不同类型且富有特色，又有一定代表性的当代书院个案，其中既有"民办公助，书院所有，独立运作，世代传承"的山东尼山圣源书院，也有"政府支持，企业投资，公益运营"的厦门筼筜书院，还有"学者主持，大学支持，独立运作，文学为主，兼及其他"的陕西白鹿书院和民办全日制学校性质的北京七宝阁书院，这四所书院各具特色又正好位于中国的东、南、西、北，不可谓不是当代最具代表性的四所书院。

我们期待从这四所书院开始，当代书院在新的文化态势下顺势作为，不断地拓展提升，开创出更加广阔的发展空间，发挥当代书院独特的文化会通和融合创新作用。

三、当代书院研究中心的近中期工作规划

当代书院研究中心的成立是我们经过十多年来的实践，从筼筜书院这一原点出发，从当代书院的未来发展着想，积极推动的一项重点事业。在多年的实践中，我们已经深深意识到，当代书院的发展、实践很重要，理论研究也不可缺少。我们希望通过当代书院研究中心这样的形式，聚集当代书院的各界人士，进一步推动当代书院的相关研究工作。也期待更多专家学者、书院同道的参与与支持，在保持原有相关工作的基础上，未来我们还有很多的工作有待开拓。主要有以下几个方面：

（一）在理论研究方面

加强当代书院的理论研究，特别是如何通过讲学论道深入阐发文化精髓，通过国学普及融入国民教育与生活，通过文化交流增强文化交流互鉴，从而在会通创新中参与当代文化主体性建构等问题，都是当代书院研究中心所密切关注与研究的。

（二）在实务管理研究方面

当代书院所涉及的具体办学内容、教务管理、活动组织、书院运营、经费保障等实务方面，范围广泛，差别性大，研究中心密切关注当代书院的实践动态，总结具体操作实务，争取形成有指导性的实务操作的管理手册，以助力当代书院提升整体的管理水平。

（三）在出版计划方面

研究中心将继续推进中国当代书院丛书入选书院的出版工作，并继续出版当代书院系列丛书，搜集整理更多当代书院的典型案例、组织当代书院典型案例的研讨，计划出版《中国当代书院的典型案例》；组织国学与当代书院相关议题的研讨，计划出版《国学与当代书院》论文集；继续调查整理中国当代书院概况、组织中国当代书院相关议题的研讨，出版《中国当代书院发展报告书》等。

期待当代书院在新的文化态势下顺势作为，不断地拓展提升，开创出更加广阔的发展空间，发挥其独特的文化会通和融合创新作用。我们深信，在全球视域和历史进程中，当代书院必将随着中华民族文化的伟大复兴而再次辉煌，再创属于我们这个时代的灿烂篇章。

当代书院在儒学传播中的作用与使命[*]

引言：金砖国家领导人第九次会晤在箕笏书院举行 ——当代书院的荣耀

2017 年的金秋九月，金砖国家领导人第九次会晤在福建厦门举行，新华社时评"厦门成为中国运筹国际关系的重要舞台"。

金砖国家领导人会晤选择箕笏这样一个当代书院，也引起了人们对新时期当代书院的使命与作用的关注。结合如何发挥当代书院在儒学传播中的作用，本文做些浅显的探讨。

一、中国当代书院的历史传承

（一）当代书院的兴起

"当代书院"是一个新生命题，虽然史学界基于政治与文化的历史，对近代（1840—1919）、现代（1919—1949）和当代（1949 年至今）区分比较明确，但是在关于"近代书院""现代书院"和"当代书院"表述方面不清晰。只是在区别于"古代书院"时，作为区别于"传统书院"的意义上来论述和研究。本文所说的当代书院是指近二三十年来所创办的新书院，这些新建书院，有别于传统书院，它们既立足于中国传统文化的根基，又吸收了西方文化的元素，没有历史包袱，轻装上阵，视野开阔，是中国书院站在新的历史起点的重新出发，其发展令人期待。

众所周知，在历史上的书院是儒家的道场，以研习和传播儒家义理为主，是儒学传播传承发展的重要场所，更是历史上儒家经学民间教育的最高形态，在中国思想学术史有着非常重要的地位。唐宋以来的许多大学者、大思想家都跟书院有着密切关系。清末废除书院之

---

* 本文是 2018 年 9 月笔者在山东曲阜"中国孔子研究院会议"上所发表的论文。

后，现代学校教育开始发展，但经学教育由此急转向下，于民间几乎丧失殆尽。尽管许多地方的传统书院建筑还比较完整地保存至今，但遗憾的是这些传统书院大多数的功能是作为"博物馆"而存在，只有观瞻价值。现仅有岳麓书院、白鹿洞书院、嵩阳书院、东林书院等少数几家仍然在开展一些教学与研究工作。

另一方面，我们可以看到另一种现象。如同儒家学派一样，近二三十年来，道家、佛家也依托寺庙、道观等场所，进行相关的讲习教授活动，研究和传播自家的义理学说。今日中国佛学界已经发展出中国佛学院、上海佛学院、四川尼众佛学院、福建佛学院、闽南佛学院、栖霞山佛学院等众多佛学院。同样，在伊斯兰世界和基督教世界，伊斯兰经学院和基督教神学院也依然存在，教堂的活动非常活跃，并且在精神文化生活领域的研究和引领上发挥着重大作用。

可以说这是学术思想界的又一个春秋时代！在这样一种百家争鸣的时期，中国的当代书院发出了它的强劲声音。应该说，当代书院的复兴，源自中华文化主体性深厚力量的推动，以及传统书院历史作用与精神的引领。当代社会的精神需求与文化自信，是书院复兴的主要因素。而"盛世兴国学"则是中华历史的基本规律，在中华民族伟大复兴的历史进程中，面向中国历史和文化传统寻求根源，进行精神上的回归，这是文化自信建立的一种必然。从这些意义上讲，当代书院的再度兴起乃是历史的必然，是时代进步的需要。

21世纪以来，在众多文化布道者的坚持和不懈努力下，中国当代书院已从"星星之火"，形成"燎原之势"；党的十八大以来，弘扬传承中华优秀传统文化也已从民间的自发行为，上升为国家的意志和文化发展战略！在这当中，全国书院界的同人功不可没，大家的执着和努力没有白费。

（二）当代书院的历史传承

中国历史文化传统是有继续性的，中国书院文化也有数千年的历史延续。在历史发展中，中国书院逐渐形成了以儒家经典传承和"成人教育"为核心的文化传承体系，并形成诸多的历史传统：1. 教学与研究相结合；2. 盛行"讲会"制度，提倡百家争鸣；3. 在教学上实行"门户开放"；4. 学习以个人钻研为主；5. 师生关系融洽等。这些传统到今天仍有借鉴意义。

同时，在全球化时代的今天，中西文化的交流、互补与融合也成为最引人关注、最为引发争论的命题。传统书院所具有的鲜明的文化性和民族性，以及以研究和传播经典文化为己任，教人以修齐治平之道、经世安邦之策，依然成为后人精神瞻仰的指引性符号，具有极强的号召力与向心力。正如季羡林先生在《论书院——中国传统的坚守与传承》中指出，书院在今天还有意义，完全可以取其精华，去其糟粕，利用书院的形式，加入新的内容，为社会主义建设服务。

二、当代书院在儒学传播中的作用

在当代书院的蓬勃复兴中，虽大多以弘扬"国学"作为自己的主要内容，但因各自定位与办院条件影响，在弘扬传统文化内容方面各有侧重。归结而言，当代书院在儒学的传播中的作用主要有三个方面：社会教化、学术传承、人格教育。

（一）社会教化："正人心"以"匡正天下"

当代书院的兴起和蓬勃发展，既有迎合"国学热"的一面，更是经过理性思考后的行动。尤其是当下中国正处在转型期，在物质文明蒸蒸日上之时，精神文明却遭遇前所未有的窘境，道德滑坡严重，各种冲破人类道德底线的现象频频发生。社会公平正义，备受各种既得利益势力的排挤和压迫。人与人之间关系变得冷漠猜疑，社会信任关系正面临全面破裂的危险等。因此，社会需要传统文化、需要传统的道德观念，来拯救日趋滑坡的社会道德，或者说需要借助儒家学说的"致良知"来"正人心"，通过"正人心"来"匡正天下"。"书院热"与"国学热"也是从这里开始的，并逐渐得到社会各个阶层的认可，并最终上升为国家的文化发展战略。因此，今天的书院承载着"正人心"的使命，应该通过传播儒学发挥其在"匡正天下"方面的独特作用。

（二）学术传承：儒学的传承与创新

当代书院的学术使命主要在于弘扬、传承以儒学为主体的中华优秀传统文化，创新、构建新时期文化，促进中华优秀传统文化的创造性转换、创新性发展。

首先是传播儒家经义。自唐宋以来，书院主要讲授和传播的是儒家经学，这一点是毫无疑问的史实。可以说，中国古代书院其实是儒家经学院，书院传播到朝鲜、日本、越南、琉球等也莫不如此。这一点和伊斯兰经学院、基督神学院、佛学院等类似，即办学主要围绕经学展开，以传播经义为首要目的。

清代学者喻成龙说："历稽往牒，自汉集诸生于白虎观，讲《五经》同异，郑元（玄）、马融及隋王通，皆广集生徒，共相授受，然书院之名未立也。名之立自唐始，开元初建丽正书院，以张说为使……"（《池阳书院记》）这段话反映了汉代官方背景的早期"书院活动"主要是研讨儒家经学。汉代的官方太学是传授儒家经学，而且后来书院之雏形的汉代书馆、精舍，讲授的也是儒家经学。

唐宋之后，传统书院成为儒家的道场，也是中华传统文化传承发展的大本营。当代书院既然立足于中国传统文化的根基，秉承着传统书院的精神，当然是以弘扬传承和发展以儒学为主体的中华优秀传统文化为己任。这是当代书院的第一要务，也是它存在发展的理由和动力。

有学者认为，当代书院的任务：一是"传仁义之道"，即博爱精神与正义原则；二是"授仁义之业"，包括典籍学习之业、伦理政治之业、日常生活之业；三是"解仁义之惑"，包括究中西之际、通古今之变、成一家之言——民族国家的国学。我认同这一看法。

通过普及、研究、创新、发展，通过接续中华文化的学统、道统，并在继承中返本开新，创造出适合时代的新文化，正是当代书院的意义之所在。

其次是学术研究，这应该是当代书院今后最为主要的功能。在传统文化课程全面进入体制内的教育体系之后，书院的功能就需要转型，就要以学术研究为核心。这里的学术研究不仅指思想学术史、古籍文献的描述分析，也指思想学术或经典文献的钩沉与阐发，后者往往是在扎实的先贤学说基础上的一种思想发展，是"我注六经、六经注我"式的一种创造性的学术研究。换句话说，当代书院不但要研究经典哲学思想和文化，也要致力于新的学术思想研究，要实现传统文化的创造性转换和创新性发展，与时俱进，与这个时代精神合拍，才有生命力，才能可持续发展。

当代中国社会处在一个伟大的转型期，也是正在发展的社会。不仅在政治经济方面发展，而且在教育文化方面也在发展。面对这个实际，当代书院就要高举文化精神的旗帜，推陈出新，旧学商量，新知培养，在传承的基础上培育进步的道德思想，传播先进的文化，研究前沿的学术，为中国社会与公民的现代化服务。

（三）人格培养：当代"君子"（现代公民）的培养

当代书院呈现了多样性发展的趋势，因此在当代书院的教育使命方面，尽管还存在诸多的争议与讨论，但其教育功能可归纳为三种类型。

1. 业余性质的书院：作为现代教育的有效补充，弥补现行学校教育在传统文化课程方面的不足，给孩子们和家长们多一种选择。这是目前大部分书院的功能定位。

2. 全日制教育书院：人们对于现行学校教育种种弊端的诟病，也促使一些有志之士创办全日制传统文化教育书院，其中不乏一些比较成功的案例。但对大多数此类书院而言，如何不断发展完善，真正成为合格的，甚至是体制教育创新发展的典范、样板，仍然值得继续探索。需要注意的是，在今年的全国两会期间，有全国人大代表提案将实行书院制作为我国中小学教育改革的主要方式。

3. 大学书院制：现在的大学制度，从组织形式、专业设置看，基本上是学习西方的。但是，大学里光采取学分制，标准化、计量化的西方教学制度还远远不够，还缺少人文思想和智慧教育，尤其是缺少传统书院的"成人"之教、缺少教会学生如何安身立命之道。

于是，近几年，中国大学纷纷探索恢复"书院文化"，实行书院制，探索书院教育新模式，力图恢复中国传统教育方式中的"书院文化"。如复旦大学的四大书院、香港中文大学的九大书院、清华大学的新雅书院、苏州大学的敬文书院、南方科技大学的致仁书院，以及西安交大的彭康书院、文治书院等九大书院。这是值得我们去关注的。

不管是何种形式的书院教育，当代书院教育最为重要的使命还在于理想人格的培养，即当代"君子"（现代公民）的培养。作为儒家的道场、作为中华优秀传统文化的重要载体，书院教育的最大优势在于其传承传统书院"成人教育"的宗旨和理念。按照中央两办的《中华优秀传统文化实施意见》，中华优秀传统文化要贯穿国民教育始终。书院教育应该注重塑造令人追求的"新君子"人格理想，注重传统君子价值的创造性转化，为现代公民教育创造良好的社会氛围和实践机会。

三、当代书院的思想使命：
时代精神的汇聚地、新思想的发源地

纵观中国书院史，书院往往是一个时代精神的汇聚地、新思想的发源地，是产生大学问家的地方。大学问家必能为当代社会前进提供新的思想资源，这是书院的核心价值。唐宋以来的许多大学者、大思想家都跟地方书院有着密切关系，张载、程颐、程颢、朱熹、陆九渊、张栻、王阳明等人的思想，关学、理学、心学、乾嘉学派等均产生于书院，并一直影响着中国历史的发展，影响着中国文化与教育的发展，成为当时最为先进和新鲜的思想。

因此，当代书院不能简单复制传统书院的教育规制和运营模式，而是要在传承书院教化功能的同时，拓展当代书院的其他社会、思想功能。在中华民族的伟大复兴当中，尤其是在文化自信建设、中华优秀传统文化传承和创新性发展中发挥更大的作用。

古今中外，在社会转型时期，往往是人类思想流派的勃发期，也是伟大思想家的活跃期。恩格斯曾说："意大利是第一个资本主义民族。封建的中世纪的终结和现代资本主义纪元的开端，是以一位大人物为标志的。这位大人物就是意大利的但丁。他是中世纪的最后一位诗人，同时又是新时代的最初一位诗人。"但丁超越了狭隘的党派偏见，更显示以理性意识思考民族现实与未来的胸襟。他高举理性的火炬，照亮了中世纪的宗教黑暗，成为欧洲文艺复兴的伟大先驱。

古往今来，伟大思想家和他们的伟大思想，开辟了伟大的新时代。春秋战国时代，是中国原始文明向游牧农耕文明转型的时期，产生了璀璨夺目的先秦诸子百家；清末民初，是中国千年农耕文明向现代工商文明转型的时期，产生了灿若群星的民国学问大家。转型时期，伟大思想家的天才思想，无不给动荡的国度带来了夺目的光辉，无不给迷茫的人们带来了全新的境界。如今，中国从农耕文明风尘仆仆而来，一只脚追赶工商文明，一只脚跨越生态文明，在此三重文明共存与转型的特殊历史时期，传统儒家思想需要创新阐发。时代正在呼唤伟大的新思想，呼唤新的伟大思想家。

文化会通精神是中华文化精神的主要特征，也是我国优良的学术传统，更是文化传承与创新的必然途径。当代书院应以革新的精神，以中国优秀传统思想文化为道统，发挥中国书院千年以来的优良传统来促进新的时代思想与精神的发展。在吸收外来文化方面，无论是"中学为体，西学为用"还是"西学为体，中学为用"，都是将中华文化与外国文化隔离开来，甚至是对立起来，与我国古代学术思想方面的会通精神不合。今天我们有必要克服这种体用关系的对立，真正实现"中西马"的会通创新，并真正实现中华文化的创新性发展和创造性转换。

综上所述，中国当代书院的发展还有诸多问题需要讨论和研究解决，比如在教学内容上如何"融通古今、经世致用"以满足现代社会的人才需求，特别是在提升民众人文素养方面应起到有效的补充性作用？如何将学术或者精英的国学文化与民间百姓喜闻乐见的文化形式对接？当面对诸多困难特别是运营压力时，如何面对多方的要求与需求，保证自身活动内容的教育性、价值性与纯粹性等，这些问题都值得不断地关注与研究。但是，经过二十多年的发展，当代书院在中华优秀传统文化的传承发展和民族伟大复兴中的作用，已不能小视，而且越来越发挥重要作用！

正如筼筜书院一样：上可以作为国家外交名片，下可以成为市民精神家园！

书院的未来发展[*]

——新时代、新转折、新起点

　　自 1984 年中国文化书院创办开始，经过了三十多年的发展，在众多书院人和文化布道者的共同努力下，中国的书院事业可以说从星星之火形成了燎原之势，弘扬传统文化也从民间自发性的行为，上升为国家的文化战略。在这当中，全国书院界的同人功不可没，大家的执着和努力没有白费。今天书院面临发展的大好形势。在新时代的背景下，如何传承弘扬中华优秀传统文化，中华文化如何返本开新，实现创造性转化、创新性发展，这是新时代书院共同面临的使命。因应新时代的呼唤，中国书院如何有所作为，在传承弘扬中国优秀传统文化，在中华优秀文化创造性转化、创新性发展这一项伟大事业当中，如何做出它应有的贡献，这是全国书院人应该认真思考的问题。

一、当代书院30年发展的历史作用回顾

　　从 20 世纪 80 年代梁漱溟、冯友兰、季羡林、汤一介等当代著名学者发起成立中国文化书院起，书院这一古老的教育机构又开始以各种形式出现在国人眼前。近十几年来，修复传统书院，创办新型书院有如星火燎原，在中华大地蓬勃兴起和发展。党的十八大以来，有更多的书院在新一轮国学热中相继成立。据不完全统计，现在以"书院"命名的以多种形式存在的机构已经有上万所，其中从事传统文化相关内容的新老书院总数已超过明代，而且还在快速增加中，再一次展示出当代书院的活力。30 年来，中国当代书院走出了一条不平凡的发展道路，为中华优秀传统文化的复兴做出了不可磨灭的贡献。主要表现在以下几个方面：

---

*　本文是 2018 年 10 月笔者在山东尼山圣源书院"中国书院学会年会"上所发表的论文。

（一）"星星之火"的作用

考察和回顾近 30 年的书院发展史，可以看到，在 20 世纪 90 年代和 21 世纪初，书院的创办者主要以学者、社会民间人士为主体，资金亦都是以民间筹集为主，他们的势力相对单薄，财力亦显得有限。但这一批人可以说是最有文化情怀的一群人，怀着传承振兴民族文化的高度使命感，义无反顾地投身当代书院的复兴事业中。尽管这一时期创办的书院，规模普遍较小，功能定位不一而足，课程体系五花八门，办学经费捉襟见肘……但在传承弘扬传统文化方面，他们的目标是一致的。尽管它们所起的作用有限，但这些书院的诞生和存在，唤醒了国人的民族文化意识，也给那个时代的人们提供了学习接触传统文化的机会，可以说对于国学的复兴起到"星星之火"的作用。

（二）对现行学校教育做有效补充的作用

自 1901 年光绪皇帝的一纸诏书，将全国的书院改制成大中小学堂开始，中国的教育开始全面向西方学习。新中国成立后又向苏联学习，课程体系、教学管理、评定体系等全面西化。因此，现行学校教育普遍存在重视科学技术与知识教育，而忽视人文和道德教育的状况，这也是当今中国社会存在道德滑坡、唯利是图、缺乏诚信等种种现象的重要原因。现行学校教育所存在的种种弊端，客观上也促使一些家长注意当代书院所提供的教育教学内容，而当代书院所提供的恰恰就是以传统人文课程为主，教人如何安身立命又是中国传统书院的特长。书院所提供的这些课程，作为现代教育的有效补充，弥补现行学校教育在传统文化课程方面的不足，给孩子们和家长们多一种选择。这为国学的普及奠定了很好的群众基础。

（三）对教育改革的示范作用

现代教育所存在的种种弊端，也使人们重新审视书院这一传统教育形式。中国历史文化传统是有继续性的，中国书院文化也有数千年的历史延续。在历史发展中，中国书院逐渐形成了以儒家经典传承和"成人教育"为核心的文化传承体系，并形成"教学与研究相结合""盛行'讲会'制度，提倡百家争鸣""在教学上实行'门户开放'""学习以个人钻研为主""师生关系融洽"等诸多的历史传统。这些传统到今天仍有借鉴意义，仍然值得体制内学校教育借鉴。因此，在今年的全国两会期间，有全国人大代表提案将实行书院制作为我国中小学教育改革的主要方式。

二、新转折：转折的几大方面表现

（一）国家文化战略：传统文化进入体制内学校课堂

党的十八大提出了"建设优秀传统文化传承体系，弘扬中华优秀传统文化"的文化发展战略。党和国家相继出台一系列重要文件，制订文化发展战略规划。2017 年春节前，中共中央办公厅、国务院办公厅联合下发《关于实施中华优秀传统文化传承发展工程的意见》，明确提出传统文化要贯穿国民教育始终的工作要求。党的十九大报告高度重视社会主义文化繁荣兴盛对实现中华民族伟大复兴的重要意义。提出"文化自信是一个国家、一个民族发展中更基本、更深沉、更持久的力量"。这是对人类发展规律的高度总结，也是对中国自身发展的理性判断。而弘扬中华优秀传统文化，不能止步于传承。因此党的十九大报告又强调，"推动中华优秀传统文化创造性转化、创新性发展"。这是一个生血肉、塑筋骨、立精神的基础性工程，是一个使中华民族最基本的文化基因与当代文化相适应、与现代社会相协调的过程。

由此可见，随着中华民族的伟大复兴，国学复兴与文化自信已成为国家文化战略的重要部署。面临传统文化进入体制内学校课堂这种新常态，当代书院如何调整和适应，这是值得大家重视的。

（二）各种力量强力介入

如上所述，在中国当代书院近 30 年的发展历程中，前 20 年主要是以民间力量、社会团体为主。但是近 10 年来，尤其是党的十八大以来，各种力量强力介入书院事业。这当中尤以政府和企业的力量介入最为明显，从贵阳孔学堂，福建尤溪朱子文化园、考亭书院、延平书院，山东孟子研究院、尼山圣境等，我们可以看到，这两股力量介入的力度是很大的。而面对强大的行政力量和资本力量，民间书院如何应对与调整、如何很好地活下去，这又是一个新课题。

（三）"规范"书院成为新常态

当书院事业还是民间行为为主，当书院的影响力还很有限，当国家层面尚未有明确的态度之前，中国的书院事业尽管一路走来筚路蓝缕，但这一时期书院的办学环境和氛围，还是比较宽松的，还是可以做许多探索与尝试的。尽管这一时期的书院，存在种种不尽如人意的地方，但总的方向是正确的、作用是积极的。而随着弘扬传统文化成为国家文化战略，随着传统文化进入中小学课程体系，国家必然会出台相关的管理规定，各级有关部门对书院的管理必然提出更多的要求，管理的力度必然加大，书院将逐步被"规范"。如何适应并保持相对独立的办学环境和探索精神，全体书院人都得面对。

三、新起点：如何因应时代的要求

（一）功能定位：因应时代的要求

如上所述，中国的书院事业已从星星之火形成了燎原之势，弘扬传统文化也已从民间自发性的行为，上升为国家意志和国家的文化战略。今天书院面临的大好发展形势前所未有，当代书院如何因应新时代的背景和要求，如何传承弘扬中华优秀传统文化，中华文化如何返本开新，实现创造性转化、创新性发展，这是新时代书院共同面临的使命。因应新时代的呼唤，中国书院应该有所作为。

当代书院首先要重新明确其功能与定位。当代书院已经无法回到过去，在相当长的一个阶段，当代书院的定位首先还是作为现代学校教育的有效补充而非替代学校教育；大学中的"书院制"教育，主要是其通识教育课程与文史哲素养培养的方式，来提升大学生的人文素养；社会中的书院建设需要结合新的时代，通过书院这一富含传统文化底蕴的组织，深入探索新的知识，开拓新的领域，培养新世纪的人才，集聚社会的力量，贯通当前的学术研究与民间普及，给青少年多一种传统文化学习的选择，给成年人一个弥补中华文化的机会，从而培养在中国优秀传统文化中成长、生活的一个氛围与环境，最终能够使得国民人文道德取得进步，促进社会的进步与发展；条件比较好的书院，则可以在教育体制改革中进一步探索，提供教育体制改革的新思路。

（二）运营模式：创新思维模式

当代书院的机制体制决定了其类型与经费的来源，影响甚至决定着当代书院的办学目的。上级部门拨款型书院主要以地方政府文化品牌建设中的书院为主，经费多出自官方体制内经费，多为政府相关部门在历史遗迹的基础上复建或重新找地新建，其目的在于响应弘扬传统文化的指示精神。但建成后，不少书院并未常规开展传统文化活动，基本成为传统文化景点，空置率较高；企业赞助型书院主要是书院的建设与企业的文化相关，书院作为企业的品牌建设而设立，一些书院本身就以文化公司的方式进行运营，以传统文化为核心内容，兼顾企业经济与社会效益，如一些作为地产企业本身的社区建设而建立起来的书院组织形式；慈善捐款型主要是以与宗教密切相关的书院，特别是佛教相关书院；依托自身实体经济盈利的书院主要是受民间读经运动影响而成立的国学堂、私塾、培训类型的书院，其教育学生，出版教材等收入以促进这种类型的运转。

当代书院的健康发展，必须有准确的定位和课程体系，同时必须有一个稳定的经济支持。因此，要办好书院，不能把当代书院仅看成书院，要跳出纯粹办书院的思维。当代书院的教育既要继承传统，又要结合现代模式，必须创新运营模式。

在分析众多的案例后，我们认为以下两种模式是比较可行的：

1. "学费+基金会"的模式

（1）学费。虽然说当代民间书院仅靠学费维持书院运营是不得已而为之的事，应该有更好的解决途径，但是在现代商业社会环境氛围下，书院若实行完全免费的课程教育，很容易被误解和不珍惜。比如我们笃笃书院曾经五年不收一分钱学费，很好地带动市民学习国学的热情，但也存在少数人认为另有所图或便宜没好货、少数学员不珍惜学习机会等情况。之后我们及时调整运营策略，实行公益性收费方式，效果比较理想。因此，根据我们创办书院十几年的经验，我们认为学费是必须收的，学费应该是民间书院的经费来源之一，但应该秉持公益性原则，不应该走向功利性。

（2）基金会。基金会的方式被证明是现代社会公益事业最为有效的资金筹集方式，而在中国传统书院的办学历史上，社会的捐赠，尤其是乡绅社会贤达的捐赠是有很好的传统的。在中国当代书院近一二十年的发展历程中，捐赠也是许多书院的主要经费来源。因此，充分发挥社会各方面的力量，充分调动社会各方面捐资办学的积极性，学习借鉴公益基金会的模式，建立民间书院的基金会机构，作为书院事业发展的经费支撑方式，这将是中国民间书院未来发展的主要方向之一。

2. "学费+书院文化产业"的模式

关于学费如上所述，而基金会的模式也需要具备相当的条件，不是所有的书院都可以做到的。因此，"学费＋书院文化产业"的模式，是另外一种比较可行且具有良好发展前景的模式。

（1）如上所述，经过各方面力量的不懈努力，弘扬中华优秀传统文化，已从民间自发行为上升为国家文化战略。学习中华优秀传统文化，增强文化自信，将继续成为一种趋势和热潮，市场需求将持续增加。

（2）传统的文人生活方式，也逐渐成为一种时尚。人们对琴棋书画诗酒茶的学习培训的需求将逐步扩大，在这方面的培训将形成一个可观的市场。书院应努力向社会传达一种中式生活可以更加美好的愿景，并在为社会大众的需求提供现实支撑的同时，进而发展壮大自己。

（3）书院文化可以进行创新性发展、创造性转化，并形成书院文化产业链。比如，经典教育、六艺教育、国学幼儿园、高端培训、研学游学、健康养生、茶文化、花道、香道等，是有可能整合成为书院文化产业，并形成具有书院特色的文化产业模式。

（三）抱团发展：书院的春秋时期

在 30 年发展历程中，当代书院的发展模式是多样的，呈现百花齐放、百家争鸣、多元发展的特点。表现在社会各界，包括政府官方、学者、企业，民间各种力量都加入当代书院的建设中来；主办形式多样性、多元化，各种模式、各种体制，包括政府公办、民办公助、官学合办、企业办、学者办、个人办、众筹办及依托互联网平台的网上办等。因此，我经常称之为当代书院的春秋时期。

近年来，中国书院的会盟趋势逐渐显现，如中国书院学会、中国书院高峰论坛、名书院联盟、国学院院长高峰论坛等，这些活动对加强书院之间的沟通与联系，共同探讨当今书院发展所面临的各种问题，共同探索书院发展的理论和规律，进而共同提升联盟成员的办学水平和社会声誉，促进当代书院的健康发展都具有积极的意义。

因此顺应新时代，当代书院需要抱团发展，需要建立一个或者若干个共享资源、互动交流、服务协调的平台，并通过这个平台把全国的书院团结起来，携手并进，构建新时代的书院命运共同体！创建新时代的书院品牌，把当代书院体系打造成研究和弘扬中华传统文化的重要载体和有效途径，为中华民族的伟大复兴做出当代书院应有的贡献！

新时代、新考亭、新作为[*]

——关于依托考亭书院创办"中国朱子研究院"刍议

诗曰："周虽旧邦，其命维新。"考亭书院作为朱子理学的大本营和学派的象征，其历史意义和在朱子理学的形成发展中的影响、作用及其地位等，已有很多学者做了深入研究，相信本次论坛亦有大量的论文论及。因此，本文试从另一个角度来探讨在新时代如何更好地发挥新考亭书院的作用，更好地呼应中央提出的传统文化创造性转化、创新性发展的要求，实现新考亭在新时代新作为的历史性飞跃。

一、复兴中华文化，是我国重要的国家文化战略

文化是一个民族的血脉，作为一种精神力量，它的存在关乎国家兴衰。文化兴则国运兴，文化强则民族强。没有高度的文化自信，没有文化的繁荣兴盛，就没有中华民族伟大复兴！经历了40年的改革开放，我国已逐步实现了和平崛起，进而由"和平崛起"向"和平主导世界""构建人类命运共同体"过渡，这正是习总书记领导我们起航的新中国梦！其核心就是实现中华民族的伟大复兴，而一个民族的复兴必须有文化复兴作为支撑！

近年来，习近平总书记对弘扬传承和发展中华优秀传统文化极为重视，多次强调，一个国家、一个民族的强盛，总是以文化兴盛为支撑的，中华民族伟大复兴需要以中华文化发展繁荣为条件；强调实现中华民族伟大复兴，必须坚定中国特色社会主义道路自信、理论自信、制度自信、文化自信。坚定文化自信，是事关国运兴衰、事关民族精神独立性的大问题；强调对于中华传统文化必须进行"创造性转

＊　本文是2018年10月19日笔者在"考亭书院重修落成典礼暨学术研讨会"上所发表的论文。

化，创新性发展"等。

党的十八大提出了"建设优秀传统文化传承体系，弘扬中华优秀传统文化"的文化发展战略。党和国家相继出台一系列重要文件，制订中华文化发展战略规划，2017年春节前，中共中央办公厅、国务院办公厅联合下发《关于实施中华优秀传统文化传承发展工程的意见》，明确提出传统文化要贯穿国民教育始终的工作要求。党的十九大报告高度重视社会主义文化繁荣兴盛对实现中华民族伟大复兴的重要意义。提出"文化自信是一个国家、一个民族发展中更基本、更深沉、更持久的力量"。这是对人类发展规律的高度总结，也是对中国自身发展的理性判断。而弘扬中华优秀传统文化，不能止步于传承。因此党的十九大报告又强调，"推动中华优秀传统文化创造性转化、创新性发展"。这是一个生血肉、塑筋骨、立精神的基础性工程，是一个使中华民族最基本的文化基因与当代文化相适应、与现代社会相协调的过程。对此，我们应有更强的使命意识与更高的行动智慧。

由此可见，随着中华民族的伟大复兴，国学复兴与文化自信已成为国家意志，成为国家文化战略的重要部署；文化发展战略已成为国家的重要发展战略，这也是每一个地域中心城市必须着重考虑的文化战略大事。对此，南平市应及早进行布局，充分发挥本地独特的朱子文化资源优势，在文化复兴的道路上，走在全国的前列。

二、充分挖掘地方文化资源，
已成为许多地方文化发展的重要战略和金字招牌

近年来，国家层面和地方层面对我国历史上著名思想家、教育家的思想研究都极为重视，纷纷建立专门研究院。

国务院1996年批准在山东省曲阜市设立了副厅级的研究孔子及其思想的专门机构——"中国孔子研究院"，2013年11月习总书记视察了该院。

2008年，在北京40多位学者的倡议和推动下，山东省泗水县政府投资 3 亿多元，在尼山孔子出生地附近，建设了尼山圣源书院，由全国人大原副委员长许嘉璐担任名誉院长。开展孔子儒学思想研究传播、乡村儒学教育和世界文明对话等。

2011 年以来，由贵州省和贵阳市两级政府及企业先后共同投资 15 亿元建设的贵阳孔学堂，于 2011 年 7 月动工，2012 年 9 月 28 日第一期工程落成，2013 年 1 月 1 日正式向公众开放。孔学堂位于著名风景区——贵阳花溪国家城市湿地公园中段，背倚大将山，俯瞰花溪河，占地 460 亩。总布局分为：一期工程——"公众教化区"，二期工程——"中华文化研修园"，三期工程——"文化产业园区"。孔学堂的主要功能为学习、研究、教化、传播中华优秀传统文化，会聚海内外儒学名家，交流学术成果，开辟国学讲堂，诵读传统经典，演习文明礼仪，兼具典藏与陈列等。

2013 年 4 月，邹城市成立"中国孟子研究院"，旨在打造国内外孟子思想的研究高地、学术交流的高端平台、弘扬孟子思想的传播基地，建设成为世界儒学研究与交流中心。在此基础上，2016 年 5 月，山东省人民政府批准设立隶属于济宁市人民政府的正处级全额事业单位中国孟子研究院，并给予 50 个名额的事业单位编制。孟子研究院运作方式参照教育部人文社科重点研究基地的做法，活动经费由济宁市和邹城市政府按年度预算划拨。

浙江省于 2016 年 11 月 18 日在绍兴市成立"中国王阳明研究院"，将致力于推动王学研究不断深入，探索出一条优秀传统文化的传承创新之路。推动绍兴王学资源的价值当代化，培育绍兴阳明文化产业，助力绍兴国际旅游城市形象提升与绍兴大城市精神文明。该研究院践行政府主导、地方搭台、学者唱戏、大众参与的良性模式。

2018 年 6 月 18 日，绍兴市政府联合中国文化院、中国文化书院等举办第二届中国阳明心学高峰论坛，并宣布将绍兴市作为中国阳明心学高峰论坛的永久举办地。

党的十九大以来，全国各地在充分挖掘地方传统文化、弘扬传统文化方面更是着力尤多，各种传统文化设施园区纷纷建立。

三、考亭书院是南平市也是福建省
最为独特和重要的文化品牌

考亭书院是朱子文化（考亭学派）的大本营和象征。朱子文化，顾名思义，就是以朱子学为核心的儒家文化，是宋末至晚清近800年来中国文化的重要组成部分，是这一时期中华民族的思维方式、生活方式和价值观念的集中体现。朱子阐述六经，缵绪道统，集宋代理学之大成，以其"致广大，尽精微，综罗百代"的恢宏格局而名彰后世。

著名学者钱穆曾指出："在中国历史上，前古有孔子，近古有朱子，此两人皆在中国学术思想史及中国文化史上，发出莫大声光，留下莫大影响。瞻观全史，恐无第三人可与伦比。"朱子的思想不仅统治了元明清时期的中国，而且影响到整个东亚世界，并演化为东亚世界的官方哲学，成为这一时期东亚社会统治秩序的精神支柱，形成了世界性的朱子学。在某种意义上，朱子学说奠定了南宋以来中国人的生活方式、思维方式和治国理政的模式。自南宋以降，朱子学就是中国儒学的代名词，亦是构成中华文明乃至东亚文明不可或缺的核心内容。

朱子一生创办了许多书院，考亭书院是他创办的第四所书院。朱子晚年定居考亭，因为四方学子不远千里负笈到考亭求学问道，又在住所东建"竹林精舍"。绍熙五年（1194年）竹林精舍建成后，朱熹"谨率诸生，恭修释菜之礼"，行于先圣先师，以告成事。因精舍四周环水更匾曰"沧州精舍"，这是朱子创办的第四所书院，也是其所建最为重要的书院。朱子晚年，虽受攻击，身体多病，仍于此讲学著述，朱子许多重要的门生如黄榦、蔡元定、蔡沈、陈淳等皆从游于此，对闽学学派的发展产生了深远影响。宋淳祐四年（1244年），宋理宗御赐"考亭书院"匾，精舍始称"考亭书院"，这个时期是真正形成学术史上具有重大影响的"考亭学派"的时期。

近年来，南平市在朱子文化的传承弘扬方面做了大量有效的工作，恢复了许多与朱子有关的文化设施，如修复延平书院、考亭书院、五夫朱子文化园等，尤其是考亭书院的复建落成，具有重要的里程碑意义！而如何充分发挥新考亭书院在新时代的作用，这是许多人所关心和期待的。

本人认为，借考亭书院修复落成之机，呼吁以考亭书院为依托，聚合各方力量，成立"中国朱子研究院"，打造朱子学研究高地！这是南平市以至福建省文化发展的需要，也是时代的需要；既是弘扬朱子文化，又是国家文化战略的一个重要部署；既能打造福建省第一文化品牌，又是众望所归之举措；还可以朱子文化为桥梁和纽带，进一步促进闽台之间的文化交流与合作，打造朱子文化品牌，提升南平市和福建文化的国际影响力。

四、中国朱子研究院的基本构想

（一）创立

以考亭书院为依托，南平市和福建省共同出钱出力出政策，联合厦门大学和中国朱子学会，在考亭书院成立中国朱子研究院，把中国朱子研究院建设纳入南平市文化强市、福建文化强省建设和文化创新建设工程，纳入国家文化发展战略。"中国朱子研究院"以"研究朱子思想，服务福建文化，助推国学传播，建设文化强省"为宗旨，配合国家"一带一路"战略，以"辐射东南亚、影响全世界"的高度和格局，努力把中国朱子研究院打造成为综合性、研究型、国际化的朱子学研究中心，把考亭书院打造成新时代中国文化复兴的重镇！

（二）定位

中国朱子研究院可定位为具有学术研究与交流、朱子文化传播教育、书院建设管理运营、博物展览、文献收藏、朱子学研究信息交流、人才培训、领导干部培训及配合"一带一路"战略进行文化输出等功能。

朱子研究院应争取国家发展改革委、教育部等国家有关部委的支持，依托福建省政府、南平市政府，以及国家一级学会中国朱子学会、厦门大学等，坚持高端学术研究，服务国家和福建文化建设，建设朱子文化品牌。从内涵和外延两个方面入手，把学术研究与实践活动进行有机结合，全方位传承弘扬和创新发展朱子文化，把福建省建设为一个具有国际影响力的文化大省，把考亭打造成为全球朱子学研究、宣传和实践的中心。

朱子研究院的建制和运行可以模仿山东孔子研究院、孟子研究院、绍兴王阳明研究院，或参照贵阳孔学堂、韩国国学振兴院、韩国退溪研究院、韩国栗谷研究院的运行模式，并敦聘当今大儒担任院长，聘请海内外知名朱子学研究专家担任学术委员会主任和学术委员。

（三）职能

1. 成立朱子学研究中心。引进一流的学术人才，努力建设国内一流并具有国际影响力的学术团队。依托中国朱子学会、厦门大学以及全球朱子学研究专家，成立朱子学研究中心。以两个国家重大招标项目"东亚朱子学研究"和"百年朱子学研究"为核心，进一步拓展世界朱子学的研究，努力建设国内一流并具有国际影响力的学术团队，整合力量，培育新人，造就一批学术骨干和领军名家。

2. 创办朱子学高峰论坛。在中央有关部委、福建省和厦门大学的支持下，每年举办一届"世界朱子学高峰论坛"，形成全国知名文化品牌。

3. 开展朱子文化宣传与普及。加强朱子文化新媒体建设，掌握朱子学宣传、普及和研究的话语权。创建"中国朱子学网站"，利用网络平台、微博、微信等新兴媒体开展传播活动；出版朱子学期刊——《朱子研究》，每年推出一期《朱子学年鉴》。

4. 打造朱子文化出版品牌。策划朱子文化重点出版项目和中长期规划，抓好一批重点项目的选题储备、项目申报与实施。编辑出版《朱子学文库》《朱子学思想家评传》等系列图书；整理出版朱熹的墨宝、匾联、碑刻；组织创作朱子文化题材文艺精品；组织出版《朱子读本》《朱子选粹》《朱子文化》《朱子语录》《朱子故事》等群众喜闻乐见、雅俗共赏的普及读物。讲好朱子故事，打响朱子文化品牌。

5. 策划朱子文化传承活动。加强朱子礼仪的创新性转化研究。尤其是朱子敬师礼、成人礼、祭礼、婚礼、茶礼等的研究、普及与创新。在朱子文化示范社区、村落、学校、古镇等地逐步推广《朱子家训》《朱子学规》《朱子家礼》等朱子文化，尤其是家文化，让朱子文化与当代社会接轨，深入家庭，深入百姓生活。

6. 接续组织"朱子之路"研习营活动。目前，南平市与朱子学会、厦门大学国学院、中华朱子学会、台湾朱子学会、世界朱氏联合会等，已经共同举办了十届"朱子之路"研习营，取得了较大的社会反响，"朱子之路"研习营已经成为朱子学研究和传播的一个知名品牌。

7. 创办系列"朱子书院"。计划在海内外进行连锁运营，使之成为朱子文化教育传播的重要基地。

8. 与国家有关部委合作，将朱子研究院办成全国厅局级领导干部培训基地。

9. 配合国家"一带一路"战略，进行对外文化交流输出。

10. 高端人才培养与国学培训。聘请国内外知名人士任导师、研究员，指导硕士生、博士生和博士后，为朱子学研究培养高端人才。研究院还可以开设多层次、多类型、多规格的国学培训班，接待国内外的访问学者等，为国内外学者提供良好的学习研究条件。

（四）配套建设

考亭书院的总体规划和建设，应该按照朱子研究院的功能定位进一步建设完善，包括研究院大楼、教学大楼、学术交流中心（住宿、会议室、学术报告厅、餐厅等）、专家楼若干栋、图书馆、博物展览馆、文献文物收藏等。

我们期待，中国朱子研究院的设想能够实现，这将是朱子文化传承发展的又一个里程碑！考亭书院在新时代的新作用将得到更好的发挥，将再现朱子时代的文化辉煌，成为新时代朱子学研究的高地！

良知之教与社区书院教育实践*

——厦门社区书院的实践及启示

一、良知之教要落地需要抓手与平台，书院是新时期良知之教的重要平台和抓手

（一）教材

良知之教的落地首先需要编写好教材。

"知行合一""致良知""亲民"，被称为王学"三大要"。晚年的王阳明越来越看重"知行合一"的"知"，"良知"，所以，"致良知"与"知行合一"实为一体，但为了强调"良知"，故多说"致良知"而少提"知行合一"。

要清除隔绝人们知与行的"私欲"，要恢复人心中被泯灭的本体即"良知"，就必须有"致"的"功夫"。所以王阳明说"圣学只一个功夫"，这个"功夫"，就是"致良知"。如果只有"良知"而无"致"的功夫，那还只是"讲学"先生，只有练就"致"，把"致"和"良知"融为一体，才能建功立业，才能成就大的事业。

自从提出"致良知"之后，王阳明就将其与"知行合一"融为一体。

良知之教的落地需要切实可行的教材，需要有人从《传习录》《知行合一》《大学问》《王阳明全集》等著作中抽取适合普及的内容，编写成教材，以便推广普及之用，在这方面可学习福建南平市编写朱子教材的经验。

（二）平台和抓手

良知之教要落地，还需要平台和抓手，书院是其中重要的一种途径和平台。（本来体制内的学校教育是很重要的途径，但以这几年传

---

* 本文是 2019 年 5 月 18 日笔者在绍兴"第三届阳明心学高峰论坛"上的发言提纲。

统文化进入校园的艰难，可以看出这方面的难度。因此，在目前的环境下，书院是一个可行的重要平台。）而我要介绍的则是一种已经实施 5 年多，被证明是十分有效的模式，这是一种创新的模式。

二、厦门社区书院简介

5 年前，厦门市为深入贯彻"五位一体"总体布局和习近平总书记"把社会主义核心价值观落实落细落小"的指示精神，在深化美丽厦门共同缔造、创新社区治理实践中，用共同缔造的理念和方法创新社区文化教育，创建了集学习教育、文体活动、组织孵化、群众议事于一体的社区书院，不仅促进了文明城市与文明市民共同成长，而且使社区书院成了全市文化道德建设和体现以德治市的基础平台。

2015 年春，按照市委"把社区书院打造成厦门以德治市、提升群众精神文化素养的场所"的要求，我们开始进行社区书院的一些探索。在市委的领导和支持下，由箬笠书院牵头，在全市 6 个行政区分别建立一个试点社区书院（思明区前埔北社区、湖里区金安社区、集美区康城社区、海沧区兴旺社区、同安区溪林村、翔安区云头村）先行摸索，取得了初步成效。在此基础上，市、区不断探索实践，创建了市级书院总部、区级书院指导中心和一批各具特色的试点社区书院。村居社区书院作为开设讲堂、服务居民的终端，按照"四个一"（一个统一标志、一个固定场所、一套课程体系、一套运行模式）标准建设运作。

到目前，全市已建成一家市级社区书院总部、6 个区级社区书院指导中心、323 家社区书院，初步探索形成了一套比较完善的课程体系、信息服务系统、运行管理模式和投入保障机制，初步构建起互联互通、共享共治的社区教育服务体系。

三、主要做法及启示

（一）指导思想、理念：创新社区治理新模式、培育现代公民

传播习近平新时代中国特色社会主义思想；弘扬传统文化，倡导文明，培育社会主义核心价值观；打通基层宣传思想文化工作，服务群众"最后一公里"；畅谈共同梦想，发展共同爱好，培育共同精神，建设共同家园等。

（二）功能定位

把社区书院建设成"有品质、有特色、有活力、有实效"的基层宣传思想文化工作新阵地和居民群众精神文化家园，打造成以德治市和提升群众精神文化素质的基础性平台。

1. 学习传统文化与科学知识的课堂：通过多元化的课程教育体系，让社区居民在家门口就可以共同学习知识，共同接受教育，共同成长进步。

2. 民主协商议事的场所：通过开展各类社区公共议题讨论，推动居民共同协商议事，培育居民现代公民精神，营造社区事务共建共治共享的氛围。

3. 孵化社会组织的基地：依托社区书院这个活动阵地，鼓励居民成立社区兴趣团队，参与社区志愿服务，开展社区公益活动，活跃社区文体生活。

4. 培育共同精神的载体：通过社区各类群众性组织积极开展各类社区公共文化活动等，培育居民群众以社会主义核心价值观为主要内容的社区共同精神，营造和谐和美社区。

（三）组织架构

按照"统筹规划、分级管理、注重实效"的原则，建立三级管理体系：市级社区书院总部、区级社区书院指导中心和社区书院教学点服务管理体系，建立起上下对接、运转有序的信息网络管理平台。

1. 市社区书院总部。社区书院总部隶属市委文明办，是各社区

书院的管理服务中心、培训指导中心、资源整合中心和成果展示中心，负责课程研发、师资配送、信息共享、培训指导、监督考核等工作。

2. 区级社区书院指导中心。区级社区书院指导中心隶属区委文明办，由各区自行选择一家基础条件好、规模较大的社区书院作为区级社区书院指导中心（条件允许可单独建立），发挥承上启下、协调示范、检查指导、抓好落实的功能作用。

3. 基层社区书院。基层社区书院在居（村）委会组织领导下，开设讲堂、组织活动、提供场所、服务居民，大力开展宣传思想文化工作。

（四）课程体系

1. 建立"中央厨房及配送体系"，推行课程资源"菜单式点单服务"。即统筹机关、企业和学校的教育培训资源，打造完善一批市、区两级特色品牌课程，通过网络系统让各个社区书院自主选择。

2. 依托社区及街（镇）资源支持，发挥社区中各种人才的作用，由各社区书院自设课程。

（五）激励机制

建立考核评价、激励监督机制，每年对各社区书院、授课老师、书院学员、志愿者等进行考核、评选、表彰，推动社区书院持续有序发展。社区书院按照开课次数、听课人次、书院环境、课程效果、居民评价等对社区书院进行考核评比，对工作开展较好的书院实行"以奖代补"，实施奖励；根据授课老师职称级别、授课课时、听课学员总人次、学员评价、街道办推荐等进行综合评比，表彰一批"优秀社区书院教师"，给予一定的物质奖励；书院学员试行"学分"管理制度。开通社保卡的书院学习功能，在各社区书院配备读卡器，实行听课刷卡积分和奖励机制等。

3 点启示：

1. 社区书院是推广传统文化非常重要和有效的途径，当然也是开展良知之教的重要平台；

2. 社区书院的目标应该是培养"现代公民"；

3. 社区书院与新时代文明实践中心的建设可以很好融合。

附：为《厦门日报》厦门社区书院专刊所做点评。

王维生（厦门筼筜书院创院理事长、院长，中国书院学会副会长）：

文以化人，文以载道！文化是民族的血脉，是人民的精神家园！中华民族历来就重视通过办书院、学堂化民成俗，培育人才。厦门社区书院将富有千年文化底蕴的"书院"形态结合现代社区治理模式的创新，融入现代国民的终身教育与生活之中，既秉承了中国书院的教化传统，又开展了富有时代性、创新性、应用性的现代公民教育新内容，成为当代中国完善公民终身教育体系的一项具有鲜明"厦门特色"的创新实践，也成为中国书院在当代社会实践中的一种最新发展形态，其生机活力与美好前景令人期待！

关于支持筼筜书院作为海外华人华侨文化 交流和爱国主义教育基地的建议书

厦门是一座美丽的"海上花园"城市，地理位置得天独厚，自然环境优越，人文景观秀丽，素有"城在海上，海在城中"的美誉。厦门也是一座有着悠久历史文化的城市，曾经是古代海上丝绸之路的起始港口之一，是我国早期对外经济文化交流的窗口和近现代历史上中西方文化交融的通商口岸。特别是改革开放几十年来，厦门作为全国首批实行对外开放的经济特区之一，在不断发展经济、建设宜居城市的同时，一批传统文化得到很好的保护与传承，别具特色的闽南神韵、侨乡风情，以及中西文化交融下的多元文化是厦门的文化标签，鼓浪屿、南普陀、鳌园、灯塔公园等数不胜数的知名文化景点是厦门城市文化名片，良好的人文气息和文化氛围每年都吸引着大批海内外游客前来观光旅游。如今在厦门的大街小巷里，处处都流露着浓浓的人文积淀。

当前，中央支持厦门打造"21世纪海上丝绸之路"中心枢纽城市，充分利用厦门的海洋资源，发挥对台区位优势，积极对外宣传和弘扬嘉庚精神，提升我市文化软实力，从而辐射和影响海峡西岸乃至东南亚国家，增进与海外华人华侨文化交流，是厦门主动融入"一带一路"发展战略的抓手之一。然而，目前我市特有的文化资源优势并未得到充分利用，与海外交流的文化纽带尚未建立起来。究其原因，是缺乏对外宣传和传承我市文化精髓的平台。厦门筼筜书院经过近10年的规划与5年的运营发展，在中国文化教育研究与传播普及和传统文化的交流合作方面取得了卓越的成绩，能更好地服务我市文化战略。因此，有必要在深入挖掘和整合厦门现有的文化资源基础上，依托厦门筼筜书院在国学教育研究和传统文化艺术传播等方面的实力，向海外华人华侨传播中华优秀传统文化，加强海外华人华侨的中华民族认同感，不仅能从文化层面积极响应"一带一路"倡议，展示厦门文化魅力，提升城市品位，也能提升海外侨胞的民族自豪感和凝聚力。

筼筜书院基本情况

悠久灿烂的中华传统文化是中华民族共同的根脉，是维系海外侨胞民族感情的重要纽带，而"国学"是我们中华文化的精髓与灵魂，也是中华民族能够为全人类贡献的精神财富。承载源远流长的中华优秀传统文化，延续古代书院的文化功能和内在精神，厦门筼筜书院2009年于国家重点公园——厦门白鹭洲公园之中落成。筼筜书院以在新时代传播和发展中国优秀传统文化思想为主旨，秉承"旧学商量，新知培养"的理念，采取"政府支持，企业投资，公益运营"的方式，坚持学术性与公益性、普及性相结合，广邀各地及国际汉学精英讲授国学要义，开展多层次的国学教育研究与普及活动，致力于民众的文化素质提升，给城市文化建设带来新突破、新发展。如今，筼筜书院已成为厦门的一张文化名片。

书院充分发挥地缘优势，着眼于各地以及东南亚华人华侨之间的传统文化交流，经由国学经典的研习，建设"国学研习交流基地""中国书院学会当代书院研究中心"，以及厦门大学和厦门理工学院等多所高校"中国文化实践教学基地"，深入国学专题及当代书院运营的研究与合作，复振华人共同的文化精神，探讨共同的文化价值，以共有的中华精神探讨全球伦理智慧促进中国的和平发展。书院立意成为各地及东南亚华人社群中最具影响力的现代书院之一。目前，在交流合作中形成了"国学论坛"、名师"筼筜会讲"、学生暑期交流、两岸书院合作框架等品牌活动，积极拓展与海外特别是东南亚地区各类文化机构与相关人士的沟通与合作，共续中华文脉。

筼筜书院在基地中的优势，在基地中如何发挥作用

团结统一的中华民族是海内外中华儿女共同的"根"，博大精深的中华文化是海内外中华儿女共同的"魂"，实现中华民族的伟大复兴是海内外中华儿女共同的"心"。政治、经济与文化是交融在一起的，当前全球化与民族国家的时代，中华文化跨境传播面临着巨大的

挑战与机遇。

箕笃书院以团结中华儿女为"根本"，以共学共研中华文化为"灵魂"，以中西文化教育交流为主要形式，希望在基地中发挥作用。

一、承办海外华人华侨的中华文化研习交流活动

伴随着中国经济的发展，海外兴起了一股对中华文化学习的热潮，越来越多的外国人学习中国语言与中国文化，但也有国家特别是东南亚国家实行过或正在实行"去华化"的政策。新加坡在社会偏向西方不良文化的情况下，开展过儒学运动，20 世纪 70 年代后实施多项包括特选学校、讲华语运动，华文教学改革等在内的儒学运动；马来西亚对中华文化的包容政策，通过教育、学校一直传承中华文化；印度尼西亚因为较大的政治影响，采取以"教"保根的方式继续传承中华文化。

箕笃书院在建设运营中，非常注重与海外的联络与合作。在会议交流方面，多次参加国际学术会议，交流中华文化。比如 2013 年 9 月 27 日至 29 日，王维生院长前往山东曲阜参加"第六届世界儒学大会暨 2013 年度孔子文化奖颁奖典礼"。来自中国、日本、韩国、越南、马来西亚、印度尼西亚、以色列、澳大利亚、英国、爱尔兰、俄罗斯、美国 12 个国家 60 多个儒学研究机构与学术团体的 120 多位专家学者，根据"儒家思想与当代社会建设"的主题，围绕"儒家思想与生态文明""儒家伦理与道德教育""礼乐传统与社会礼仪""儒家思想与文化传播"四个议题进行了深入研讨与广泛对话。

自 2013 年起，箕笃书院先后承办了十多期由国侨办、福建省侨办、致公党福建省委、致公党厦门市委、华侨大学等单位主办的海外华裔青少年"中国寻根之旅"活动。为来自世界各地的华裔青少年举办丰富多彩的活动与课程，开设书法、中国画、茶道、古琴、太极拳，以及诵读经典等中华文化课程，让学员们从我院开始充分领略厦门的秀美风光，感受中华文化的博大精深，体验身为炎黄子孙的骄傲与自豪，在交流和互动中加深了解、增进友谊。书院还受厦门大学委

托承办了多期的国际"one MBA"中国文化课程的项目。

此外，篔筜书院每年接待许多来访的外国友人。比如 2012 年 10 月，书院为来厦参加国际航空会议的 300 位国际友人举办传统文化沙龙，展示了儿童国学经典诵读、闽南布袋戏、太极、汉服展示等多项表演，宣传中华传统文化。2014 年 7 月至 8 月，连续接待两批 20 多个国家的 60 多名孔子学院外方院长参访篔筜书院。书院特别为外方院长们"量身定做"了丰富多彩的中国文化内容展示，体验品茶、看布袋戏，让院长们大呼过瘾。书院还接待了非洲安哥拉的留学生代表团、马来西亚高级新媒体代表团等。

因此，在篔筜书院这样富有中华传统文化元素的地方充分开设相关课程，如中国经典诵读、中国书法文字之旅、中国音乐鉴赏等课程，特别是富有厦门文化特色的嘉庚文化、海洋文化、港口文化等，都可以在篔筜书院有很好的展示，来厦门的海外华人华侨可以先通过这扇窗口了解中国、了解厦门，发挥基地的中国文化情景教学功能，可以想见，会取得很好的效果。

二、打造厦门及闽南教育文化艺术的展示空间

中国文化在国际上的传播与交流很重要的部分还在于海外华人跨境流动中随带的中国文化精神，特别是在华人生活日用与践行里，是一种事实的中华文化物质与精神"家园"的再建，从而形成了一个全球中有地方、地方中有全球的文化互动与融合状态，也体现出了中国文化在当今全球化时代广泛的、经久不衰的生命力。在全球大框架下，地方文化是与全球文化连接在一起的，中华文化的共同性与地方的差异性共存，中华文化很多是从底层发展的。

篔筜书院可以牵头打造富有中国文化特色，特别是厦门及闽南文化教育艺术的集中展现空间，将能体现地方特色的教育文化集中展现，比如手工艺、雕刻作品、南音的表演等。特别发挥嘉庚精神，集中展现华侨在厦门的办学成果，让华人华侨从华侨领袖身上，看华侨办学对于过去、现在及未来民众生活的影响与意义，充分引领华人华侨深入地方文化生活实践中，融入厦门市民生活，让华人华侨充分体

会文化教育艺术的一脉相承，从生活日用的传承中获得更多的文化认同，从而达到爱国主义的文化教育意义。

三、分享厦门建设成果，践习中西文化精神

厦门开埠，有史可追溯至唐大中年间。自有嘉禾里开始，到"筼筜渔火"等厦门八处胜境生成，先民在此繁衍生息千年以上。天工开物，文渊流芳，才有了今天我们对过去的记载与记忆。在现代化、过度城市化给生活和生命带来负重的当下，白鹭洲景致反而给人一种从容、文雅和淡定的印象。我们要展示给华人华侨一个新的中西理念下的厦门城市建设成果。

筼筜书院片区可谓是厦门建设成果的一个集中体现，可以以筼筜书院为起点，贯穿起厦门城市历史的变迁，特别是海洋港口的变化，筼筜港、厦港等历史文化的前世今生，以及厦门五缘湾现代港口建设成果等。在这样由点到面的分享过程中，唤起华人华侨以厦门为家的主人翁意识，也真的能够获得更多的理解、认同与共发展的可能。

随着世界经济全球化和政治多极化的步伐，世界正朝着文化多样化的方向发展，国际文化交流趋于频繁、密切，内容也日趋丰富，中华文化应该继承传统、立足现代、面向未来，应发动更广泛的力量推动中华文化更为开放与多元地传播与发展。今天我们在市委、市政府的带领下，重新开始"美丽厦门"战略规划和"双百年"愿景的实施，筼筜书院传承开放、多元、包容的厦门城市品格，建立外来和地域、中华与西方、民俗对高雅、传统并现代，交融、共生、和睦的生态文化，美美与共，禀赋天成。在此基础上建立海外华人华侨文化交流和爱国主义教育基地，可以说是筼筜书院可以发挥的一份力量。

2015年6月

人文化成，重塑君子之道[*]

【引言】中国传统哲学的核心是人的问题，而人的问题核心则是理想人格的建构。不同的民族、不同的时代，对人格理想的期待是不同的。在这个世界上，其他的民族把人格理想定为"先知""觉者""智者""绅士""武士"等，而中华民族也有自己的人格理想，与它们不同，且独具内涵与特色。

同样，每个时代的人都有他胸中的标杆，如果没有，人们就会丧失方向。现今，在如此光怪陆离的时代里，我们面临如此多的价值选择、如此重的精神考验，而我们不能不假思索地说出一个生命的标杆。当许多人学着英文单词定义自己的名牌，学着品红酒和打高尔夫球来接近绅士，却不知自己要成为谁。而我们的标杆并非缺失。他如此虔诚地存了几千年，不曾过时，永远高尚。这两个字叫作"君子"。

"君子"是中华民族的人格理想，"君子之学"是对儒家伦理人格与道德期望的集中概括。"君子"固然不是道德，但确是道德的化身。因为所谓君子，本身就是指道德高尚、受人尊敬的人。而在当今社会中，真正的君子并不多，以君子为标准要求自己的人则更少。其根本原因是没有人提倡"君子"，以致小人太多，"君子"反受其侮。所以，当代社会应该有孔子的精神，积极地提倡"君子"精神。

一、君子——中国人道德的化身、理想人格的象征

（一）何谓君子

所谓"君子"，从字面上看，由"君"和"子"两个单字组成。"君"，按《说文解字》："君，尊也。从尹，发号，故从口。古文

---

* 本文是 2015 年笔者在西安"文以载道，文以化人"清明黄帝文化学术交流会上所发表的论文。

象君坐形。"段玉裁注云:"尹,治也。"下面的"口",表示发布命令。因此,"君"的本义应为发号施令的统治者,包括"国君"及"家君"等。"子",在古代是对男子的尊称。其本义是"初生",故后来借用为阳气初生时的时间单位——"子时"。"子"后来也泛指后代,包括儿子、子女和子孙等。"君子"合起来指"君"的后代,"就像诸侯之子称公子,天子之子称王子一样,君子就是君之子。君之子当然是贵族,是统治者","君子"意为居于社会上层的贵族阶层成员,突出的是其"位"。早期的经典如《诗经》《尚书》《易经》等中均有"君子"一词,但当时其含义主要指大夫以上的当权者,代表的是一个阶层,是当时的"在位者"即统治阶层成员的通称。

(二)孔子的君子观

"君子"观念存在于中国诸子百家之中,儒家尤其孔子对之极为重视。君子概念后来在内涵上发生了转换,从"有位者之称"到后世"称有德者耳",这种内涵的转换代表了人文道德发展的更新,即原来对"位"的尊崇被代之以对"德"的崇敬。这种新的人文道德理念的出现是社会文化革新的象征,与孔子有着密切的关系。孔子借用了"君子"的概念,并赋予其全新的内涵。孔子在这方面的贡献,在于对"君子"内涵进行了重新界定,使之成为既有地位又有品位的专业管理者,成为儒家理想人格的代言词。"君子"一词在《论语》中共出现 107 次,并且在所有的 20 篇中都有出现,在开篇第一章和最后一篇最后一章中都提到了"君子",这是《论语》中唯一一个贯穿始终的概念,可见其地位之重要。自孔子开始,君子、小人已不再主要是社会地位上的不同标志,而成为道德人格上的不同称谓。如《论语》中的例证:

> 君子周而不比,小人比而不周。(《论语·为政》)
> 君子喻于义,小人喻于利。(《论语·里仁》)
> 君子坦荡荡,小人长戚戚。(《论语·述而》)

> 君子泰而不骄，小人骄而不泰。（《论语·子路》）
>
> 君子上达，小人下达。（《论语·宪问》）
>
> 君子固穷，小人穷斯滥矣。（《论语·卫灵公》）

这主要是从道德人格的差异上概言君子与小人之别。这对后世的影响极大，在后来儒家的理想当中，君子是一个全面发展、达到自我完善的人，是一个通才。孔子心目中理想的人格是一个既"仁"又"刚"、既"智"又"直"的人，一个不忧不惧不惑的人，一个被叫作"君子"的人。实际上，孔子当年办学，所创办的学校就是培养"君子"的学校，孔子就是"君子之师"，孔子之学就是"君子之学"。而在近百年的儒学研究中，学者的注意力主要集中在"礼学"和"仁学"。

虽然，在人格塑造的理想中，儒家还有圣人、贤人，道家有真人、至人、神人等，究其境界均似高于君子，然而圣贤究竟不出世，真人、至人、神人尤其高远而不易攀及，世间完人终究太少，因而，较易至、较完美的人格典型——君子，也就特别值得注意与追求。结合当下，我认为有必要对传统的君子思想进行梳理、创新与提倡。

（三）君子——中国男人的至高向往

君子最珍贵之处，即在其"随心所欲而不逾矩"的品格，人格道德的高度约束来自内心深处的认同。他们心达德广，他们是最纯真、最达观、最有力、最自由的人。虽说君子内涵仅为品格道德之限定，但其起源即为君之子，更多的指向是对于男人的评定。走过历史长河，这两个字，始终是中国男人永恒的至高向往。

如前所述，孔子心中的"君子"，是有位有德的管理者，包括修德以取位的"先进于礼乐"的先有德而后有位者，以及就位以修德的"后进于礼乐"的先有位而后有德者。孔子所界定的"君子"，实际上具有两重属性：一方面，"君子"是社会的管理者，必须承担起社会管理的职责；另一方面，"君子"又是理想人格的化身，应该成为社会大众的道德楷模。经过千百年的演绎，第二重属性逐渐被强化，直至成为"君子"的唯一内涵，并成为中华民族的人格理想和中华儿女孜孜以求的奋斗目标。

（四）君子与绅士

在东西方社会的理想人格设计当中，各有一个可代表其人格理想的词——君子与绅士。东方君子，以人格为追寻之大道；西方绅士，以形态为定义之核心。

如前所述，君子是中华民族理想的人格典范，我们说某某人像一个谦谦君子，可能是对这个人的最好赞赏，他代表着学识、教养、责任、担当等，总和才情、德行紧紧相关，君子或无傲雅之风采，但必有谦谦内心与过人之志，他往往表现男士的道德风范和文化层面。

西方的绅士以英国为代表。最早的英国绅士，所有的规矩和标准主要是外在形式上的要求，手拿文明棍，头戴大礼帽，身着笔挺的西装，足蹬锃亮皮鞋。在中世纪的英国，绅士是一个社会阶层，社会地位仅次于贵族，如爵士等职位。"绅士"起源于17世纪中叶的西欧，由充满侠气与英雄气概的"骑士"发展而来，后在英国盛行并发展到极致，绅士风度既是英国民族文化的外化，又是英国社会各阶层在看齐上流社会的过程中，以贵族精神为基础，掺杂了各阶层某些价值观念融合而成的一种全新的社会文化。

其实君子（junzi）和绅士（gentleman）具有诸多相似性，不少人也将君子翻译成"gentleman"，不过君子与绅士概念还是存在内在的差别的。君子总是给人一种温文尔雅的感觉，谦逊、朴实，易于接近。而绅士则是让人觉得出身名门，很有"派"，甚至像是在装"酷"。君子钟情于书房与琴棋书画，绅士钟爱于红酒和高尔夫等。再深层比较，君子更看重的是涵养，是上知天文、下知地理的渊博知识，是内心里精神层面的东西。而绅士，也许只在于他的外表，在于类似"May I help you, sir？"的一口地道的英国伦敦腔，在于外界对他的印象。君子追求的是自我，是具有独立人格的精神自由者。而绅士，则更多地为别人着想，总是把"是否影响到了他人"作为自己言行举止的首要。君子出言谨慎，绅士做事勇敢。人们总能从君子随意的谈吐中感受到他们的教养，绅士总会让人们从冰冷的回应中感受到他们的温暖。今天，当我们品味君子与绅士两种不同文化的时候，我们是要做绅士呢？还是做君子呢？我想我们还是应该提倡做君子。

二、重塑君子之道的现代意义

（一）当代人的精神缺失及其种种表现

每个时代的人都有他胸中的标杆，如果没有，人们就会丧失方向。当今社会，信仰缺失，价值观混乱，没有精神标杆，缺乏敬畏之心等，是最令人担忧的事情。

现代化的发展使人类社会的面貌日新月异，使现代人的物质生活条件得到空前的改善。但是，在人类普遍得到发展实惠的同时，也开始面对和承受着越来越严重的伴随着发展而来的自然生态危机、道德伦理危机、精神信仰危机、人的生存意义和价值迷失等问题。人们开始反思，我们的社会为什么并没有随着现代化的发展而更加和谐，相反却更加贫富悬殊、矛盾丛生？我们的内心为什么没有随着现代化的发展而更加宁静，相反却浮躁郁闷，甚至充满戾气？我们究竟从现代发展中得到什么，而又失去什么，忽略了什么？现代发展的终极目的又是什么？这些问题的产生可能是一果多因，但其中最主要最根本的原因是在现代发展过程中忽略了"人"，或者说忽略了"人"的精神成长。社会学者普遍感到人的"物化"问题，也就是见物不见人的问题，在现代发展中越来越突出。比如，城市道路越拓越宽，大楼越盖越高，但行走和客居其间的人，却越来越显得匆忙，越来越渺小，越来越无关紧要，繁华都市里行走着许多丧失精神家园的"孤魂"，人的精神没能因现代经济社会的发展，而更加挺立、更加自信，相反，却更加迷茫、失落和不知所措，不知如何安身立命，这恐怕是现代人最感到无助和无可奈何的。

当今社会里，人们普遍找不到主流精神偶像。老一辈崇拜领袖，崇拜革命先驱，信仰或真诚至今，或被自己完全否定。而中年一代，幼时的偶像如雷锋、赖宁，已经在当代拜金主义的大潮中模糊远去，生长在改革开放的时代，使他们对领袖和革命先驱也没有了热情。他们的偶像在哪里？从早期的港台明星、20世纪80年代的先锋诗人、万元户，到后来的体育巨星、影视明星、成功企业家等一一数来，又有几个真正能扛得起中国一代青年狂热的激情和梦想，为他们指明成长的方向呢？人们急切地需要崇拜什么，但是有谁值得他们去崇拜呢？成功的政治家背后是盘根错节的血缘关系网，成功的企业家背后是羞于启齿的资本原始积累历史和政商关系，成功的娱乐明星背后是整个娱乐产业那吞噬金钱的贪婪嘴脸等，人们在成功人士面前迷茫了，30多年的改革开放，中国取得了经济建设的伟大成就，造就了许多时代人物，却没能在国人心中树立起新的精神寄托。

因此，有多少人感叹：孔子走了，毛泽东也走了，我们的心里空了。我们追求一切，变得浮躁，急功近利，唯利是图。每个人心里都是饥渴而焦灼的，却茫然不知所求。说得好听，是信仰多元化，说得不好听，是主流精神的缺失，是生命标杆的缺失。

现今的年轻人，只能凭借自己的头脑和心灵去做出判断，在多元而复杂的现代社会中摸索着前进。有人成为愤青，有人愤而别国，而大多数人，则选择了被这个社会同化。也许只有极少数人，能够同时具备历史和现实的智慧，既高瞻远瞩，又能用务实的方法来逐步解决一些社会面临的问题。而这些人，够吗？大多数人，又到底何去何从呢？从这个意义上讲，鸦片战争那一声惊天动地的炮响所提出的问题，我们民族用了一个多世纪，还没有解决。无论经济如何富足，军事如何强盛，科技如何发达，精神和文化的空虚都使我们无力或者难以去标榜一个盛世的存在。因此，经济发展起来的中国需要哲学为荒芜的人心找寻意义。

（二）当今社会建设需要提倡君子精神

《中国青年报》社会调查中心在2012年曾做过一项在线调查。调查显示，85.7%的受访者肯定当下社会需要君子人格，71%的人认为君子人格可以重构国民道德与价值观，与之相对应，89% 的人直言当下社会"君子"少见。2014 年 9 月 24 日，国家主席习近平出席纪念孔子 2565 周年诞辰国际学术研讨会暨国际儒学联合会第五届会员大会开幕会并发表重要讲话，讲话中提出："对传统文化中适合于调理社会关系和鼓励人们向上向善的内容，我们要结合时代条件加以继承和发扬，赋予其新的含义。"

中国文化思想的形成与发展对社会教化之功历史深远，在不同的时期有着改造性的运用。早在 1914 年，有极高旧学新知根底的梁启超就曾在清华大学演讲"君子之道"，倡导学子们要"深愿及此时机，崇德修学，勉为真君子"。到了当今社会，"君子"的精神依然可以超越时代局限，特别是面对当今市场经济社会的一些弊病发挥其作用。

就国民的精神修养而言，虽然"君子""君子之道"的表述有所差别，但其精神内核是强调内在的修养，强调国民自身的责任担当。"自强不息""厚德载物""君子喻于义，小人喻于利"等"君子"相关概念核心的关键是个体的生命与修养。以近代中国知识分子为例，在新的时代，他们重新确定自己的社会角色，成为社会良知的守护者和阐释者，正是融合中国传统社会君子人格的社会政治责任感与现代知识分子品格的中国现代国民精神。对于仍处于现代社会建构中的当代中国，君子人格的现代转型仍具有现实的启示意义。

就社会管理而言，当前我们的社会正在积极落实社会主义核心价值观，而一个"全民君子"的社会环境，将更有利于社会主义核心价值观的实现。建构共同的社会环境关系到方方面面，所谓"修身、齐家、治国、平天下"，个体与社会的矛盾、冲突与调节，需要通过"个体"的"自珍自爱、责任担当"的"君子之道"的努力，从而形成群体共鸣，达到一种更为长远意义上的超越个体，个体与群体也才能获得一种永恒的关联。

而就当下而言，社会管理者如何树立"就位以修德，修德以取位"的人格理念尤为重要。古今上下求索的君子精神是中国国民文化的精髓之一，以"君子"的个体自由生命的担当与责任为基础，特别是对这个社会的珍爱为基石，一个良性的社会环境才更容易建立。

（三）"新君子之道"的建构是时代的需要

"经济"的现代化和"公民"的现代化是一个国家现代化的两个主要标志。经历了 30 多年的改革开放和高速发展，中国经济总量已跃居世界第二位，经济现代化的目标正在逐步实现。在今后很长一段时间里，我国社会主义现代化建设的关键是"人"的现代化，即如何实现"公民"的现代化的问题。而人的现代化的核心是人格的现代转型与构建，公民人格是现代人格的具体表现，关于公民的人格塑造和人格教育的问题，随着社会、经济的迅速发展而不断地凸显和越来越被重视。如何建构和培养符合当代中国精神的现代公民人格，即"新君子之道"，已成为人的价值实现最迫切的时代课题。虽然目前我国关于人格教育的探索并不少，但是在现代人格建构方面，还远远适应不了现实发展的要求，人格教育的理论建设和实践还未被人们所普遍重视，现代公民人格的价值目标和培养途径尚在探索之中。

三、新君子之道及其重塑路径

（一）儒家的"成人"教育

儒家的"成人"教育理念主要在于"人文化成"，即通过教化完善个体的人，关注个体发展，重视个体的精神人格，培养美好品德，使人成为真正的人和完全的人。先秦儒家对圣贤境界和君子人格极为推崇，孔子最早提出"成人"教育的理念以面对"礼崩乐坏"的时代困境与危局，后经过孟子、荀子等继承并进一步深化发展，对礼乐文明进行反省，强调礼乐教化的重要性，力求从各种教化的方法中发掘出社会普通成员的"仁爱"精神。通过普遍性的原则与伦理规范为人情日用之常，旨在"教之以人伦""文之以礼乐"，从而最终实现普遍意义上的"君子"人格的培塑和"礼乐文成"的公序良俗。

所谓"人文化成"之"化"在于"变"，《易传》中说"化而裁之存乎变"，朱熹认为是"因自然之化而裁制之，变之义也"。《易传》中又说"功业存乎变"。钱穆认为，道家言自然，故主化；儒家重视功业，故主变，然则功业贵于不悖自然，"化而裁之谓之变，推而行之谓之通，举而措之，天下之民谓之事业"，故变不能悖化以成其变，应贵于因化之自然而裁制之以成其变。

朱熹非常注重"书院"的教化功能，他让自己的学生按书院的规范行事，达成对道学价值观的认同，塑造新的人格，从而完成书院师生的"成人"化。《白鹿洞书院学规》称："熹窃观古昔圣贤所以教人为学之意，莫非使之讲明义理，以修其身，然后推以及人。非徒欲其务记览为词章，以钓声名、取利禄而已也。"很显然，朱熹希望通过书院教育来塑造新人，一种洞悉圣贤义理、追求为己之学然后推己及人的新人，与官学"务记览为词章，以钓声名、取利禄而已也"有着完全不同的人生观追求。

书院的理想和创制，从此就与朱熹和他的弟子们所创立的理学结合在一起，相互发明，相得益彰。书院制度的建立，使过去只能在庙堂上"教天下之君子"的道学，过渡到"教天下之小人"，完成了文化和学术由上往下的转移，完成了"君子"社会化的使命。通过书院教育，朱熹培养了大批道学弟子，据考证，朱子在寒泉精舍的门人有蔡元定、林用中等22人，在武夷精舍的门人有黄榦、程端蒙、陈文蔚等91人，在考亭书院的门人有李燔、贺孙、蔡沈等163人，合计276人。正是有了这份塑造君子、传播道学的使命感，使得许多道学家及其弟子积极投身于书院运动中，使书院成为后期儒家"教化"的重要渠道。

总的说来，儒家的学说虽然各有侧重，但都体现出对理想人格的塑造和追求，通过"修身、齐家、治国、平天下"的实践操作程序完成对如何"成人"的完美概括。儒家通过"人文化成"达到"君子"式的"成人"教育影响深远，对于当今考虑社会公民教育如何更加科学、合理发展仍然具有重要的借鉴价值与研究意义。

（二）新君子之道的主要内涵

正如在 2015 年首届全国君子文化论坛上许多专家指出的那样，君子思想文化的发展必须与时俱进，实现时代性的创造性转化。新君子思想的发展，既要"照着讲"，讲传统的君子之道，溯本求源，明白古代圣贤的本初意蕴，去除后人的附会曲解，实现扬弃性的传承；又要"接着讲"，在把握经典本蕴的前提下，直面时代问题，反映时代要求，回应时代呼声，体现时代精神，实现君子思想的时代性和创造性转化。我们也相信君子思想能够实现这种时代性的转化，因为新的时代背景给君子思想的发展提出了新的问题和新的要求。而君子思想本身具有与时俱进的品质，能够顺应时代要求，实现创新发展。

建构新君子之道，实现君子思想时代性创造性转化的路径，应在传统文化和当代文化的碰撞中找到连接点；应在东方文明与西方文明的激荡中找到融合点；应在精英文化与大众文化的价值取向上找到兴奋点；应在理论探索与现实问题的结合上找准切入点。

1.传承借鉴传统的君子思想的核心思想要素

传统文化意义的君子虽无标准的定义，但后世儒家还是对"君子"做了许多规范和要求，主要有：

君子三立。立德、立功（行）、立言。

君子三德。子曰："君子道者三，我无能焉：仁者不忧，知者不惑，勇者不惧。"

君子三乐。孟子曰："君子有三乐，而王天下不与存焉。父母俱存，兄弟无故，一乐也；仰不愧于天，俯不怍于人，二乐也；得天下英才而教之，三乐也。"

君子三戒。少之时，血气未定，戒之在色；及其壮也，血气方刚，戒之在斗；及其老也，血气既衰，戒之在得。

君子三畏。畏天命、畏大人、畏圣人之言。

君子四不。君子不妄动，动必有道；君子不徒语，语必有理；君子不苟求，求必有义；君子不虚行，行必有正。

> 君子五耻。居其位，无其言，君子耻之；有其言，无其行，君子
> 耻之；既得之而又失之，君子耻之；地有余而民不足，君子耻
> 之；众寡均而倍焉，君子耻之。
> 君子九思。子曰："君子有九思，视思明、听思聪、色思温、貌
> 思恭、言思忠、事思敬、疑思问、忿思难、见得思义。"

上述传统的关于君子的规范和要求，从个人人格修养方面看，仍然适用于今天的人们，只不过，历史悠然几千年，时代、语境变化巨大，感觉有必要梳理、补充、诠释部分内涵，以适应今天的文化、语境和社会现实，满足现代社会需要。此外，还要注意吸收释道二家的人格思想。比如，道家的道法自然、为而不争、见素抱朴、少私寡欲、清静无为等；佛家的慈悲为怀、去除贪欲、破除执着、慈悲助人、智慧人生等丰富的君子文化内涵，至今仍然适用。传统君子思想对君子人格"内圣外王"理想的描述与期许，对于建构现代君子人格仍然具有非常重要的借鉴意义与参考价值，但需要做现代性的阐释。如传统人格理想中的非独立性、无主体性、无自我性等特点，则须扬弃。从"依附形态"走向"独立形态"，从依附人格到独立人格的追求正是中国人走向现代化的重要标志。

2.返本开新、进行现代性转换

随着社会的飞速发展和转型，中国社会早已从农业社会转变为现代工商社会，并进入了互联网时代，中国传统文化根植的社会经济基础已发生根本性的转变。因此，中国人的人格理想也必须从传统走向现代，必须返本开新，进行现代性转换，充分吸收现代社会的社会性要求，如追求公平、正义、教养、高尚、多元文化，重独立、重契约精神、重公德、重普惠等。充分考虑公民对人格的现代性诉求，如独立人格、公共精神和自由幸福等，其中独立人格是公民人格的主体性根基，公共精神是公民人格的伦理生长点，自由幸福是公民人格的最高目标。

3.今天的君子人格至少应有这些方面和要素

（1）君子之德行：人格高尚。正直善良、责任担当、独立思想、温润如玉等是君子德行的显著要素。在形容男人德行的词中，我最喜欢温润如玉。《诗经》曾说，言念君子，温其如玉。因为看透世事，所以不愠不火；因为阅尽百态，所以不尖不刻；因为内心成熟，所以能够微笑。

（2）君子之仪态：温文尔雅。端庄、大方、整洁、儒雅、文明的仪表、形态是君子的外显形式。君子着重自我修持，现代人应懂得如何得体地穿衣戴帽、行走坐卧、待人接物、餐桌礼仪，规范日常举止行为。

（3）君子之才智：睿智博学。男人的魅力不在于财富，而在于精神深度。君子有德行，又要有才智，有独立思想，借以自身快乐并能为他人带来快乐。君子的才智，一般认为要博学、广闻、强识、艺美、才高。这对大多数人而言，可能难以企及。现实一点讲，君子虽非一定要才高八斗，但至少不能孤陋寡闻。

（4）君子之风骨：诚信、道义、使命感。真实、自信、乐观、敢当、进取、善为，富有使命感等，是君子风骨的主要意涵，"穷则独善其身，达则兼济天下"。"修身、齐家、治国、平天下"是君子人生理想，而修身是其原点和基础。在当今社会生活中，修身也应入时，应将适应社会发展需要的人格品质纳入其中，尤其是达者应学会懂得如何兼济天下。

（5）君子之情怀：心达德广。君子的情怀因其人生的境遇不同而有不同的梯度：老者安之、少者怀之、朋友信之。这是孔夫子的理想，也是我们的人生方向，愿意为之，人皆可达；不忧不惧不惑，这是君子内心强大的表现。而为天地立心、为生民立命、为往圣继绝学、为万世开太平，则是君子的最大情怀。

（6）君子之品级：极品男人。"男人三十是成品，四十为精品，五十为极品"，一句网上流行的话语道出了男人的品级标准。可并不是所有拥有岁月雕磨的男人都能成为成品、精品和极品，不为成品之事、不修成品之型，也还是半成品，更别提成为精品、极品。而能称之为君子的人，一定是男人中的极品。

概而言之，一个真正的男人，除却外在上有对待他人的翩翩风度，更应该拥有深度有力的品格修养。有大智慧面对世界、面对人生，并不以各类评判准则为负累，行为自如，不为外界左右。内心强大，不再对失去的事物感到惋惜，对未来感到惶恐，而是充实眼前的生活并坦然面对一切。不再记恨别人的负面评价，也不因为别人的赞扬沾沾自喜，而是学会正视自己，客观看待他人的评价，从别人的评价中了解他人。不嫌贫爱富自私自利，懂得尊重、感恩、体谅。有一个明确的信仰并坚守下去，这样的男人就应该可以称之为"君子"。

我们不敢期望每个人都能达到这个境界，然而我相信，当我们愈趋近这种境界时，我们的人生就会愈有喜乐、愈有意义。

（三）君子之道的重塑路径、方法论

新君子人格的理论建构是学者的职责。本文仅从社会教育的角度探讨新君子之道养成的途径方法。毫无疑问，家风是君子诞生的土壤，社会是君子形成的环境，个人修身是君子形成的关键。因此，公民"新君子之道"的塑造应该依托家庭、学校、社会等为载体，让整个社会成为培养公民"新君子"的平台。

1. 家风再树、家规再立

没有规矩，无以成方圆。大到一个国家，小到一个家庭都是如此。对一个家庭来说，如果没有良好的家规家风，肯定是儿女不才，家庭不睦，道德滑坡，风气低俗。没有良好的"家规""家风"，君子的塑造就没有家庭土壤。

在 2015 年中共中央、国务院春节团拜会上，习近平总书记在贺词中强调"家庭道德"和"家庭建设"。在其 1400 字新春贺词中，罕见地用了近三分之一的篇幅，讲述有关家庭、家教、家风的内容。习近平总书记说，中华民族自古以来就重视家庭、重视亲情。家庭是社会的基本细胞，是人生的第一所学校。不论时代发生多大变化，不论生活格局发生多大变化，我们都要重视家庭建设，注重家庭、注重家教、注重家风，紧密结合培育和弘扬社会主义核心价值观，发扬光大中华民族传统家庭美德。有文章说，这是习近平总书记首次谈家庭建设。在春节阖家团圆之际，这番谈话特别具有针对性。

而 2014 年春节期间，中央电视台也连续搞了关于"你家的家风是什么"的调查，对于我们重新认识家规、家风的地位作用很有意义。

家风通常是指家庭或家族的传统风尚或作风，从某种程度上讲，家风是家规的外在表现，家规是一个家庭的"核心价值观"。中国传统文化特别强调修、齐、治、平的统一，把"齐家""修身""治国""平天下"提到同等重要的地位，因而以教家立范的家训文化十分发达，许多家训名篇被奉为治家教子的宝鉴而流传极广，如颜之推的《颜氏家训》、朱子的《朱子家训》、朱伯庐的《治家格言》等。传统家训涉及的领域极其广泛，但核心始终围绕着治家教子、修身做人展开，实质是伦理教育和人格塑造，主要包括：孝亲敬长、睦亲齐家、勤劳谦敬、勿贪勿奢、励志勉学、习业农商、治生自立、崇尚科技、拒绝迷信、审择交游、近善远佞、宽厚谦恭、谨言慎行、和待乡邻、救难济贫、洁身自好、力戒恶习、养生健身等方面的训导。虽然由于时代和阶级的局限性，传统家训家规的内容有些缺陷，但从总体上看，仍不失为先人们留下的一笔宝贵的历史文化遗产，特别是伦理文化遗产。

长期以来，由于我们在认识上的偏差，过于放大家规家训中糟粕的内容，而对其合理的成分视而不见，造成了今天"家无家规"的现象。由于缺少了家规的道德约束力，以致一些家庭出现了不赡养老人、赌博酗酒、好吃懒做、婚外别恋等不良现象。也有很多家庭平时也注重孩子的学习，望子成龙，但忽视了很重要的习惯养成、道德培养方面内容，"家规"内容不够全面。还有一些家庭对于"家规"或多或少有些感悟，有些只言片语，但总结提炼不够，不能形成系统全面的经验，没有上升到理性的高度并加以固化，因而随意性大，不能一以贯之。

为此，在现阶段有必要重新认识"家规"的地位作用，在继承家规这一传统道德遗产时，赋予家规以新的、适合时代的要求内容，使之能够与时俱进。

要鼓励每个家庭按照社会主义核心价值观的要求，把"爱国、敬业、诚信、友善"的内容加以具体化，结合家庭自身的情况特点，制定符合自己家庭的"家规"，让"自强不息""厚德载物""诚信为本""止于至善""宽厚谦恭""克勤克俭"等成为每个家庭的闪亮名片。"家规"既要精心制定，还要善于亮出，更要身体力行。提倡将"家规"悬挂在家庭的显著位置，作为座右铭，时时提醒家庭的每个成员，遵德守礼，良言善行，努力成为新"君子"，从而一代影响一代，一代成就一代，以良好的家规家风，促进"君子"社会的形成。

2. 个人修身

个人修身是君子形成的关键，在这方面，国学作为"旧学"的智慧和精神要承载"新知培养"的使命。而当代书院作为"旧学商量，新知培养"的地方，有着义不容辞的责任。在我们书院 6 年的实践中，我们认为有两大方面值得重视：一是注重对青少年的国学教育，培养未来的新知新人，这是未来的根本与希望所在。目前，我院日常对青少年开展各类形式的公益国学经典课程与活动。二是对成人的"补课"，弥补他们在国学文化上的不足，重中之重在于让人们"修身明德"，即结合当代人的语境和生活状况，重建"修身之道"。

（1）奠定修身的根本

《大学》中"正心诚意、格物致知、修身、齐家、治国、平天下"，奠定了古代读书人（特别是君子）的人生格局。所谓格局决定结局，境界决定高度，高度决定视野。这一切都需要以修身为根本，所谓"自天子以至庶人，一切皆以修身为本"。修身不仅是个人行为，也是家庭的需要，更是社会的诉求。当下人们学习儒学的最大功用，实际上就是提升境界和视野，这样的视野与境界在很大程度上决定了中国社会的走向。

（2）提供修行的养料

儒家教人脚踏实地地修行，而中国传统文化经过2000多年的衍变和融合，最终形成儒、道、佛三大支柱。儒家强调开拓进取、积极入世；道家强调自然无为，道法自然；佛家"解脱"为本位，强调空无自在境界。儒、道、佛三家虽各有所重而相径庭，然仍能融合会通，相济相补，和而不同，构成彼此共存共荣的文化格局。

当代国学普及需要着重的是"悟道"而不是"求术"。要让人们学习儒家的智慧和思想，奠定人们脚踏大地的基础，也要让人们学习道家佛家的智慧，能够以出世的精神来从事入世的事业，追求游刃有余的人生，这是人生最高的境界。

（3）修炼强大的内心与定力

内心的强大得益于生活的历练，源于思索与沉淀。只有通过自我修行，才能提升精神境界，才能拥有强大的内心，拥有坚定的意志和饱满的情绪，拥有战胜怯懦的勇气和敢于冒险的精神，才能圆满走完人生这场艰苦的旅行。

现代人普遍心理脆弱，国学应该作为修炼人们强大内心的指引，一如孔子所言："仁者不忧，知者不惑，勇者不惧。"仁者不忧虑，是因为仁者乐天知命，内省不疚，所以才能无忧无虑；智慧者不迷惑，是因为智慧者明于事理，洞达因果，所以才能够不迷惑；勇毅者不畏惧，是因为勇毅者折冲御侮，一往直前，所以才能够不畏不惧。内心不忧不惑不惧，那么他的内心一定足够强大，碰到任何困境一定有毅力扛到最后，最终成为一个卓越的人。

3. 铸造君子的社会

社会环境如何，决定君子能否诞生或诞生多少。就当今社会简单来说，首先要解决信仰问题，"信仰"首先要解决人的有限性的问题。你相信，还是不相信：有一个超越人类的更高的意志存在？如果选择相信，那么就承认了人的有限性，人就有了敬畏之心，就不至于胆大妄为、自以为是、无法无天。

其次，我们需要用国学的思想与文化铸造当代的君子社会，鼓励社会成员践行最基本的几个要求：人格高尚，做人要正直善良；有责任感，对社会、对家庭、对自己都要抱着负责任的态度；言行一致，做到知行合一；敬畏之心，做到行有所止等。

最后，在公民教育中，注重"新君子之道"的塑造，鼓励追求"新君子"人格理想，注重传统君子价值的创造性转化，为现代公民教育创造良好的社会氛围和实践机会。以厦门正在实践中的社区书院为例，我们在开展富于时代性、创新性、应用型的社区教育新内容的同时，借鉴传统书院教育"学为君子"的教育理念和文脉传承，将优秀传统文化内蕴核心价值理念融入社区书院的教育教学体系，探索出一种更适合中国居民"新君子之道"的现代公民自我修养提升的社区教育与互动模式，为公民"新君子之道"的塑造，营造良好的社会氛围，创造各种实践机会，深入发掘儒家君子理想的当代价值，为当下人们学习借鉴。

文化会通视域下的
"新君子之道"思想发展思路初探 *

【前言】中国传统君子观（思想）的形成是一个长期的过程，也是诸子各家相互吸收融合的结果。从初期的产生，到各家各不相同的主张，后逐渐相互吸收融合，形成普遍共识的几大特质或者说核心要素。本文的目的在于通过对君子思想形成过程的分析，阐明传统君子观（思想）的形成是一个文化会通的过程和结果，从而探讨新君子之道的形成也将是一个文化会通、古今中外思想融合的过程与结果。

2015年在篔筜书院召开的第七届国学论坛，我们很荣幸地邀请张岂之先生莅临。虽然因天气原因先生最终未能出席，但张先生提供的发言稿《中华文化与会通精神》一文，由任大援教授代为宣读，与会者都很受启发。因此，我们将今年的第八届国学论坛主题确定为中国文化的会通精神。期待在张先生的精神指引下，各地学者能对中国文化的会通精神进行一次全面的研讨。

一、君子思想的形成体现文化会通的精神

学术界对"君子"思想的研究已有不少，成果颇丰，主要集中在：1. 对中国古代儒家主要代表人物的君子思想的梳理或个案研究；2. 在道德伦理风范等伦理学上的理论研究等。理论性、历史性比较强，但与现实、与现代的结合很少；内涵很丰富，但落地性、指导性一般。因此，在2015年的炎黄文化论坛上，我不避浅陋提交一篇小文——《文以载道，重塑君子之道》，对"君子"及"君子"思想的形成进行了初步的探讨。之后，一直想对传统的君子思想文化的形成，做一次系统的学习和梳理，期望在这基础上对"新君子之道"的建构进行尝试性的探讨。在这个学习和梳理过程中，受张岂之先生关

---

* 本文是笔者在2016年西安"黄帝陵是中华文明的精神标识"学术交流会上发表的论文。

于中华文化会通精神的启发，我们从文化会通的视域来梳理，发现"君子思想"的形成从三代时期最初的观念提出，到先秦诸子百家对理想人格的阐述与争鸣、借鉴与交流，到了孔孟时代，儒家对君子提出系统完备的概念与内涵，并提出"智""仁""勇"等核心要素，之后各家都是在此基础上不断地充实、补充。这一系列思想从产生、演变、形成到发展的过程中，充分体现了中华文化的会通精神。

（一）"君子"思想的源出

在早期的经典《尚书》《易经》《诗经》等典籍中均有"君子"一词，有学者认为《尚书》首先提及。在《虞书·大禹谟第三》记载："禹乃会群后，誓于师曰：'济济有众，咸听朕命。蠢兹有苗，昏迷不恭，侮慢自贤，反道败德，君子在野，小人在位，民弃不保，天降之咎，肆予以尔众士，奉辞伐罪……"也有学者认为，"君子"源出于《易经》，易为群经之首。《易·乾》曾记载："君子终日乾乾。"《易·坤》中："君子有攸往。"各种经文中多有出现"君子"，说明周初"君子"一词已惯用。《诗经》一书中也多见"君子"，其收集的是西周至春秋时期的诗乐歌谣，这也从另一方面说明整个周朝时期，君子已是普遍使用的词了。但当时"君子"的含义主要指大夫以上的当权者，代表的是一个阶层，是当时的"在位者"——统治阶层成员的通称。

君子概念后来在内涵上发生了转换，从"有位者之称"到后世"称有德者耳"。这种内涵的转换代表了人文道德发展的更新，即原来对"位"的尊崇被代之以对"德"的崇敬。这种新的人文道德理念的出现是社会文化革新的象征，与孔子有着密切的关系。孔子借用了"君子"的概念，并赋予其全新的内涵。孔子在这方面的贡献，在于对"君子"内涵进行了重新界定，使之成为既有地位又有品位的专业管理者，成为儒家理想人格的代言词。

（二）君子文化并非仅属于儒家文化

虽然，在人格塑造的理想中，儒家还有"圣人""贤人""士""仁者""大人""大丈夫"等观念，与"君子"也是可以互通的。道家也有真人、至人、神人等，究其境界均似高于君子，然而圣贤究竟不出世，真人、至人、神人尤其高远而不易攀及，世间完人终究太少，名士更多的是一种审美型理想人格，是儒道思想冲突交融后的产物。因而，较易至较完美的人格典型——君子，也就特别值得注意与追求。先秦时期，"君子"一词广泛出现在先秦诸子百家的典籍中，"君子"观念存在于中国诸子各家中，无论哪一家都有大量的君子思想主张阐述。从对先秦诸子各家的主要"君子"观的梳理，可见君子文化并非仅属于儒家文化。如：

1. 道家君子——道静无为。老子对君子的范畴的论述不多，但从《道德经》全篇可看出，老子的君子观是"无为"之道，主静、不争、不战、不尚兵武等，无为为本。庄子既继承老子无为为本的君子观思想，又进一步发挥，其对君子范畴的规定更注重君子与自然状态的合一。有人称庄子是自然主义的君子观，主张自然逍遥君子，不因物欲而累心，任其自然，无为处之，不以物挫志，不为名利牵累自己，不要在意生死，万物同为一体。

2. 墨家君子——贵义重行。《墨子》一书中君子一词频繁出现，其核心思想可归纳为：义利并存，行效并重，且突显仁、勇二者的结合。以天下为志，以仁义为根本，以力行为效。

3. 法家君子——赏行法术。韩非子继承了荀子的君子观思想，其君子观与儒家的君子观有一致的地方，如突显仁君子，轻禄重身，见利不动心，君子是贤圣忠良之士。在此基础上，韩非的君子观向法术之士发展，且法重于术。

此外，名家公孙龙、费施的名实正当，管子的德正中道等，对君子的思想也有些论述。

（三）儒家君子思想的发展

儒家对君子的阐述最为充分与完整，其思想的完备远胜于其他各家学说，所以儒家所倡导的"君子"思想成为中国传统文化中公认的理想人格。有学者对儒家"君子观"的形成进行划分，主要划分为夏商周君子思想启蒙期、先秦君子范畴形成期、秦汉君子范畴的发展时期、宋明君子范畴新诠释时期。在君子思想的发展过程中，孔子的作用和贡献最大，建构了君子思想的核心内涵。秦汉之后，儒家的"君子"思想又有了新的义理的诠释，但是其基本的核心思想与先秦具有一致性。

1.孔子的君子之道

以孔子为代表的儒家在中国历史上的重要意义在于树立理想的模范作为个人与社会的标准，注重道德习惯的养成。学贯中西的学者辜鸿铭认为，儒家的整个体系都可以用"君子之道"来概括，儒家学说都是在寻找成就君子的途径与方法。孔子的君子之道虽无标准的定义，但孔子还是对"君子"做了许多规范和要求，也有不少经过后世儒家的不断选择和融合，主要有君子三德、三乐、三戒、三畏、九思等。具体的要求方面如君子是仁人志士，"仁者己欲立而立人，己欲达而达人"，君子要怀德、成人之美、周而不比、重义轻利、坦荡荡、中庸、有礼、不器、知耻、谦逊、敬畏等都为形成儒家的人格奠定了基础。

孔子关于君子的修养是和他所持的中心理论——"仁"与"礼"互相贯通的，孔子所建构的君子人格以仁礼兼备为基本内涵，"君子之学"具体落实在"礼学"和"仁学"。所谓"仁人君子"，理想中的"君子"是以内心的"仁"为根本，而同时在外在的行为方面又完全合乎"礼"，"仁"通过"礼"表现出来，"礼"若不以"仁"为依据则流于形式，"君子"的本质是"仁"，故"君子之道"事实上即是"仁道"（爱人之道）。其后的儒者从"仁"和"礼"两个方向出发，不断深化和丰富君子人格的内涵价值。

2.原始儒家（先秦儒家）的君子之道

孔子的君子观对后世的影响极大，在先秦儒家中，"君子"一词具体的内涵被不断讨论。

（1）孟子的君子之道

孟子上承孔子从人性皆善的性善论出发，指出"仁"与"礼"是"君子"的特质。《孟子·离娄下》中记载："君子所以异于人者，以其存心也。君子以仁存心，以礼存心。仁者爱人，有礼者敬人。爱人者，人恒爱之；敬人者，人恒敬之。"孟子对于"礼"的兴趣也偏重于它在人的内心起源方面，他的仁、义、礼、智四端说即由此而起。所以，孟子的理想"君子"侧重在"道德、仁义"的内心修养与气节。

孟子的"君子之道"是首先注重内在德行与境界的培育，然后把内在德行、境界同外在事功密切结合起来的"内圣外王"之道。孟子探讨君子道德精神世界的时候：一是"我知言，我善养吾浩然之气"，特别强调"养气"及君子内在的俯仰无愧的本色；二是"王天下"的"居天下之广居，立天下之正位，行天下之大道"必须有道德担当的崇高信念与胸怀，有了对道德的这种坚定信仰，就能做到"富贵不能淫，贫贱不能移，威武不能屈"。从孔子的"君子喻于义，小人喻于利"到孟子的"何必曰利？亦有仁义而已矣"，慎言私利的"君子"形象深入人心，但是随着孟子政治抱负的失败，使孟子后期学说逐步走向了内在心性培育，重"内圣"而轻"外王"，使君子的"内圣外王"学开始走向分裂。

此外，孟子的"君子之于物也，爱之而弗仁；于民也，仁之而弗亲。亲亲而仁民，仁民而爱物"，被认为是儒家主张"爱有差等"（《滕文公上》）的经典表述。君子也具有这样的"差等之爱"，爱亲人胜过爱他人、爱他人胜过爱他物的观念被认为是儒家"血亲伦理"，在当时确实是正当的、适宜的，但因在现代社会，以个体为本位的社会伦理不再是正义的而遭到批判。

（2）荀子的君子之道

荀子以"士""君子""圣人"为三等，并以"圣人"为可望而不可即的最高境界，"君子"也以追求"道德之极"为最后的目的。荀子的君子观的很多内容继承孔孟，如君子须具有尊长敬贤、恭敬谦和、重义轻利等品质。但其中的主要差异在于孔子心目中的君子以仁为最高原则，孟子是以义、气节为最高追求，而荀子的核心是礼。所谓尊礼慎行，更多一些安分顺从的意味。

荀子的"君子之道"可谓是"始乎诵经，终乎读礼"，一方面君子要广博的儒家经典注重"学统"，荀子认为尊师重教是成为君子的关键；另一方面注重外在的规范的作用，"学至乎礼而止矣，夫是之谓道德之极"，外在的"礼"的约束是君子之道最重要的途径，同时君子需要面对人伦社会，为社会政治统治服务。相比于孔子君子观中的许多内容符合人性的需要，荀子的君子观被认为相对狭隘、偏激，更加细微而缺少宏观，如荀子比较强调多从细节处来判断一个人是否是君子；也有一些言论违背人性，如荀子认为君子不能犯错误，也违背了人与社会发展的规律。

（3）《中庸》中的君子之道

孔子说："君子和而不同，小人同而不和。"（《论语·子路》）他认为君子以"和"为准则，敢于提出自己的见解，而"小人"则相反，二者的区别在于是否践行"中庸"之道。

"中庸"被后世称为儒家的心法，儒家文献中论"君子"理想最精到者当推《中庸》，有学者认为《中庸》成书比孟、荀都晚，也兼收原始儒家的影响，其中关于"君子之道"最具代表性的一则是第二十七章。

"故君子尊德行而道问学，致广大而尽精微，极高明而道中庸。温故而知新，敦厚以崇礼。是故居上不骄，为下不倍。国有道，其言足以兴；国无道，其默足以容……"

此节所言被看作是原始儒家关于"君子理想"的一个综合。《中庸》还依据"君子道者三，我无能焉：仁者不忧，知者不惑，勇者不惧"（《论语宪问》）等总结出君子人格是一个既"仁"又"智"且"勇"、不忧不惧不惑的人格类型，由此"知、仁、勇三达德"，亦即儒家"君子之道"三要素。儒家的"仁义礼智信"都是在为培养君子而服务的。

3.新儒家的君子之道

先秦儒家建构的君子人格，也为两汉士人所尊奉。到了汉武帝时期，儒家经过以董仲舒为代表的新儒学的改造，更加适应大一统政权的需要，并建立以儒家思想为标准选拔人才的察举制等一系列制度，成为君子人格的政治制度保障。到了东汉前期，以"三纲五常"为核心的"名教"世界得以确立，使"道德"上升为"信仰"，君子人格成为整个社会崇尚的理想人格。这一方面有"加固"伦理道德的正面作用，同时也产生了消极影响。在东汉后期的政治斗争中，士人阶层也彰显了君子人格的道德力量，但政治的影响与道家、佛家学说的盛行，使得士人中间流行隐逸与通达之风，从关注社会和德行到关注自我和才情，君子人格中逐渐分化出来名士人格，成为魏晋名士的先导，对后世有深远的影响。

在传统儒家，孔子虽没直接主张人性本善，而且很少论及性、命与天道，到了宋明理学时期，君子、士大夫怎样才能既维护自身的价值和尊严，又履行儒家的修齐治平准则？宋明理学家们将君子与"天道、人道、王道"更密切地联系在一起。

关学的创始者张载倡导了"君子三立"，"为天地立心，为生民立命，为往圣继绝学，为万世开太平"的大抱负。中国文化提倡君子"为天地立心"，是非人类中心主义的认识，"天地之心"语出《周易》："复，其见天地之心乎？"《礼运》曰："人者，天地之心。"《孟子·告子上》曰："仁，人心也。"这是指君子止于至善，以立人极，便是与天地合德，孔孟所讲的"仁民爱物"即是"为天地立心"之意。"大抵言天地之心者，天地之大德曰生，则以生物为本者，乃天地之心也。"

朱熹说"君子之心，常怀敬畏"，敬畏的对象如孔子说，君子有"三畏"："畏天命，畏大人，畏圣人之言"（《论语季氏》），以此来提升道德的使命感和尊严感。朱熹还引用《易传·系辞》中小人"不畏不义"，认为小人没有道德的使命感，因而也就没有道德的责任感（义）。这样一来，为了提升道德的尊严和权威，"天"也就具有了神秘性，在朱子的理学思想脉络中，作为终极价值的"天理"，在赋予世界以公共性的同时也赋予人之个体以高度的义理性尊严。朱熹特别通过《大学》"三纲领八条目"，以君子群体为行动主体，以

"明明德、亲民、止于至善"为"纲"，以"格物、致知、诚意、正心、修身、齐家、治国、平天下"为目，推动君子"经世致用"的精神，通过"君子之道"实现"内圣外王"之道，即道德与政治的统一。

如上简述，传统君子思想的形成和完善是一个文化融合的过程。可以说孔子之后，"君子"的核心内涵相对稳定，同时又随着文化的发展而不断丰富。在此过程中，诸子各家、儒道佛文化都做出了重要贡献，儒道佛的理想人格及其对理想人格的追求，不断丰富着中国文化中的君子内涵。

二、中西君子观的交流互鉴

儒家君子人格研究多从经典本身与中国社会发展历史的角度来诠释，而西方汉学界则更多地从西方社会思维方式的角度，进行社会学、心理学的研究。瑞士心理学家、思想家荣格曾指出，中国文化与西方文化的根本差异在于人格的不同，这也是这位伟大的思想家与分析心理学派的创立者的学术基点。在东西方社会的理想人格设计当中，君子（junzi）与绅士（gentleman）各自代表了其普世的人格理想。当然西方还有的人格如圣徒、骑士等，若以西方 gentleman 或 nobility 为例证，传统的"君子"或者"绅士"都带有浓厚的"精选分子"的意味（所谓 elitism），即最初是专指社会上居高位的人，后来才逐渐转化为道德名称，以人格为追寻之大道。荣格认为西方的人格有互相冲突的部分，需要中国哲学的救赎。

"名不正，则言不顺"，孔子的哲学与道德大旨被称为"正名主义"，或者称之为"名教"，辜鸿铭先生在《中国人的精神》中指出，虽然"教"字仍然被用来称呼佛教、道教、伊斯兰教和基督教之类的宗教，但中国人一般却不把孔子的教化体系认为是与之相同的宗教。在儒家的教义中，"君子之道"与西方对等的词是"moral law"（道德法），是指"the law of the gentleman"（绅士的法则），理·雅各布（James Legge，1814—1897）将其翻译为"the way of the superior man"（上等人的行为方式）。辜鸿铭先生认为孔子的整个体系都可以用"君子之道"来概括，孔子将此思想通过编纂成典使之成为国家的"宗教"，即"名分大义"（a code of honour），这样的君子的名分意识、责任感、荣誉感还有廉耻感（the sense of honour）是社会文明中真正的、合理的、永久的、绝对的基础。

在论述君子之道和西方的道德法则之间的区别时，辜鸿铭先生认为："当兹有史以来最危乱之世，中国能修明君子之道，见利而思义，非特足以自救，且足以救世界之文明。"因为孔子的君子之道是一种精纯有序的名分意识、责任感、荣誉感还有廉耻感，是比哲学家和伦理家的道德法更为深刻、更为高级的法则。它不像哲学家和伦理学家的道德律令是关于正确与谬误的形式或程序化没有生命力的僵死知识，而是像基督教圣经中的"正义"一样，是一种对是非或公正的无法名状却有着绝对本质的直觉与洞察，对被称为名分、荣誉（honour）的公正之生命与灵魂的直觉与洞察，这是一种本能的、活生生的感知与洞察。

随着中西方文化的交流，一些文化学者通过对东西方文化的剖析，将中国哲学称为"君子哲学"，西方哲学称为"小人哲学"。以"君子哲学"为基点，中国传统政治走的是"人治"之路；以"小人哲学"为基点，西方传统政治走的是"法治"之路，这是中西方传统政治最显著的不同。

确实，中西双方对人性的了解于人格的追求与塑造的差别，造成中国传统的国家哲学与西方的有着根本差别。美国学者安乐哲在《自我的圆成：中西互镜下的古典儒学与道家》书中和《可否通过孔子而思？》文章中认为，成为儒家君子是自我修养的一个重要模式。他首先从"君"字的语源意义探讨了这一问题，"君是处于公共参考框架中的秩序的源泉，他可被看作是体现社会政治法则的特殊个人"。"君子"政治责任和道德修养二者相互关联，通过自我修养，道德内容延伸到社群秩序，从而激发人格成长中的同情心及对他人的关怀。

从西方的观点看，儒家"君子"的刚毅进取的精神既非纯"传统的"，也非纯"现代的"，而是介乎两者之间，且兼而有之。总的说来，"君子之道"在各个时期的学说虽然各有侧重，西方学者的不同视角也给我们提供了一些可供借鉴的观点。通过"修身、齐家、治国、平天下"的实践操作程序完成理想人格的塑造和追求，使得中国传统政治社会在道德之下，道德被广泛地运用于社会。在新儒学的阐发后，更加突出了其以道德仁义为核心的王道文化，才有郑和七下西洋，敦睦诸国的"王道政治"的成就，或许从中国传统的君子"内圣外王"的王道政治出发，能否寻求未来建立一个更合理、更公正的国际秩序与促进全球文化的多元发展的新道路？这是一个值得深思的问题。

三、在古今中西文化会通的基础上建构"新君子之道"

（一）"新君子之道"的建构是时代的需要

"经济"的现代化和"人"的现代化是一个国家现代化的两个主要标志。在今后很长一段时间里，我国社会主义现代化建设的关键是"人"的现代化，即如何实现"公民"的现代化的问题。而人的现代化的核心是人格的现代转型与构建。公民人格是现代人格的具体表现。公民人格教育的问题随着社会、经济的迅速发展而不断地凸显和越来越被重视，培养出符合当代中国精神的现代公民人格已成为人们的价值实现中最迫切的时代课题。虽然目前我国关于人格教育的探索并不少，但还远远适应不了现实发展的要求，人格教育的理论建设和实践还未被人们所普遍重视，现代公民人格的价值目标和培养途径尚在探索之中。

中国在经历了几十年的改革开放后，面对社会的转型，出现了公民信仰危机、道德水平滑坡、价值取向混乱、唯利是图、急功近利、礼仪教育缺失、生态文明意识淡漠等诸多问题。正如 2016 年 3 月，李克强总理在答记者问时所言，现在经济领域有不少大家诟病的问题，像坑蒙拐骗、假冒伪劣、诚信缺失，这些也可以从文化方面去找原因、开药方。市场经济是法治经济，也应该是道德经济。发展文化可以培育道德的力量，我们推动现代化，既要创造丰富的物质财富，也要通过文化向人民提供丰富的精神产品，用文明和道德的力量来赢得世界的尊重。儒家的理想君子人格模式对中华民族的民族心理、民族道德的形成和发展产生了深远影响，借鉴中国传统的君子思想，融合当代社会的人文特点，吸收西方社会具有人类普世价值的人格精神，建构"新君子之道"，作为现代社会人格理想标准，这对于培育符合现代社会要求的现代公民具有重要的现实意义。

（二）"新君子之道"应该是一种融合古今中西，具有普世价值和现实意义的人格理想

君子思想文化的发展必须与时俱进，实现时代性的创造性转化。新君子思想的发展，既要"照着讲"，讲传统的君子之道，溯本求源，明白古代圣贤的本初意蕴，去除后人的附会曲解，实现扬弃性的传承；又要"接着讲"，在把握经典本蕴的前提下，直面时代问题，反映时代要求，回应时代呼声，体现时代精神，实现君子思想的时代性和创造性转化。我们相信君子思想能够实现这种时代性的转化，因为新的时代背景给君子思想的发展提出了新的问题和要求。且君子思想本身也具有与时俱进的品质，能够顺应时代要求，实现创新发展。

建构新君子之道，实现君子思想时代性、创造性转化的路径，应在传统文化和当代文化的碰撞中找到连接点；应在东方文明与西方文明的激荡中找到融合点；应在精英文化与大众文化的价值取向上找到兴奋点；应在理论探索与现实问题的结合上找准切入点。"新君子之道"应该是一种融合古今中外，具有普世价值和现实意义的人格理想。

传统的君子思想的核心要素至今仍然具有现实意义。

儒家的智、仁、勇，以及自强不息、见贤思齐等；道家的道法自然、为而不争、见素抱朴、少私寡欲、清静无为等；佛家的慈悲为怀、去除贪欲、破除执着、慈悲助人、智慧人生等丰富的君子文化内涵，至今仍然适用。传统君子思想对君子人格"内圣外王"理想的描

述与期许，对于建构现代君子人格仍然具有非常重要的借鉴意义与参考价值，但需要做现代性的阐释。如传统人格理想中的非独立性、无主体性、无自我性等特点，则须扬弃。从"依附形态"走向"独立形态"，从依附人格到独立人格的追求正是中国人走向现代化的重要标志。

"新君子之道"的建构，必须返本开新。中国人的人格必须从传统走向现代，充分吸收现代社会的社会性要求，如重独立、重公德、重普惠，追求教养、高尚、心安、公平、正义、多元文化等。充分考虑公民对人格的现代性诉求，如独立人格、公共精神和自由幸福等，其中独立人格是公民人格的主体性根基，公共精神是公民人格的伦理生长点，自由幸福是公民人格的最高目标。

"新君子之道"的建构，必须中西互鉴。充分吸收人类社会尤其是西方社会具有普世价值的人格思想与要素，如乐观进取、重能力、重利不轻义、重美感、重法制、重自由、民主、平等思想等。中西人格思想及人格观念上的差异，包蕴于中西两种自成系统的文化传统之中，是中西文化传统中最深层的价值本性和思维方式不同的映现。

中国人讲"天人合一"，而西方大多坚持天人对立；中国人重人的道德伦理，西方侧重人的能力；中国评价人格的传统尺度是重义轻利，西方人格的价值取向则是重利轻义；中国传统的修养办法是"内省"的道德修身；西方的修养方式是由外而内、由表及里等，所有这些都体现着中西人格差异的观点，反映着它们各自所属文化系统的背景，影响着中西方现代社会中人们的人格观念。比较分析中西方人格要素的优缺点，吸收其具有普世价值的思想要素，有利于新君子之道的建构。

古今中外这些具有普世价值的人格思想要素的科学的融合会通，合理的诠释创新，将是新君子之道建构的有效路径。

（三）新时代的君子之道应从"小众"的精英到"大众"的普及，从庙堂之高到普世之广，最终成为现代公（国）民性的标准，即"新君子"之道

1."君"之"子"是小众精英文化，居庙堂之高

传统的"君子"，不管是最初的"君"之"子"，还是后来主要指士大夫以上的当权者，其含义代表的是一个阶层，是当时的"在位者"，居于社会上层的贵族阶层成员即统治阶层成员的通称，突出的是其"位"。之后在孔子的转换下，指具有道德高度的人。在中国的传统文化当中，不管是"君"之"子"、士大夫，还是道德高尚的人，均属于小众的且居庙堂之高。新时代的君子之道应从"小众"的精英到"大众"的普及，从庙堂之高到普世之广，最终成为现代公（国）民性的标准，即"新君子之道"。当今社会平等，人人可为君子，只要有"德"且有"格"，皆可成为君子，君子文化应从精英文化，逐步成为大众文化。

2."新君子之道"应成为现代公民追求的人格理想

每个时代的人都有他胸中的标杆，如果没有，人们就会丧失方向。当今社会，信仰缺失，价值观混乱，没有精神寄托，缺少生命的标杆，缺乏敬畏之心等，这是最令人担忧的事情。因此，建构新君子之道显得尤其迫切。这个时代这个社会的人们，非常需要学界中的思想家努力去建构一套新的人格学说和新君子思想体系，为新时代公民人格文化的建设提供一套人格理论，为人们树立一个生命标杆。

3.在当代公民教育中，应注重"新君子之道"的塑造

我们的公民教育应该注重塑造令人追求的"新君子"人格理想，注重传统君子价值的创造性转化，为公民教育创造良好的社会氛围和实践机会。公民"新君子"教育可以依托家庭、学校、社会等为载体，让整个社会成为培养公民"新君子"的平台。以厦门正在实践中的社区书院为例，我们在开展富有时代性、创新性、应用型的社区教育新内容的同时，借鉴传统书院教育"学为君子"的教育理念和文脉

传承，将优秀传统文化内蕴核心价值理念融入社区书院的教育教学体系，探索出一种更适合中国居民"新君子之道"的现代公民自我修养提升的社区教育与互动模式，为公民"新君子之道"的塑造，营造良好的社会氛围，创造各种实践机会，深入发掘儒家君子理想的当代价值。

假以时日，期待新君子之道建构的完成！期待这个社会，人人能学做君子。人人成为真君子，则国强民富指日可待，则国家甚幸，民族甚幸！

当代书院教育与君子人格培养*

【摘要】在中国书院的千年历史中，书院作为儒家文化的道场，传播"君子之学"，培养"君子人格"，是其根本要义。无论是传统书院还是当代书院，都体现了君子人格与社会理想。在当代优秀传统文化的复兴进程中，当代书院应承担起培育新君子的历史使命。本文通过从当代书院特别是厦门筼筜书院在理念、教学、礼乐等方面"新君子之道"的实践，论述当代君子人格"新君子之道"的建构与培养体系，希望能够给当代君子文化实践些许启示。

【关键词】当代书院；君子；人格培养

一、书院与君子

书院作为中华优秀传统文化的载体，是中国古代一种独特的文化教育机构，在中国历经千年历史长河，蕴含了深厚的中国传统文化内涵与经久不衰的生命活力。传统书院是儒家的道场，而"君子"是儒家最初提出和倡导的人格理想，虽然"君子"观念存在于中国诸子各家中，但儒家尤其孔子对之极为重视。儒家对"君子"的阐述最为充分与完整，其思想的完备远胜于其他各家学说，所以儒家所倡导的"君子"思想成为中国传统文化中公认的理想人格，并最终成为中华民族的人格理想。传统的"君子文化"或"君子之学"是对儒家伦理人格与道德期望的集中概括。

学术界对传统"君子"思想的研究已有不少，尤其是对中国古代儒家主要代表人物的君子思想的梳理或个案研究，以及在道德伦理风范等伦理学上的研究，成果颇丰。因此，本文对此不再赘述，而着重探讨书院与君子的关系、当代书院与新君子人格的培养，希望对当代君子人格的构建与培养有所启示。

---

* 本文是 2017 年笔者在华西村"第三届全国君子文化论坛"上所发表的论文。

（一）书院兴于君子之手

纵观中国书院史，书院之于君子是一种水乳交融的关系，不管是传统书院还是当代书院，书院多出自君子之手，而君子则是书院的主要培养目标。

1.古代书院多为君子所建

书院作为我国古代一种新型而独特的文化教育组织形式，萌芽于唐末，形成于五代，兴盛于两宋，是先秦私学传统、儒家理想人格追求及时代发展交相作用的产物，在中国历经千年历史长河，蕴含了深厚的中国传统文化内涵与经久不衰的生命活力。书院作为儒家文化的一种载体，将学术传承与教育由私人交流变成一种向公众开放的领域，成为名流学者们讲经论道之所、文人学士们向往的精神家园。从中国教育史看，早期书院的创立多出自君子之手，是学人游学、自由讲学之场所。书院按照儒家理想人格的要求，以阐发义理、砥砺品行为目标，通过教育来培养仁智统一的理想人格，也就是儒家所谓的"成人"之道。例如，在两宋时期，尽管当时官学、太学已经很发达，条件非常好，但与儒家"成人之教"的君子培养目标离得太远，所以很多一流的学者，比如周敦颐、程颐、程颢、朱熹、张栻、吕祖谦、陆九渊都纷纷办书院，他们希望可以通过书院办学复兴儒学，尤其是"成人之教"的精神和传统。宋代之后，每当王朝更替或者朝政黑暗之际，书院讲学之风趋盛，其中以明末清初最为典型。这种现象从另一个侧面也折射出一大批怀抱入世、济世理想的君子的不屈与抗争。

2.当代书院亦为君子之所为

传统书院在近代渐趋衰落后，历经近百年的沉寂，又在现代意识的反观下兴起。从 20 世纪 80 年代以来，有更多的书院在新一轮国学热中相继成立。尤其是近一二十年来，传承着传统书院文化与精神，新时代的书院又蓬勃兴起，出现了多样的新的发展形式，让书院焕发出新的生命力，昭示着传统文化普及的兴起。

　　考察当代书院再度出现与兴起的背景，最初动力正是国学复兴的盛世驱动，特别是与世界文化多元发展和中华文化复兴密切相关。"仓廪实而知礼节"，在"仓廪实"的基础上，普通民众与世界沟通交流越来越多，中国民众的行为表现与现代"新知"公民的素养出现了脱节的现象，需要重新树立对中国文化的尊重和信心。在崇尚西方文明后，政府和民众有了"知礼节"的需要，正如孔子所言"富之"，然后"教之"。在这一轮的书院复兴热潮中，依稀可见君子的身影，他们是一大批不图名、不求利，只为文化情怀的君子。

　　21世纪以来，在众多文化布道者的坚持和不懈努力下，当代书院从"星星之火"，形成"燎原之势"。弘扬传承中华优秀传统文化也已从民间的自发行为，上升为国家的意志和文化战略。在这其中，当代书院的作用功不可没，可谓是古昔书院之沿革，今日承平之亟须，久切秉彝之好，近当日新之懿，为百姓所期待，合君子之初心。

（二）书院育人以"成人教育"——培养君子人格为目标

　　"学以成人"是中国传统教育的重要思想，"成人"教育源于儒家的教育理念，通过教育来培养仁智统一的理想人格是儒家的理论与实践所要解决的主要问题。其"成人"教育理念主要在于"人文化成"，即通过教化完善个体的人，关注个体发展，重视个体的精神人格，培养美好品德，使人成为真正的人和完全的人，即"君子"，这就是儒家的内圣之学。先秦儒家对圣贤境界和君子人格极为推崇，孔子最早提出"成人"教育的理念以面对"礼崩乐坏"的时代困境与危局，后经过孟子、荀子等继承并进一步深化发展，对礼乐文明进行反省，强调礼乐教化的重要性，力求从各种教化的方法中发掘出社会普通成员的"仁爱"精神，通过普遍性的原则与伦理规范为人情日用之常，旨在"教之以人伦""文之以礼乐"，从而最终实现普遍意义上的人格教育，"君子"人格的培塑和"礼乐文成"的公序良俗。

　　所谓"人文化成"的"化"在于"变"，《易传》的"化而裁之存乎变"，朱熹认为是"因自然之化而裁制之，变之义也"（《易传·系辞上》）。《易传》中又说"功业存乎变"。钱穆认为，道家言自然，故主化，儒家重视功业，故主变，然则功业贵于不悖自然，"化而裁之谓之变，推而行之谓之通，举而措之，天下之民谓之事业"，故变不能悖化以成其变，应贵于因化之自然而裁制之以成其变。

朱熹非常注重"书院"的教化功能，他让自己的学生按书院的规范行事，达成对道学价值观的认同，塑造新的人格，从而完成书院师生的"成人"化。在朱熹制定的《白鹿洞书院揭示》中，朱子将儒家理想人格化为书院师生的日常行为准则，言简意赅，影响深远。

他在《白鹿洞书院揭示》称："熹窃观古昔圣贤所以教人为学之意，莫非使之讲明义理，以修其身，然后推以及人。非徒欲其务记览为词章，以钓声名、取利禄而已也。"很显然，朱熹希望通过书院教育来塑造新人，一种洞悉圣贤义理、追求为己之学然后推己及人的新人，与官学"务记览为词章，以钓声名、取利禄而已也"有着完全不同的人生观追求。书院的理想和创制，从此就与朱熹和他的弟子们所创立的理学结合在一起，相互发明，相得益彰。

书院制度的建立，使过去只能在庙堂上"教天下之君子"的道学，过渡到"教天下之小人"，完成了文化和学术由上往下的转移，完成了"君子"社会化的使命。通过书院教育，朱熹培养了大批道学弟子。据考证，朱子在寒泉精舍的门人有蔡元定、林用中等22人，在武夷精舍的门人有黄榦、程端蒙、陈文蔚等91人，在考亭书院的门人有李燔、贺孙、蔡沈等163人，合计276人。正是有了这份塑造君子、传播道学的使命感，使得许多道学家及其弟子积极投身于书院运动中，使书院成为后期儒家"教化"的重要渠道。

总的说来，儒家的学说虽然各有侧重，但都体现出对理想人格的塑造和追求，通过"修身、齐家、治国、平天下"的实践操作程序，完成对如何"成人"的完美概括。儒家通过"人文化成"达到"君子"式的"成人"教育影响深远，对于当今社会考虑如何使得公民人格教育更加科学，仍然具有重要的借鉴价值与研究意义。

二、当代书院教育的使命

近二三十年来，在盛世兴国学的历史大背景下，全国各地创办的各种形态的书院如雨后春笋般涌现，我们称之为"当代书院"。这些新建的现代书院，有别于传统书院，它们既立足于中国传统文化的根基，又吸收了西方文化的元素，没有历史包袱，轻装上阵，视野开阔，是中国书院站在新的历史起点重新出发，其发展令人期待。

在当代书院的蓬勃复兴中，虽大多以弘扬"国学"作为自己的主要内容，但因各自定位与办院条件影响，在弘扬传统文化内容方面各有侧重，或许正因为"国学"的多元开放性，也为正在探索中的当代书院的多元发展提供了多元的可能。尽管当代书院各自给自己的定位不尽相同，但归结而言，当代书院的使命主要有两个方面：学术使命与教育使命。

（一）学术使命：中华优秀传统文化的传承与创新

当代书院的学术使命主要在于弘扬、传承中华优秀传统文化，创新、构建新时期文化，促进中华优秀传统文化的创造性转换、创新性发展。

当代书院既然立足于中国传统文化的根基，秉承着传统书院的精神，当然是以弘扬传承和发展中华优秀传统文化为己任。这是当代书院的第一要务，也是其存在和发展的理由和动力。但当代书院在教学内容上如何"融通古今、经世致用"，以满足现代社会的人才需求？特别是在提升民众人文素养方面应起到怎样的补充性的作用？如何将学术或者精英的国学文化与民间及百姓喜闻乐见的文化形式对接？当面对诸多困难特别是运营压力时，如何面对多方的要求与需求，保证自身活动内容的教育性、价值性与纯粹性等，这些问题都值得不断地关注与研究，但其传承与发展优秀传统文化的使命是不会改变的。通过接续中华道统，并在继承中返本开新，创造出适合时代的新文化，正是当代书院的意义之所在。

（二）教育使命：当代"君子"（现代公民）的培养

当代书院教育最为重要的使命还在于理想人格的培养，即当代"君子"（现代公民）的培养。作为儒家的道场，作为中华优秀传统文化的重要载体，书院教育的最大优势在于其传承了传统书院"成人教育"的宗旨和理念。按照中央两办的《中华优秀传统文化实施意见》，中华优秀传统文化要贯穿国民教育始终。书院教育应该注重塑造令人追求的"新君子"人格理想，注重传统君子价值的创造性转化，为现代公民教育创造良好的社会氛围和实践机会。

在不少当代书院的理念和实践中，在开展富有时代性、创新性、应用型的现代教育新内容的同时，多有借鉴传统书院教育"学为君子"的教育理念和文脉传承，将优秀传统文化内蕴核心价值理念融入书院的教育教学体系中。许多当代书院广泛地进行各阶段的国学普及教育，开展相关的国学经典诵读活动，举办面向市民的名家讲座、读书会等活动，在传统节日举办相关活动，探索着更适合中国国民"新君子之道"的现代公民自我修养提升的教育与互动模式，深入发掘儒家君子理想的当代价值。凡此种种，无一不是在尝试和探索新君子人格的培养路径和方式。

三、当代君子人格"新君子之道"的建构与培养

君子人格的内涵必须与时俱进，新的时代必须有新的君子人格要素，因此"新君子之道"的建构和培养是时代的需要。本人以为，"经济"的现代化和"人"的现代化是一个国家现代化的两个主要标志。在今后很长一段时间里，我国社会主义现代化建设的关键是"人"的现代化，即如何实现"公民"的现代化的问题。而人的现代化的核心是人格的现代转型与构建。公民人格是现代人格的具体表现。关于公民人格教育的问题，随着社会、经济的迅速发展而不断地凸显和越来越被重视，培养出符合当代中国精神的现代公民人格已成为人们的价值实现中最迫切的时代课题。虽然目前我国关于人格教育

的探索并不少，但还远远适应不了现实发展的要求，人格教育的理论建设和实践还未被人们所普遍重视，现代公民人格的价值目标和培养途径尚在探索之中。

中国在经历了几十年的改革开放后，面对社会的转型，出现了公民信仰危机、道德水平滑坡、价值取向混乱、唯利是图、急功近利、礼仪教育缺失、生态文明意识淡漠等诸多问题。正如2016年3月，李克强总理在答记者问时所言："现在经济领域有不少大家诟病的问题，像坑蒙拐骗、假冒伪劣、诚信缺失，这些也可以从文化方面去找原因、开药方。市场经济是法治经济，也应该是道德经济。发展文化可以培育道德的力量，我们推动现代化，既要创造丰富的物质财富，也要通过文化向人民提供丰富的精神产品，用文明和道德的力量来赢得世界的尊重。"儒家的理想君子人格模式对中华民族的民族心理、民族道德的形成和发展产生了深远影响，借鉴中国传统的君子思想，融合当代社会的人文特点，吸收西方社会具有人类普世价值的人格精神，建构"新君子之道"，作为现代社会人格理想标准，这对于培育符合现代社会要求的现代公民具有重要的现实意义。

（一）当代"君子人格"概念的建构

今天的"君子"已不是君之子，而是新国民人格的标志，对应传统的"君子之道"，应该有"新君子之道"。那么，它应有的内涵与核心要素是什么？这是需要迫切研究与建构的。

本人认为，文化会通是中国文化的基本精神之一，在文化会通的领域下，"新君子之道"应该是一种融合古今中西，具有普世价值和现实意义的人格理想，应当作为现代公民的人格标准。

君子思想文化的发展必须与时俱进、实现时代性的创造性转化。新君子思想的发展，既要还诸传统，讲传统的君子之道，溯本求源，明白古代圣贤的本初意蕴，去除后人的附会曲解，实现扬弃性的传承；又要还本开新，在把握经典本蕴的前提下，直面时代问题，反映时代要求，回应时代呼声，体现时代精神，实现君子思想的时代性和创造性转化。我们也相信君子思想能够实现这种时代性的转化，因为新的时代背景给君子思想的发展提出了新的问题和要求。而且君子思想本身也具有与时俱进的品质，能够顺应时代要求，实现创新发展。

建构新君子之道，实现君子思想时代性、创造性转化的路径，应在传统文化和当代文化的碰撞中找到连接点；应在中西文明的激荡中找到融合点；应在精英文化与大众文化的价值取向上找到兴奋点；应在理论探索与现实问题的结合上找准切入点。因此，"新君子之道"应该是一种融合古今中西，具有普世价值和现实意义的人格理想。

1.传承借鉴传统君子思想文化的核心要素

中华优秀传统文化对君子人格的要求，反映了中华民族的精神追求。儒家的智、仁、勇、自强不息、见贤思齐等；道家的道法自然、为而不争、见素抱朴、少私寡欲、清静无为等；佛家的慈悲为怀、去除贪欲、破除执着、慈悲助人、智慧人生等丰富的君子文化内涵，至今仍然适用。传统君子思想对君子人格"内圣外王"理想的描述与期许，对于建构现代君子人格仍然具有非常重要的借鉴意义与参考价值，但需要做现代性的阐释。如传统人格理想中的非独立性、无主体性、无自我性等特点，则须扬弃。从"依附形态"走向"独立形态"，从依附人格到独立人格的追求正是中国人走向现代化的重要标志。

2.返本开新建构"新君子之道"

中国人的人格必须从传统走向现代，充分吸收现代社会的社会性要求，如独立、契约、公德、普惠等精神，追求教养、高尚、公平、正义、多元文化等。充分考虑公民对人格的现代性诉求，如独立人格、公共精神和自由幸福等，其中独立人格是公民人格的主体性根基，公共精神是公民人格的伦理生长点，自由幸福是公民人格的最高目标。

3.中西互鉴建构"新君子之道"

中西方的人格与价值文化中，都有一些具有普世价值的思想要素。我们也要充分吸收人类社会尤其是西方社会具有的普世价值的人格思想，如乐观进取、重能力、重利不轻义、重美感、重法制、重自由、民主、平等思想等。中西人格思想及人格观念上的差异，包蕴于中西两种自成系统的文化传统之中，是中西文化传统中最深层的价值本性和思维方式不同的映现。中国人讲"天人合一"，而西方大多坚持天人对立；中国重人的道德伦理，西方侧重人的能力；中国评价人格的传统尺度是重义轻利，西方人格的价值取向则是重利轻义；中国传统的修养办法是"内省"的道德修身；西方的修养方式是由外而内、由表及里等，所有这些都体现着中西人格差异的观点，反映着它们各自所属文化系统的背景，影响着中西方现代社会中人们的人格观念。比较分析中西方人格要素的优缺点，吸收其具有普世价值的思想要素，有利于新君子之道的建构。

相信古今中西这些具有普世价值的人格思想要素科学地融合会通，合理地诠释创新，将是新君子之道建构的有效路径。

（二）如何塑造"新君子之道"

本人认为，新时代的君子之道应从"小众"的精英到"大众"的普及，从庙堂之高到普世之广，最终成为现代公（国）民性的标准，即"新君子之道"。

1. "新君子之道"应从小众精英追求到大众文化普及

传统的"君子"，不管是最初的君之子，还是后来主要指士大夫以上的当权者，其含义代表的是一个阶层，是当时的"在位者"、居于社会上层的贵族阶层成员即统治阶层成员的通称，突出的是其"位"。之后经孔子的转换，指具有道德高度的人。在中国的传统文化当中，不管是君之子、士大夫，还是道德高尚的人，均属于小众，居庙堂之高。而新时代的君子之道应从"小众"的精英到"大众"的普及，从庙堂之高到普世之广，最终成为现代公（国）民性的标准，即"新君子之道"。当今社会平等，人人可为君子，只要有"德"且有"格"，皆可成为君子，君子文化应从精英文化，逐步成为大众文化。

正如当代中国著名哲学家冯契先生说："我们讲的理想人格不是

高不可攀的圣人，而是平民化的，多数人经过努力可以达到的。这样的人格是自由的个性，这是说他不仅是类分子，表现类的本质，不仅是社会关系中的细胞，体现社会的本质，而且具有独特的一贯性、坚定性，意识到在'我'所创造的价值领域里是一个主宰者，他具有自由的德行，而价值则是他德行的自由表现。"冯契又说："我们所要培养的新人是一种平民化的自由人格，并不是要求培养全智全能的圣人，也不承认有终极意义的觉悟和绝对意义的自由，不能把人神化，人都是普普通通的人，人有缺点，会犯错误，但要求走向自由，要求自由劳动是人的本质。"

2."新君子之道"应成为现代公民追求的人格理想

每个时代的人都应有他的精神追求与人生坐标，换言之，每个时代都要有契合那个时代的人格理想，而在当下，这个人格理想是有所缺失的。因此，建构新君子之道显得尤其迫切。这个时代这个社会的人们，非常需要学界、思想家努力去建构一套新的人格学说和新君子思想体系，为新时代公民人格文化的建设提供一套人格理论，为人们树立一个生命标杆，成为现代公民追求的人格理想。

3.在当代公民教育中，应注重"新君子之道"的塑造

我们的公民教育应该注重塑造令人追求的"新君子"人格理想，注重传统君子价值的创造性转化，为公民教育创造良好的社会氛围和实践机会。除了当代书院发挥其独特的作用外，公民"新君子"教育可以依托家庭、学校、社会等为载体，让整个社会成为培养公民"新君子"的平台。以厦门正在实践中的社区书院为例，我们在开展富有时代性、创新性、应用型的社区教育新内容的同时，借鉴传统书院教育"学为君子"的教育理念和文脉传承，将优秀传统文化内蕴核心价值理念融入社区书院的教育教学体系，探索出一种更适合中国居民"新君子之道"的现代公民自我修养提升的社区教育与互动模式，为公民"新君子之道"的塑造，营造良好的社会氛围，创造各种实践机会，深入发掘儒家君子理想的当代价值。

（三）筼筜书院"新君子之道"的探索实践

筼筜书院是厦门市第一所现代书院，位于厦门城市中央公园——白鹭洲公园东部，占地面积 38000 平方米，2005 年开始筹备规划建设，2009 年开院投入使用。经过 13 年努力，筼筜书院从无到有，蜚声两岸，昔日筼筜湖畔的一片荒地幻化成了兼具传统与现代风格的院落，成了城市精神家园，也创造了当代书院建设的"厦门模式"，被誉为最有绩效与最具活力的当代书院典范。

十几年来，筼筜书院坚持学术性与普及性相结合，在名誉院长饶宗颐先生的指导下，在社会各界的关心支持下，筼筜书院的创办者和运营团队，不忘初心，凭借着对传统文化事业的高度热情，以及专业、勤奋、高效的工作，以传播中国优秀传统文化思想、培养新君子人格为主旨，广邀精英讲授国学要义，开展多层次的国学教育普及、两岸国学论坛及国学专题研究、经典文集出版等活动，坚定不移地开展各个层次的国学传播活动，带动市民文化学习和提升市民的文化素养，得到了社会各界的广泛认可和广大市民的普遍欢迎，累计有数万名市民参加过书院的各种学习活动。筼筜书院的积极探索和创新性的开拓，也形成了独具一格的当代书院管理运营方式。2014 年 9 月，书院被推举为中国书院学会副会长单位，并获批成立"中国书院学会当代书院研究中心"。

广泛开展传统文化交流是书院的重点工作和办院特色。自 2009 年起，筼筜书院坚持在每年 11 月底，与厦门大学国学研究院等单位联合举办"国学论坛"，至今已连续举办 8 届，每届都有近百位来自各地的专家学者参加。作为国台办批准的重点对台文化交流项目，论坛以高层次两岸传统文化交流为特色，被誉为当今两岸最活跃的高端学术交流平台，影响日益广泛。

此外，书院还积极促进两岸青少年文化往来，支持开展两岸大学生"重走朱子之路"活动，举办两岸大学生"儒学与志工之爱"研习营、国学夏令营，"同根同源·传承经典"两岸青少年中华经典之旅夏令营等活动。2014 年 11 月，书院被全国台联确定为"全国台联国

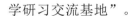

学研习交流基地"。

1.箅筜书院的创办是当代君子梦想的实践

十几年前，箅筜书院的创建者们已经意识到"盛世兴国学"的历史趋势，并着手进行书院的规划建设和筹办。为了构想筹划心目中的精神家园，自 2005 年秋天起，我们抱着一颗虔诚的心，一方面开始进行"书院"主题的行脚调研，遍访历史上著名书院，寻找书院的文脉与精神；另一方面充分考察和借鉴闽南传统建筑元素和海派新型建筑元素，对书院建筑方案和书院的周边环境设计等进行数十轮的修改与完善。功夫不负有心人！最终呈现在大家面前的，是一座被誉为21世纪新闽南建筑典范的现代书院，而书院的周边环境也充分体现了天人合一的理念与实践。不仅在书院的建筑、环境上，甚至在书院的竹林小径里，都倾注着谦谦君子的梦想点滴，也体现了创办者对弘扬传统文化的基本态度——传承、创新、发展。

书院的创办与运营皆非易事，从中也体现了君子百折不挠的精神。像箅筜书院这样的当代书院，在新的历史条件下如何创办与发展，是一个全新的课题。正如著名作家冯骥才所言："当代书院发展，我们是第一批人，最大的困难是没有先例，没有可以仿效的，最大的优点是可以发挥想象力自由创造。"的确，这一路走来，我们自己从迷茫、忐忑到淡定、从容，别人看待我们的眼光，也从怀疑、担心到肯定、赞许！开院以来，箅筜书院会聚众多两岸大儒贤达与鹭岛稚子，以及殷切关注的各方人士，让我们看到书院在这个时代的魅力与凝聚力。箅筜书院所产生的影响、所获得的认可与肯定，让我们自己都常感叹，远远超乎我们所有人的预期。如今，箅筜书院成为当代想办新式书院的同道必将拜访的一站，每年我们都要接待上百批次殷切期望了解我们的朋友，更让我们想分享这一路走来的点滴过程与心得。

在契合"国学复兴"的历史进程，秉持"旧学商量，新知培养"的办院宗旨下，对于君子文化的探讨一直也是箅筜书院理念中的重点，在多次赴古城西安参加清明黄帝文化论坛暨清明公祭轩辕黄帝典礼活动时，我们发表了《人文化成，重塑君子之道》《文化会通视域下的"新君子之道"思想发展思路初探》等文章，并持续进行相关课题的研究。

2.书院教学活动的设计贯穿君子人格培养的思想

如上所述，当代书院教育最为重要的使命还是在于理想人格的培养，即当代"君子"（现代公民）的培养。而书院对学员进行君子人格的教育，需要通过各类中华优秀传统文化的教学才能得以实施，其中的重点是青少年。筼筜书院在青少年的国学普及中，始终贯穿"读圣贤之书，立君子之志"的思想，强调"培养德行，学为君子"，强调现代人特别是青少年通过诵读国学经典，开发语言智力的同时培养人格，为孩子的成长成才，奠定坚实的中国人文基础。

筼筜书院从建院初始就规划了青少年系统学习传统文化的构想，参考传统私塾与书院的教学规制，考虑现今青少年的课业和承受能力，制订了青少年国学启蒙教育十阶计划，由简入繁，循序渐进。希望青少儿在书院里用数年时间通读主要国学经典，使孩子们的生命不再只是孤零零的个体生命，而是上有日月天星，下有大地山川，遍东西南北，历春夏秋冬，这样天长地久、高明配天、博厚如地的君子生命。

在成人教育方面，我们一方面通过系列的经典讲习课程，为成人市民补课；另一方面创办了以企业家和公务人员为主要对象的"新儒仕课堂"，意在培养"明古论经，了然万物；温文尔雅，淡定从容；经企济世，圆融无碍；心达德广，身心和合"的新君子儒商。

此外，我们还广泛与大学机构如厦门大学、厦门理工学院、集美大学诚毅学院合作开展"新君子之道"的系列演讲，在展望国学书院在当下的复兴与使命的同时，勉励青年学子汲取传统文化精华，锻炼强大的内心与定力，鼓励大学生们多学习传统文化，努力成为时代的新君子，为建设君子社会做出自己的一份努力。

3.弦歌雅颂，菁莪美育——礼乐活动的开展

正如《论语·雍也》中所言，"君子博我以文，约我以礼"，礼乐活动也是最能体现君子之道的。传统文化的教育不是孤岛，需要广泛联系生活，箕筥书院除了广泛进行传统经典的学习、优秀思想的探讨外，还通过举办各种礼乐活动，让学员感受国学与生活的密切联系。

为了培养学员的君子人格，书院开设琴棋书画等新六艺课程和文人雅集交流，成立箕筥书院国乐社和书画社，举办"听民乐，赏明月"系列国乐活动，开展常礼举要和当代礼仪培训等，培育学员及民众的国学与国艺素养，在德行、才智、风骨、情怀、仪态等多方面重塑当代人的思想与行为方式，从而实现人文化成、重塑君子之道的目标。另一方面，通过推动家教、家风、家规、家训的研究与再造，促进个人修身践行，重塑君子人格。我们的努力也得到国家领导人的关怀、赞赏，以及广大学人和市民的认同。

我们的探索还只是刚刚起步，假以时日，期待新君子之道建构的完成！期待这个社会，人人能学做君子、人人成为真君子。人人爱戴君子，则国强民富指日可待，则国家甚幸，民族甚幸！

书院何为？ *

——当代书院应该让经典生活化，让生活经典化

　　2017 年 12 月 8 日，由书院中国基金会与北京中书投资控股有限公司共同发起的"书院河南公益计划"在郑州正式启动，该计划将在 5 年内在河南举办一场书院文化高峰论坛、创办 10 所公益书院、举行 100 堂文化名人讲座与 1000 场传统文化体验课程。启动仪式上，著名文化学者于丹、王立群，中国书院学会副会长、厦门筼筜书院院长王维生与书院中国基金会发起人李亚鹏，以"书院文化的传承与落地"展开对话，畅谈传统文化传承与书院文化。

　　下文根据王维生先生在现场的发言整理：

　　河南是传统书院重镇，而福建在历史上也曾经是书院文化非常发达的地区，而且跟河南的关系也非同寻常。大家所熟悉的"程门立雪"，讲的就是福建学子杨时、游酢不远千里来河南拜访程颐的故事。

　　书院作为中国古代一种独特的文化教育组织，在历史上存在了一千多年，在中国的文化和教育史上留下浓墨重彩的一页。随着历史的发展，书院的诸多功能和事业已经被其他机构所取代，但传道济民、有教无类、育德为先、知行合一的书院精神却始终延续。它作为中国文化的一种精神指引，一直延续到今天。我今天所要说的是当代书院，它主要指近二三十年来所创办的新书院。这些新建书院，有别于传统书院。它们既立足于中国传统文化的根基，又吸收了西方文化的元素，没有历史包袱，轻装上阵，视野开阔，是中国书院站在新的历史起点的重新出发，其发展令人期待。

　　作为当代书院，它的作用主要体现在三个方面。

　　第一，学术使命。当代书院的学术使命主要在于弘扬、传承中华

---

* 本文是 2017 年 12 月 8 日"书院中国"之河南书院文化高峰论坛上，王维生先生在现场的发言整理稿。

优秀传统文化，创新、构建新时期文化，促进中华优秀传统文化的创造性转换、创新性发展。

当代书院既然立足于中国传统文化的根基，秉承着传统书院的精神，当然是以弘扬、传承和发展中华优秀传统文化为己任。这是当代书院的第一要务，也是它存在和发展的理由和动力。

有学者认为，当代书院的任务：一是"传仁义之道"，即博爱精神与正义原则；二是"授仁义之业"，包括典籍学习之业、伦理政治之业、日常生活之业；三是"解仁义之惑"，包括究中西之际、通古今之变、成一家之言——民族国家的国学。我认同这一看法。

通过普及、研究、创新、发展，通过接续中华文化的学统、道统，并在继承中返本开新，创造出适合时代的新文化，正是当代书院的意义之所在。

第二，教育使命。中国的书院现在大体分起来有三种类型：一种是业余补充性质的书院，它最主要的功能是对现代学校教育做一个有效的补充，给孩子们和家长们多一种选择。这是目前大部分书院的功能定位。第二种是全日制的书院，这一类他们还在积极地探索，虽然说数量还不是很多，但是我想它将来一定会成为当代教育改革的一种方向。第三种就是大学里实行的现代书院制，大学里光采取学分制、标准化、计量化的西方教学制度还远远不够，现代书院制也是现在高校改革的一个方向。国内在 2014 年成立的"高校书院联盟"，正是在对这种方式做积极探索。当代书院的教育使命最主要就是传统书院如何教书育人，尤其是如何贯彻"让人成为人"这种成人教育理念，教人如何安身立命及当代君子（现代公民）的培养。书院教育应该注重塑造令人追求的"新君子"人格理想，注重传统君子价值的创造性转化，为现代公民教育创造良好的社会氛围和实践机会。

第三，思想使命。历史上的书院都是新思想的发源地，是时代精神的汇集中心，是产生大学问家的地方。大学问家必能为当代社会前进提供新的思想资源，这是书院的核心价值。历史上，张载、程颐程颢、朱熹、陆九渊、张栻、王阳明等人的思想，理学、心学、乾嘉学派等均产生于书院，一直影响着中国历史的发展。当代书院既然传承传统书院的人文精神，又站在新时代，所以我想它们在构建新时期主体文化方面也负有使命。

以上是当代书院的三大功能。

当代书院不能简单复制传统书院的教育规制和运营模式，而是要在传承书院教化功能的同时，拓展当代书院的其他社会、思想功能，在文化自信建设与中华优秀传统文化传承和创新性发展中发挥更大的作用。

文化会通精神是中华文化精神的主要特征，也是我国优良的学术传统，更是文化传承与创新的必然途径。在吸收外来文化方面，无论是"中学为体，西学为用"，还是"西学为体，中学为用"，都是将中华文化与外国文化隔离开来，甚至是对立起来，与我国古代学术思想方面的会通精神不合。今天我们有必要克服这种体用关系的对立，真正实现"中西马"的会通创新，以真正实现中华文化的创新性发展和创造性转换。

尽管当代书院的发展历史还很短，仅仅二三十年，但它们所起的作用不容小视，它们可以说由当年的星星之火，发展成现在的燎原之势，而且越来越发挥重要作用。正如笃笃书院一样，作为一个"无中生有"的书院，只有十多年的历史，但是到今天，它上可以作为国家的外交名片，下可以成为我们市民的精神家园。

当我们探讨当代书院如何落地的问题时可以思考一下，为什么近二三十年来，书院会再度蓬勃发展？我个人理解是两个因素，大的来讲是盛世兴国学，这是中国历史的一种规律。这几十年来中国在经济方面的发展，在建设速度方面的成就是举世瞩目的，但是我们的步伐走得太快了，以致我们的灵魂跟不上我们的脚步。所以大家会觉得尽管我们物质生活非常丰富，但是似乎缺少点什么，许多人觉得不知道如何安顿自己的灵魂。我想这就是现代教育所造成的一个弊端，现在教育最缺乏的一点就是不能教人如何安身立命。而如何安身立命，这是中国传统书院教育的一个非常有特质的长处，所以大家回过头来从传统文化去寻找根源、去追溯本源是有道理的。

第二个因素，中国传统的文人生活，尤其传统书院所教你的不仅仅是经典，孔子教的除了四书五经之外，还有国学六艺，有六艺之术。所以，今天书院的再度产生、再度复兴，除了是因为教人以安身立命之外，还在于教我们怎么样让生活更加美好，怎样重归传统的、有情趣的生活。所以，这10年来我讲得最多的三句话就是：当代书院的核心功能应该是让经典生活化，目标是让我们的生活经典化，同时我们要展示一种境界——中式的生活原来可以更加美好。

我也把这三句话送给书院中国基金会，希望通过书院中国的努力，让我们的经典能够走入人心，然后让我们的生活能够更加经典化，能够呈现一种中国人的丰富多彩的富有文化气息的生活。

谢谢大家！

第三部分　言为心声

——致辞、发言稿选编

厦门筼筜书院开院典礼
暨"首届海峡国学高端研讨会"上的致辞

尊敬的各位领导、各位来宾：

大家上午好！

值此厦门筼筜书院开院典礼暨"首届海峡国学高端研讨会"开幕之际，我谨代表厦门筼筜书院向前来参加开幕式的所有来宾表示热烈的欢迎，向远道而来的国学专家表示诚挚的敬意，向长期以来关心支持厦门筼筜书院创办的各级领导、各界朋友表示由衷的感谢！

书院作为一种特殊的教育形式，已有一千多年的历史，是中华传统文化传承发展的重要载体，在其鼎盛时期，众多名家大儒会聚书院，诸子雄辩，百家争鸣，在中国文化史上留下一个辉煌灿烂的印迹。

历经百年沉寂之后，近年来又有一批现代书院在新一轮"国学热"中相继成立。盛世兴国学，这是中华历史和文化的一个规律。改革开放后，伴随着经济的高速发展，中国文化软实力的提升日益重要，书院这一教育形式重新受到重视。正是在这一背景下，厦门筼筜书院应运而生。在市委市政府和市领导的关心支持下，筼筜书院从 2005 年开始筹办，2007 年 1 月动工兴建，2009 年 6 月竣工，2009 年 7 月 3 日开始投入使用。我们希望能为厦门人民，尤其是厦门的小朋友们，创造一个接触学习传统文化的机会，并以书院为平台，吸引港台地区国学界人士共同研究、交流国学，传承弘扬中华优秀传统文化。日常我们将开设各种公益国学培训班，以求更好地传播中国优秀传统文化思想。书院投入使用数月来，开设了许多课程，开展了许多传统文化活动，我们的努力受到社会各界的赞誉，令我们对书院的发展更加充满信心。

"弦歌传雅颂，文脉天地长！"未来，书院将在名誉院长、国学泰斗饶宗颐先生及海内外国学大师、专家学者的引导下，以弘扬中国传统文化为己任，力求将学术研究与教育活动相结合；积极开展传统文化交流，构建炎黄子孙求知问学、传承国学的精神家园。

最后，再次衷心感谢厦门市委、市人大，厦门市政府、市政协，厦门市委宣传部，以及厦门市市政园林局、市文化局、市民政局、市规划局等相关单位对筼筜书院创立、建设的大力支持！感谢各位新闻媒体界朋友的关心指导，衷心感谢各位嘉宾、各界朋友和所有国学爱好者的参与、支持和努力！

祝厦门筼筜书院开院典礼暨"首届海峡国学高端研讨会"圆满成功，祝各位身体健康、学术进步！谢谢大家！

2009年11月28日

第二届"海峡国学高端研讨会"
暨首届国学论坛开幕式致辞

尊敬的全国政协罗豪才副主席，尊敬的刘赐贵市长，尊敬的朱崇实校长，尊敬的叶家松副主席，尊敬的各位领导、各位来宾，女士们、先生们：

大家上午好！

宾朋聚筼筜，秋色共两岸。今天，首届"国学论坛"暨第二届"海峡国学高端研讨会"在此隆重开幕。首先，我谨代表论坛主办方厦门筼筜书院、厦门大学国学研究院，向莅临论坛的各位领导、各位来宾表示最热烈的欢迎和最衷心的感谢。

今天同时也是厦门筼筜书院开院一周年的喜庆日子，书院建院甫届，硕果初呈。四海学人，或陈词演讲，踊跃赐文，鹭岛学子，因之发凡启蒙，受益良多。在此，我代表厦门筼筜书院向一年来一直关心、支持书院发展的领导、专家、学者，以及广大学员与家长表示衷心的感谢，同时也感谢厦门大学国学研究院对厦门筼筜书院的大力扶携与支持，感谢新闻界朋友们对书院的关注与厚爱，谢谢你们。

相信在座的许多嘉宾都还记得，去年的今日，厦门筼筜书院与厦门大学国学院在此联合举办了首届"海峡国学高端研讨会"，幸蒙众多国学界名儒莅临，研讨会取得圆满成功，两岸学界与社会各界反响热烈。同时也受到了国台办的高度重视，并于今年6月批准该研讨会升格为国家级论坛，命名为"国学论坛"，列为国台办2010年对台重点交流项目。这是对筼筜书院所做工作的最大支持和肯定！也让我们对书院的未来发展更加充满信心！

本届论坛恭邀了来自全国各地及韩、日、美等国家的六十多位海内外学界名儒莅临，来共同探讨朱子理学的发展及其对当代社会的影响与意义，借以更好地促进两岸及海内外专家学者的交流，构筑一个弘扬中华传统文化的高端平台。

此外，为更好地体现"经世致用"的思想，研究探讨当今社会的热点问题，本次论坛下设两个分论坛，分别为"国学启蒙教育研讨会"及"古琴文化交流研讨会"，这两个分论坛将就现今社会备受关注的儿童蒙学教育问题及古琴文化问题展开探讨，希冀通过两岸专家学者的研讨，能更好地促进两岸的教育及文化交流。

　　各位领导，各位来宾，温家宝总理说过要"提倡自由的学术争鸣，优化学术环境，形成宽松活跃的学术氛围，鼓励探索，宽容失败"。筼筜书院正是以此为目标，努力前行，作为国学论坛的主办方，我们将继续致力于在传统文化方面的交流、传承和发扬，继续努力提升论坛的国际化、专业化水平。我们衷心希望各位领导、各位来宾能一如既往地关心、支持、参与国学论坛，关心支持筼筜书院的发展。

　　最后，祝首届国学论坛取得圆满成功！祝与会嘉宾高朋身体健康、万事如意！祝两岸交流阳和方起、更入佳境！

　　谢谢各位！

首届海峡两岸国学论坛暨第二届海峡国学高端研讨会　2010.11

2010年11月27日

第五届"国学论坛"上的致辞

尊敬的各位学者先进、各位领导、各位来宾：

大家上午好！

历经一年的筹备，第五届国学论坛今天开幕了，在此我谨代表厦门箴笃书院和论坛组委会向前来参加论坛的所有来宾表示热烈的欢迎！向远道而来的专家学者表示诚挚的敬意，向长期以来关心、支持箴笃书院发展的各级领导、各界朋友表示由衷的感谢！

"国学论坛"由厦门箴笃书院与厦门大学国学研究院于 2009 年联合创办，2010 年始，经国务院台湾事务办公室核准，作为国学领域高端学术交流的重点项目，每年举办一届，计划对国学经典进行系列研讨交流。经过 4 年的努力，在两岸数百位专家学者的热情参与与关心支持下，"国学论坛"已成为当今两岸国学界最具活力与影响力的高端学术交流平台之一。

本届论坛的主题是《周易：经典、释读与传承》。《周易》是中华文化的母源，"易道广大"，研究中国传统文化与学术思想，尤当探源于此，才能有真切的认识与掌握。在前几届研讨朱子理学、《诗经》、道家文化之后，今年我们又将继续航向丰富深邃的《周易》世界，希望透过本次论坛的举办，聚集当代研究《周易》的前辈与新秀，共同研幾（几）阐微，以期能对当代的易学研究，产生推波助澜与正本清源之效，并提供两岸专家学者学术交流平台，继续为国学的发展扎根奠基。

参加本届论坛的有来自各地的专家学者八十余位，以及数十位本地学者。他们都是两岸《周易》学术研究领域与《周易》运用领域的权威学者、运用大师，以及后起之秀，可以说本届论坛是两岸易学界的一场高端学术盛会，希望在本次论坛上能够让大家见到更多富有创建性、令人耳目一新的易学论作与论点。

深秋鹭岛，温暖如春，箴笃湖畔，群贤毕至！再次欢迎各位的光临！再次衷心感谢各位嘉宾、各界朋友和所有国学爱好者的支持和参与！衷心感谢各级领导和相关单位，以及各位新闻媒体朋友的关心指导！

　　祝本届国学论坛圆满成功！祝各位身体健康、学术进步、万事如意！谢谢大家！

2013年11月23日

第六届"国学论坛"上的致辞

尊敬的王蒙部长，尊敬的各位学者先进、各位领导、各位来宾：

大家上午好！

鹭岛深秋，温暖如春，篔簹湖畔，群贤毕至！第六届国学论坛在各位专家、学者的关注、参与及社会各界的支持下，今天在这里如期举行了。在此，我谨代表厦门篔簹书院和论坛组委会向前来参加论坛的所有来宾表示热烈的欢迎，向远道而来的海内外专家学者表示诚挚的敬意！

今天也是篔簹书院成立 5 周年纪念日，篔簹书院 5 岁了！ 5 年前的今天，篔簹书院在众位学界前辈、各界社会贤达的关怀和支持下隆重开院，与厦门大学国学研究院合作举办的首届"国学论坛"亦同时开幕。 5 年来，篔簹书院在各界关怀下，探索前行，全体同人殚精竭虑，栉风沐雨，砥砺前行，终不负所望而有所成就，在国学普及教育、两岸学术交流、国艺培训等诸多方面，着力尤多、成就卓然，并在国内众多的现代书院中脱颖而出，成为当代书院的典型代表之一。而相继举办的五届国学论坛亦获得学界的高度认同和诸多赞赏，成为两岸国学界最具活力与影响力的高端学术交流平台之一。

在座各位领导和专家学者多是书院的老朋友，对篔簹书院和国学论坛的创立和发展提供了诸多帮助，可以说，见证了书院和论坛的一路成长。在此，特别向长期以来关心支持篔簹书院发展的各位学者先进、各级领导，各界朋友表示由衷的感谢！

回首篔簹书院 5 年的发展历程，合天时，得地利，契人和，既开一方风气之先河，又契合了"国学复兴"的历史进程。如今，"国学复兴"已从民间自发的呼声，上升为国家自觉的意志，并成为中华民族复兴的重要推动力。习近平主席多次在重要会议上强调："中华传统文化是我们最深厚的软实力。""实现中国梦必须弘扬中国精神、必须大力弘扬中华优秀传统文化。"这对从事国学的推广与研究工作的人来说，是一个极大的鼓舞，也是中华传统文化大发展的一个良好机遇。

与此同时，我们的社会正处于一个转型期，高速发展的现代化进程给社会带来喧嚣与浮躁，中西文化交融、多元文化并存的文化大变革给社会带来强烈的思想碰撞，这同样给传统文化的推广与普及工作带来诸多挑战。中华传统文化在社会现代化的进程中如何发挥作用？如何与时俱进，如何创新发展，以传统文化的精髓构建当代社会的核心价值观？这是摆在我们面前的现实问题，也是广大学者的责任与使命。

"明者因时而变，知者随事而制，强者乘势而进。"文化因交流而多姿多彩，国学因互鉴而充满魅力。今天，国学论坛进入第六个年头，随着研讨主题的逐年扩展与深入，视野逐步广阔，越来越展现出更强大的生命力，本次论坛以"经典传承与文化发展：儒道经典的核心价值与当代文化建设"为主题，期待与会学者以经典为中心，涉百家诸道，仰观俯察，品类骋怀，在深入探讨交流儒道经典核心价值的现代诠释，深入探讨传统文化传承与当代文化发展的基础上，注重与时俱进、经世致用，将国学研讨与当代文化发展，与构建社会主义核心价值观紧密融合在一起，为中华民族的文化复兴扎根奠基！

一直以来，国学论坛得到两岸诸多名儒大宿的关爱支持！让我们深感荣幸的是，深受大家喜爱和尊敬的著名作家、文化学者、国家文化部原部长王蒙先生，这次专程前来参加论坛。

国台办和全国台联也一直关注和大力支持论坛活动，杨毅周副会长专程来参加会议，全国台联和论坛组委会合作的"全国台联传统文化交流基地"，也即将揭牌。同时，中国书院学会也将在本院建立当代书院研究中心。我们期望这两个基地的建立，对进一步密切两岸的传统文化交流和促进当代书院的健康发展起到积极的推动作用。

借此机会，再次衷心感谢各位嘉宾、各界朋友对筼筜书院和论坛的支持与参与！衷心感谢各位领导和相关单位，以及各位新闻媒体朋友的关心指导！

祝本届国学论坛圆满成功！祝各位身体健康、学术进步、万事如意！

谢谢大家！

2014年11月22日

第十届"国学论坛"主持词

尊敬的各位领导、各位学界先进、各位同道、各位嘉宾、新闻媒体界的朋友们:

大家早上好!

"毕竟筼筜十月中,风光不与他处同。满眼青翠无穷碧,木棉花开别样红。"今天是个好日子,应该说,最近一周都是好日子,在这一周内,筼筜书院双喜临门,其一喜是就在上周日,筼筜书院荣获"致敬国学"第三届全球华人国学大典的国学传播奖之公共建设力大奖!而今天,来自国学界的名儒大宿、学界先进、青年才俊又集聚筼筜书院,开启一年一度的国学盛会。今日筼筜,高朋满座,少长咸集,蓬荜生辉!此又一喜!在此,我谨代表筼筜书院和论坛组委会,向各位领导、学者和在座的各位嘉宾的莅临,表示最热烈的欢迎和衷心的感谢!

国学论坛自 2009 年举办首届以来,已经连续举办 10 届了,10 年来,这个论坛为各地的学者搭建了一个良好的交流平台,各地的学者也都把参加这个论坛作为他们学术生活的一个重要方面而全力支持!今天这个时刻,全国也有几个重要的学术会议同时召开,一些本来要来参加我们会议的学者,身不由己地被别的地方拉走了,比如安乐哲先生。但是,在座的各位选择参加筼筜的会议,这是对我们最大的支持和鼓励!再一次感谢大家!

下面,请允许我荣幸地介绍出席今天开幕式的省市领导嘉宾,他们是:

中共福建原省委常委、厦门市原市委书记、市人大常委会主任、厦门市人民政府原市长洪永世先生;

厦门市原市委副书记、厦门市原人大常委会主任王金水先生;

福建省委宣传部原副部长、福建省炎黄文化研究会常务副会长马照南先生;

厦门市人民政府原副市长、厦门市教育基金会理事长潘世建先生。

让我们再次以热烈的掌声对各位老领导的莅临表示热烈欢迎和崇高的敬意！

出席今天开幕式的领导和嘉宾还有：

厦门市台办副主任谢永福先生；

厦门市文广新局叶细致先生；

思明区台办主任戴丽珠女士等有关部门领导。

让我们以热烈的掌声再次欢迎各位领导和嘉宾的到来！

下面，有请厦门大学国学院副院长朱人求教授代表论坛主办方致辞，有请朱院长——

......

谢谢朱院长热情洋溢、风趣幽默的致辞！

好的，下面我要请出的是大家的老朋友，德高望重的著名学者，北京大学道家文化中心主任，北京大学人文讲习教授，台湾大学教授陈鼓应老师，有请陈鼓应老师上台致辞。陈老师与筼筜书院结缘已有8年了，对这个书院、这个论坛可以说寄予很多感情和期望！今天，再次看到这么多来自各地的学者聚集一堂，他是最开心的，有请陈老师——

......

谢谢陈老师语重心长、充满深情的致辞和鼓励！谢谢您！

在15年的发展历程中，筼筜书院始终受到厦门市委市政府的高度重视，得到各有关部门的大力支持！下面，有请厦门市人民政府原副市长、厦门市教育基金会会长潘世建先生致辞，有请潘市长——

......

谢谢潘市长对筼筜书院十几年发展历程的肯定！这是对书院最大的支持和鼓励！谢谢您！

各位嘉宾，筼筜书院15年的发展历程和10届论坛的举办，让我们深切体会"学思不易，行之亦难，笃行而有成尤难"的创业艰辛！而它所发挥的作用又让我们领悟到"积力能久，美成在久，厚积而薄发"的不懈精神！

正如著名学者杜维明先生在此次国学大典的获奖感言："有些事情，你不做有的是人做；有些事情，你不做便没人做，做了也不见得有效果，不见得被人称道。但做与不做，就不一样。"

当我在现场听到杜先生的此番感言时，真的是心有戚戚焉，感同身受！

的确，一件事情一做 10 年而不停歇，本身就不容易，在国内的许多学术论坛能办超过十届的也还真是不多！在此，我也期望，我们的论坛能够坚持办下去，尽管我们现在所遇到的困难前所未有，但每每想到老领导们的殷殷寄托和鼓励，每次看到这么多先进同道集聚于此，我们又不忍放弃，唯有坚持！冀可无负于国，亦可无负于世之好学君子，则足矣！

好，第十届国学论坛开幕式到此结束！

请所有领导及嘉宾到书院门口合影留念。大家合影后稍事休息、茶歇，论坛主题发言将于 10 点在这里开始，欢迎来宾们继续参加！

谢谢大家！

2018 年 11 月 24 日

"国学高峰论坛"欢迎词

各位大师、各位先进，女士们、先生们：

大家下午好！

"花径不曾缘客扫，蓬门今始为君开。"今日，筼筜书院里可谓群贤毕至、高朋满座、蓬荜生辉。在鹭岛初春、阳光灿烂的日子里，我们十分荣幸地邀请到当今中华国学界、文化界里最具影响力的几位大师、名儒，来到筼筜书院参加这场年度最高规格的国学盛会。他们是：台湾地区著名作家、文化学者李敖先生，台湾暨南大学校长徐弘教授，台湾大学教授、美国弗吉尼亚大学终身荣誉教授汪荣祖先生，北京大学人文讲习教授、北京大学道家文化研究中心主任、台湾大学教授陈鼓应先生，清华大学国学院院长陈来教授，中国人民大学孔子研究院院长张立文教授，复旦大学文史研究院院长葛兆光教授，全国台盟中央主席、福建师范大学教授、福建省原副省长汪毅夫先生，厦门大学国学院院长陈支平教授。在此，我谨代表主办方——厦门筼筜书院和厦门大学国学院，对各位大师、名儒的光临表示最热烈的欢迎！同时，对参加今天论坛的各位领导及来自厦、漳、泉等地的各界朋友表示热烈欢迎！

在中国书院史上，名儒会讲是书院的一大特色，它代表着中国传统书院兼容并蓄、自由包容、百家争鸣的学术风范。遥想在 844 年前（1167 年）的 9 月 8 日，南宋理学大师朱熹与张栻在岳麓书院的"朱张会讲"，引得众多湘江学者慕名前往听讲，盛况空前，以至"一时舆马之众，饮池水立涸"，开创了中国书院自由讲学风气之先河，也铸就了影响湖湘八百余年的"朱张学统"。

8 年之后（1175 年），另一场史上著名的学术盛会——"鹅湖之会"登场了，朱熹与陆九渊、陆九龄兄弟在另一位理学大师吕祖谦的主持下，于鹅湖寺雄辩三日。虽最终未能"会归于一"，但在历史上亦留下千古美谈。时至今日，朱陆"鹅湖之会"的思想仍在影响着我们。筼筜书院的办学理念"旧学商量，新知培养"，就是出自鹅湖之会时，朱熹对陆九渊、陆九龄兄弟的和诗"旧学商量加邃密，新知培养转深沉"。我们这两句和诗的前半句"旧学商量，新知培养"，为今天我们书院的办院理念，我们认为这是一种民族文脉的传承。

筼筜书院在继承先哲的哲学智慧的同时，传承了书院会讲之优良传统，书院从 2009 年落成起，于每年 11 月举办一届"国学论坛"，广邀两岸学界精英相聚筼筜湖畔，谈经论道，切磋交流，俨然成为两岸传统文化交流的高端平台。

今天，假厦门大学九十华诞之机，我们万分荣幸地邀请诸位当代鸿儒筼筜论道，尤其是在两岸享有盛名的李敖大师亲临主持下，我们相信，这将是国学界的一场奢华盛会，必将精彩纷呈，其碰撞出的智慧火花必将对我们传承与弘扬中国国学产生积极而深远的影响。期望今日的"筼筜之会"在今后中国现代书院史上留下其独特的印迹。

最后，预祝下午的高峰论坛圆满成功！谢谢各位！

2011 年 4 月 4 日

"道家文化论坛"主持词 *

各位学者前辈、各位来宾，女士们、先生们：

大家晚上好！

"不读《道德经》，不知中国文化，不知人生真谛。"这是当年鲁迅先生对《道德经》一书的评价，这位对中国传统文化富有批判精神的文化名家给予该书如此高的评价，可见这本书对中国文化、中国人的影响有多深。所以根据今天论坛的主题，我们将围绕老子和《道德经》来展开一场普及性的研讨。主要内容有两部分：

一是解读老子与《道德经》及其核心思想；

二是探讨道家智慧的现实意义。

最后还会安排一个来宾与专家互动交流环节。我们希望通过短短两小时的时间，能让原来不熟悉这本书的人，对老子及《道德经》有个大致的了解，对老子倡导的"不争"与"无为"思想及其对当下的意义有所认识与启示。

下面，开始进入第一个议题。

一、老子与《道德经》及其核心思想

（一）从不争谈起："不争"的出处及含义

今天上午四位专家参加了我市一个新建文化公园"不争公园"的一场活动。这个公园刚投入使用不久，两个月前，当"不争公园"的牌子立起时，许多人都不明白为什么叫"不争"。有个传闻，说市民争议了很久，最后大家一致认同一个说法：此处系交通要道，经常堵

---

* 2011年6月5日，为了配合厦门"不争公园"落成典礼，受厦门路桥集团委托，箬笪书院举办老子文化主题论坛，著名的道家文化研究学者陈鼓应、冯达文、刘笑敢、詹石窗等，从"不争"谈起，共同探讨道家智慧的现实意义。该论坛由箬笪书院王维生院长主持，五百多位市民参加。这篇文章是王维生在道家文化论坛上的主持讲话稿。

车，都是大家争抢乱闯造成的，所以市领导就叫人做了这块"不争公园"牌子立在这儿，叫大家别争了。果然，据说这两个多月来，此处的交通状况大有改善。这则小故事说明，好的思想，只要有适当的方式来提倡，还是很有教化作用的。市民们对"不争"还是有比较朴实的理解的。但我觉得在老子的《道德经》中，不争的含义肯定不仅仅是你让我一点，我让你一点，肯定还有更深层次的含义。所以我们先来谈谈"不争"的出处及含义。

首先有请刘笑敢教授发言。

……

（二）老子其人及《道德经》简介，何为道？何为德？

讨论"不争"就要谈到老子，关于老子其人，民间传说中有一个生动故事，说老子母亲在李树下吃了一个掉下来的李子而怀孕，故老子姓李，又因生来大耳朵，故名耳。传说老子在娘胎孕育81年，故《道德经》恰好81篇。在历史上，老子也是一个有争议的人物，有人盛赞他是东方最伟大的哲学家，是中国哲学之父，也有人认为他是阴谋家，或是消极遁世者等。造成认识和评价不一的原因有很多，但我认为其中一个原因一定和语言文字及理解有关。老子的《道德经》中文字具有"含混性""殊异性""专有性"等几个特点。后人常对他的重要观念望文生义，导致种种误解。如他强调"不争""谦让""守雌"等，常被理解为他的思想是消极、厌世的。又如他强调"无为而无不为"常被人理解为"表面上不做，暗地里什么都来"，从而认为他是阴谋家，玩阴谋诈术等。所以我认为今天应该来一次"正本清源"。陈鼓应教授是两岸学界公认的道学研究大家，是当今《道德经》注、译及研究的权威。借此机会，我们请陈鼓应教授为我们解读老子其人。《道德经》是一本什么样的书？老子思想的核心范畴是"道"，何为道？何为德？有请陈鼓应教授为大家解读！

（三）《道德经》中"无为"的含义

除"不争"之外，"无为""虚静""柔弱""有无"等，也是其重要观点，尤其"无为"是老子非常重要的思想。下面请冯达文教授来为我们讲讲这几个重要观点。

二、道家智慧的现实意义

通过上述几位老师的阐述，相信大家对不争、老子和《道德经》有了一个初步的了解。下面我们来讨论一下道家智慧于今天的现实意义和借鉴作用，换句话讲，就是做一个道家式的反思。今天在座的四位老师，是道学权威，每位在这一领域都有深入研究和独到的见解与建树。下面请四位老师结合自己的研究成果与观点，讲讲道家的智慧对每个人的个人人生、对我们今天构建和谐社会有哪些启示和意义。

（一）刘笑敢教授：追求游刃有余的人生——道家理想与理想人生

刘教授在演讲时经常谈到的一篇文章《追求游刃有余的人生——道家理想与理想人生》中经常会提到一个问题：我们应该一辈子奋斗吗？如果做一个道家式的思考，似乎不是一个理想人生，"爱拼才会赢"地奋斗一生似乎不值得。是吗？有请刘教授。

（二）詹石窗教授：道家与养生

詹老师对道家与养生有着深入的研究，现代社会人们的工作、生活压力都很大，您建议上班族每天上班时先静默 5 分钟，营造一种道家所谓的"空灵"状态，这有利于化解压力，激发创造力。有请詹老师来谈谈这个话题。

（三）冯达文教授：以出世的精神做入世的事业

冯教授在一些讲座中经常谈到我们的民族精神教养、思想信仰，也就是我们的国魂，它主要是由儒、道、佛、法共同缔造。在这里面，儒家和法家正面建构，是入世的；道家和佛家批判反省，是出世的，这样一种构建所缔造的理想人格，就是"以出世的精神做入世的事业"。这个提法让许多人茅塞顿开，非常有启发，许多人听到这个论点，一下就明白了学习国学的意义和作用。有请冯教授。

（四）陈鼓应教授：倡导"为而不争"的当下意义

前面我们谈到"不争"与"无为"是老子的两个核心理念，但是老子的"不争"，难道是真的要人放弃争取吗？不是！老子的"无为"难道是真的劝人无所作为吗？也不是！老子要的是人们"为而不争"。最后请陈教授讲今天提倡"为而不争"的现实意义，并对今天论坛做个总结点评。

结束语

在这个纷繁复杂的社会里，争，是一种无奈；不争，却是一种境界！（而这种境界就是这个繁杂世界里的一方净土，在那里，你的灵魂可以安然地栖息。）

在此，谨以一首小诗作为今晚的结束：

> 天，不争，而自成其高；
> 地，不争，而自成其广。
> 和谐之声赏心悦目，因其不争；
> 造化之象色彩斑斓，因其不争。
> 沧海何争？百川归之，波澜壮阔；
> 哲人何争？心似明镜，千古崇尚。

2011年6月5日

附文：

何为"不争" *

　　"不争"一词出自老子《道德经》一文，表面理解似乎是一种消极遁世、被动无为的态度，实则是一种充满智慧的哲学思想和辩证的竞争理念，是老子道德思想中的一个重要组成部分。"不争"与"无为"是老子和道家理论的两个核心概念，充分体现老子道法自然的思想内核。老子的"不争""无为"与儒家的"中庸""知止"思想，两千多年来，一直影响着中国人的道德规范与处世行为，它蕴含着很多值得回味的处世哲理及民族本性。

　　在《道德经》中，几乎通篇充满了"不争"的理念："上善若水，水善利万物而不争""夫唯不争，故无尤""夫唯不争，故天下莫能与之争""人之道，为而不争"等。在《道德经》洋洋五千言的篇幅中，九次提到"不争"，可见老子对"不争"的强调与重视，因为在老子看来，小至个人成败，大至国家兴亡，莫不与之有直接关联。

　　老子"不争"理念的提出与其所处的时代背景有关。老子生活在春秋霸主争强好胜，争霸天下，以致祸国殃民的时代，其时整个社会处于纷繁复杂的世俗欲利之争中。"小人则以身殉利，士则以身殉名，大夫则以身殉家，圣人则以身殉天下。故此数子者，事业不同，名声异号，其于伤性以身为殉，一也。"（《庄子·骈拇》）这正是出于对天下之人舍命争名争利、为物所役之状况的担忧，作为"平民知识分子"和"体制外抗议者"的老子，才发出了"名与身孰亲，身与货孰多？得与亡孰病"的质问，警醒人们"甚爱必大费，多藏必厚亡"。同时提出了"不争"的对治方法，希望通过"有争—无争—无不争"的竞争智慧来有序竞争，以"不争"求生存。其核心在于循着自己的本真生命以进，不争一时一物一利，心境不为名利所扰乱，从

---

* 本文是 2011 年笔者为厦门"不争公园"所作文章。

而不为物所役。

2500 年后的今天，我们同样身处于一个竞争非常激烈的时代，无论国家、民族，还是团队、个体，都是如此，竞争无处不在。然而，由于人们失去了对人类哲学思想的常态把握，因而导致竞争的过度无序甚至倾覆规则。一方面，人类的欲望过度膨胀，对物质的占有竞赛，已造成资源日益耗绝，环境污染严重，地球不堪重负。另一方面，人与人之间缺乏基本诚信，公平缺失，造成尔虞我诈、贫富分化、矛盾不断，人们变得其累不堪。

诚然，一个社会如果没有一定的竞争动力，就会成为一潭死水，但过于倡导竞争，却又缺乏行之有效的制度加以框范，必然搅动人性之恶，导致人与人无处不争，人与自然无所不争的无序竞争境地。

因此，今天我们重拾老子的"不争"思想，如能抓住其道法自然的思想核心，顺其自然，有序竞赛，把持简单、朴素、谦卑、守弱的"不争"处世原则，为而不争、保持本真的自我，不被功名利禄所累；不争强好胜，不妄为，远离诸多依赖聚富敛财和劳民伤财而建功立业的思想，"去甚去奢去泰"，必将能活出人的从容、淡定和尊严，活出美好诗意来，社会也将多一分和谐与安宁。

德州董子书院落成典礼大会致辞

尊敬的各位领导、各位专家学者、各位来宾，女生们、先生们：

大家上午好！

今天，德州董子书院在董仲舒的家乡，顺应国之大运隆重落成开院，在此，我受中国书院学会会长朱汉民教授的委托，谨代表中国书院学会向德州董子书院致以热烈的祝贺！

德州自董子之出，千百年来，受天之佑，民风洽和，钟鼓管弦之声长盛不衰。"三董"的存世正是"民之秉彝，好是懿德"在德州的写照。

近十多年来，董子文化园、董子文化街、董子文化的各种活动纷呈迭出，建设书香德州、有德之州，更是被列为德州市各级政府的工作要务，并取得了丰硕成果！

董子书院经过几年的筹备，在德州市各有关部门和领导的关心支持下，在荣振国总经理的运筹帷幄下，斥资8000万元，建筑面积达2500平方米，是一个颇具规模的面向德州市民的新型公益书院，这是一个了不起的大善举。董子书院的落成对德州进一步传承、传播董子文化、儒家文化乃至中华传统文化，促进德州恢复成为全国重要的儒家文化、传统文化研究中心，具有十分重要的意义！

董子之所以被万民景仰，正是他的"贤良"，所谓"贤"就是"德才出众"；所谓"良"，就是"美善和融"。旧时代的董子高谊如此，纯美如此，德州人民行德仁寿，自是题中应有之义。

教化立而万民正。董子说："君子不学，不成其德。"董子书院成立，秉万世常道，持千秋懿德，聚英才而教习，为国家而储才，这是德州人民之幸，也是全国书院同人之喜。

董子在他的那个时代，走在时代的前面。今天，全国各地的书院，在新的时代氛围下，也应走在时代的前面，而走在前面的动力，就是经典的力量，就是为实现每个人心中理想的力量。

中国书院学会是目前国内唯一一个集结传统书院、现代书院及书院研究的专家和学者组成的学术组织，旨在搭建书院之间交流和合作的平台，推动中国书院文化的研究与传播。我们欢迎董子书院加入中国书院学会，为推动书院文化在新的历史条件下的发展而一起努力！

　　"疆勉学问，疆勉行道。""夙夜匪懈，茂哉茂哉。"

　　我再一次代表中国书院学会，祝董子书院"德日起而大有功"！

　　谢谢大家！

2015年9月15日

第九届"朱子之路"研习营

——书院文化之旅致辞

各位来宾，各位同学：

大家早安。

岁月不居，时节如流。还记得 2013 年 7 月 11 日第六届"朱子之路"研习营也是在这个讲堂开始。今天我们第九届"朱子之路"研习营同学们相聚筼筜书院，而且这一次的专题是书院之旅。这让我们看到像筼筜书院这样的书院组织与朱子的密切关联。

"书院"之名开始于唐代，到宋代开始兴盛，其中一个很重要的原因在于朱子的大力提倡。据不完全统计，与朱子直接有关的书院有 40 多所，其门人所建的书院达 20 多所，在朱子行经过化之地，后人建有近 30 所书院，以为纪念。朱子一生大部分时间坚守在书院中著述讲学，朱子拟定的《白鹿洞书院揭示》是相当完整的书院建设纲领性规章，成为当时和后世书院履行的标准化规约，可以说在所有思想家中没有任何人在书院方面的成就能够超过朱子。

筼筜书院作为厦门首家现代书院，从 2005 年规划至今已逾 10 年，运营也已经 7 载。20 年前，我们脚下的这块地还是筼筜港中的一片滩涂。作为一个"无中生有"的新书院，当时把书院起名为"筼筜"，就是为了接续朱子的文脉。"筼筜"二字的来历有两个说法：一是历史上书院所在地的筼筜港狭长的地形如同竹节一般，二是相传当时同安主簿朱子"偷得浮生半日闲"，微服简行来到厦门岛，登山见到了这片港湾边一丛丛节长竿高的竹林，意兴所至，以"筼筜"命名此地。之后在他的诗中，多次出现了"筼筜里""筼筜铺"等，足见其对"筼筜"二字的偏爱。此后，"筼筜港""筼筜湖"，以及"筼筜渔火""筼筜夜色"等相继出现，逐渐成为厦门的一处美景。

大家看到我们筼筜书院讲堂两边的对联"旧学商量，新知培养"，出自朱子与陆九渊鹅湖之会后所写的"旧学商量加邃密，新知培养转深沉"，这两句诗一直受到历代学者的称颂，其中包含了学问之道，言简意赅，意义深远，也成为 800 年后新办的厦门筼筜书院的办院理念。

筼筜书院建院的这些年一直非常关注并支持朱子文化与学术建设活动。大家下午要去同安朱子书院正是 2016 年 5 月 21 日，由筼筜书院与同安区政府合作成立的，这是全球首座实质开院运行的朱子书院，可以说这是这些年来与朱子之路相关组委会单位密切交流与合作的成果。

八闽作为朱子故里，书院文化源远流长，同学们这几天还要去晋江安海石井书院，福州的鳌峰书院、正谊书院、八闽书院，尤溪的南溪书院，建阳的考亭书院，武夷山的兴贤书院、武夷精舍。应该能看到，中国的书院复建与文化复兴任重道远，在此，祝福同学们在此次重走朱子之路的书院之旅中，感受朱子思想，了解更多的福建文化。筼筜书院也怀揣梦想，与大家同行，一起为中华文化的复兴贡献自己的力量。

谢谢大家！欢迎大家常来筼筜书院！

2016年7月16日

华侨大学国际儒学研究院揭牌仪式致辞

尊敬的牛副理事长、贾校长，尊敬的各位领导、各位同道：

大家早上好！

在这阳春三月、春暖花开的时节，我们迎来了华侨大学国际儒学研究院开院的喜庆日子，这是儒学界的一大盛事！首先，我谨代表厦门篑笭书院、国学论坛组委会致以热烈的祝贺！

华侨大学国际儒学研究院的成立开院可谓得天时、地利与人和。

一、得"天时"

近年来，党和政府站在时代的高度，高度重视以儒学为核心的中华优秀传统文化。早在 2014 年 9 月 24 日，习近平总书记在纪念孔子2565 周年诞辰国际学术研讨会暨国际儒学联合会第五届会员大会开幕会上的讲话就曾指出，文以载道，文以化人。当代中国是历史中国的延续和发展，当代中国思想文化也是中国传统思想文化的传承和升华。要认识今天的中国、今天的中国人，就要深入了解中国的文化血脉，准确把握滋养中国人的文化土壤。研究儒学，是认识中国人的民族特性、认识当今中国人精神世界历史来由的一个重要途径。今年春节前夕，两办印发的《关于实施中华优秀传统文化传承发展工程的意见》引起社会各界的热烈反响，标志着中华优秀传统文化的传承发展进入了全面实施、推进阶段。因应社会与时代发展的需要，华侨大学成立国际儒学研究院，研究、推广和传播儒学，推动传统文化实现创造性转化、创新性发展，可谓非常及时。

二、得"地利"

华侨大学位处福建，秉承"会通中外，并育德才"的校训，以面向海内外传播中华文化为主要办学宗旨之一。我们知道，中华文化精神的基本特征就是"会通"。在唐代，儒学遇到严峻的挑战，儒学的代表人物想重新恢复儒学的正宗地位，对佛、道等思想加以会通，开启了宋代理学的先河，形成了濂洛关闽学派，特别是以朱子学为代表的闽学对近世东亚、东南亚地区产生重要影响。不仅宋代理学如此，我们看到近代以来，中国文化在"中外会通，古今交融"的开放姿态下，吸收各个方面的长处，在会通基础上提出新的思想理论观点，始终具有旺盛的生命力。华侨大学儒学研究院在地理区位优势下，把闽学作为侧重点，结合闽学在海外传播的影响，一定会大有可为。

三、得"人和"

我们知道华侨大学隶属于国务院侨办，是全国拥有境外学生最多的大学之一。2013年，习近平总书记提出"一带一路"的构想，并指出"一带一路"除了是经贸重要的纽带，也是文化交流、人文交流、文明相互交融的重要纽带。"两办"的《关于实施中华优秀传统文化传承发展工程的意见》也指出，加强"一带一路"沿线国家文化交流合作。相信在加强"一带一路"交流合作背景下，华侨大学及儒学研究院独特的优势，有助于探索中华文化国际传播与交流的新模式，从而真正推动中外文化交流互鉴。

我所在的厦门篔筜书院，于2005年规划，2009年落成，在名誉院长饶宗颐先生的带领下，以传播中国优秀传统文化思想为主旨，秉承"旧学商量，新知培养"的理念，开展多层次的国学教育普及及专题研究等活动，是一个弘扬中华优秀传统思想文化的新平台。书院充分发挥地缘优势，促进各地的文化交流，已经连续举办了八届国学高端学术交流活动——"国学论坛"。

未来我们也期待能与华侨大学国际儒学研究院一起携手，为中华优秀传统文化的传承与发展做出贡献！

再次祝贺华侨大学国际儒学研究院开院大喜，未来前程似锦！

谢谢大家！

2017年3月31日

国学与民族复兴

从 20 世纪末开始，在我国出现的复兴中华民族传统文化的"国学热"至今已延续二十余年。从当年的星星之火，到今天被广泛提倡和日益普及，我们认为这是一种历史的必然——"盛世兴国学"。

当前，中华民族正处在伟大的民族复兴过程之中，如果我们站在哲学的高度来看，就会发现，民族的复兴必须有民族文化的复兴来支撑，而国学就是我们固有的民族文化。德国著名哲学家卡尔·雅斯贝尔斯有个著名观点："直至今日，人类一直靠轴心期所产生、思考和创造的一切而生存，每一次新的飞跃都回顾这一时期，并被它重新燃起火焰。轴心期潜力的苏醒和对轴心期潜力的回忆，或曰复兴，总是提供了精神力量。"这段话的意思是说，各种有悠久历史文化传统的民族，在它们的每次重大历史转折点时，往往要回顾自己文化的原点，以得到"精神力量"。历史的现实的确如此，如欧洲十四五世纪的文艺复兴，就是要回到古希腊；印度在争取民族独立时就提出要用其婆罗门教的印度教作为立国之本；在我国的宋朝时期，因之前经受了几百年印度佛教文化的冲击，宋朝的学术界提出了"出入佛老，及诸六经"，于是产生了朱熹这一伟大的人物。那么，在近两百年中华文化受到西方文化的严重冲击之后，我们是不是会出现一个"出入西学，返诸六经"的文化复兴新时期呢？我想答案是肯定的。今天的"国学热"就是其序曲。

篑筜书院自成立以来，一直致力于国学的普及、传承和学术交流活动。在学术研究方面，我院与厦大国学院联合主办的"国学论坛"已成为经国台办批准的每年一度的国学交流的盛会与高端学术平台，并聚集了当今最权威的国学名家、大师，他们是我院最宝贵的资源。在传承与普及方面，我们持续致力于对青少年和市民的国学教育普及。与此同时，我们也一直在规划一种面向社会精英人士的高端国学培训课程。我们认为这是书院的应有之举与题中之义。因为书院是弘扬"国学"的场所，而精英阶层是社会的中坚力量，他们影响、引导和推动着社会的发展与进步。现在，"新儒仕课堂"已正式启动，这将是国内第一个由国学研究院和专业书院创办的国学智慧高端课堂。独特的课程设计，独创的儒仕新六艺，傲视同行的师资阵容，将为各位学员权威解读儒道法墨禅佛，在揭开国学智慧的神秘面纱的同时，引导精英人士由优秀迈向卓越。

2012年8月

"新儒仕课堂"首期开班仪式欢迎词

各位老师、各位同学：

大家早上好！

"和风君子德，时雨圣人怀。"在昨夜一阵温柔的小雨过后，今天我们迎着和煦的晨光，伴着温暖的微风，穿过清新的竹林小径，相聚在篑笭书院，参加"新儒仕课程"首期的开班仪式。首先让我代表主办方厦门大学国学研究院和厦门篑笭书院热烈欢迎各位的到来，并祝贺各位同学成为"新儒仕课堂"的第一期学员。

厦门大学国学院和厦门篑笭书院历经两年的筹划，在上月底正式启动了"新儒仕课堂"项目，在短短的三周时间内，这个课堂就顺利地开学了，这首先要感谢在座的各位学员对我们工作的鼎力支持与信任，在此我也代表主办方对各位同学表示衷心的感谢，并对各位追求国学智慧的热情与情怀表示敬意。

"新儒仕课堂"专为社会精英而设，这也是主办方对该课堂的定位，我们立意区别于现在市面上流行的庸俗化、功利化的国学课程班，主张正本清源，回归国学本身，并以全名师的阵容、最专业的课程设计，为各位学员打造一个地道的国学智慧高端研修课程。

这个课堂体现了如下五大特色：

一、专业水准最强。厦大国学院与篑笭书院强强联合，充分发挥各自的资源优势，聘请最强大的师资阵容。首次课程老师有于丹、陈鼓应、冯达文和武当派掌门人游玄德，这样的师资阵容足以轰动全城。

二、课程体系最专业。大家可以把我们设计的五大篇章课程体系与全国任何一个大学国学班课程做比较，就自然分明。

三、独创儒仕新六艺学习，倡导中国式的高雅。

古代六艺为：礼、乐、射、御、书、数。目的是广闻蕴雅。儒仕新六艺为：学太极、习古琴、练书法、修茶道、品红酒、鉴古玩等。目的也是厚养雅蕴，培养新儒仕气质，倡导中国式高雅。同时如此丰富多彩的课程安排，颠覆传统课堂的刻板印象，将使整个学习过程更加生动有趣。

四、移动课堂。"读万卷书，行万里路"，到洙泗之滨谒访三孔、体验夫子"登东山而小邹鲁，登泰山而小天下"的豪迈。此外，到湘江之畔神访朱张，到宝岛台湾游学高人等，真正领略遨游天下的超越境界。

五、高端社会平台。学一点书，领悟一些国学智慧，交一些朋友，这是从事任何一个行业的人都需要和希望的。我想"新儒仕课堂"能为大家搭好这个平台。

为了确保大家的学习过程顺利，在此，我也提出如下两三点期望：

1. 静心诚意。大家需要处于一个很安然恬静的心境，以使心思凝聚，将风俗全部放下，去感受精神上的自然与愉悦！

2. 明白学习国学是"悟道而非求术"。国学带给我们更多的是人文精神与素养的提高，是内心的充实与强大，是人生格局的提高。

学习儒学文化——你应了解"和为贵""以仁为本、仁者无敌"，懂得"修齐治平、内圣外王"，更应该感悟"达者兼济天下"等。

学习道家智慧——你应懂得"道法自然""福祸相依、清静守柔""为而不争""功成名遂身退"等道家思想精髓。

学习佛禅智慧——你就会懂得"减压、增定、开智慧"的人生修炼之法。

学习易经——虽然不一定就会掐指算卦，但你会深刻理解阴阳平衡的周易智慧和中国文化之源等。

总之，我们希望各位通过学修国学智慧，能提升自己的人生境界，真正达到本课堂宗旨：从优秀到卓越！

最后祝愿各位在这一年半的时间里，学有所得，学习、工作顺利，身体健康，谢谢大家！

附文：

"新儒仕课堂"于箬笪书院风雅启动 [*]

　　"明古论经，了然万物；温文尔雅，淡定从容；经企济世，圆融无碍；心达德广，身心和合。"昨日，意在养心启智的"新儒仕课堂"正式启动，并将于 9 月 22 日正式开课。据了解，这一课堂针对社会精英阶层开设，首期学员名额控制在 60 名左右。

　　充满风雅格调的"新儒仕国学之夜"在两岸国学爱好者的期待之中徐徐开启。厦门市政协副主席潘世建，厦门大学党委常委、组织部长白锡能，台湾孔子协会会长孔维勤，四川大学老子研究院院长詹石窗教授，厦门大学国学院院长陈支平教授、厦门箬笪书院院长王维生等嘉宾出席启动仪式，著名主持人、表演艺术家、收藏家王刚和北京匡时国际拍卖有限公司董事长董国强现场做精彩发言。

　　伴随"新儒仕国学之夜"启动的是厦门大学国学研究院与厦门箬

---

* "新儒仕课堂"是由厦门大学国学研究院与厦门箬笪书院合作推出的一个高端国学研修项目，以全名师阵容和最专业的课程致力于中华传统文化的普及与提高。本文原载于 2012 年 8 月 28 日《厦门商报》第 A11 版《特别报道》栏目。

笃书院花费两年多的时间精心打造的"新儒仕课堂"。笪笃书院自成立以来，一直致力于国学的普及、传承和学术交流活动。"新儒仕课堂"是国内第一个由国学研究院和专业书院创办的国学智慧高端研修课堂。课堂将整合两校独特优势资源，聚集国学泰斗。当代新儒家的代表杜维明、道家思想的代表人物陈鼓应、"明星教授"葛剑雄等名师都将现场授课，权威解读儒、道、法、墨、禅、佛，揭开国学智慧的神秘面纱。同时解析古代圣贤、名君的经营之道、管理之术、领导之方与生活之理，"得古人之慧谋当今之事"，让时代精英在新世纪市场博弈中脱颖而出。

"新儒仕课堂"招生面向全国各行业董事长及董事、总经理，行政事业单位、国家机关处级以上干部。工作经验 8 年以上，报名时任高层职位时间不低于 3 年。上课时间从 2012 年 9 月起，共 18 个月，每个月集中学习 2~3 天。通过共同学习，政界、商界、学界各路智士共融笪笃书院，搭建高端人际网络平台。据悉，开课当天，将有极具轰动效应的名师现场授课。

"新儒仕课堂"第一期学员结业典礼致辞

各位老师、同学们：

大家早上好！

欢迎各位参加今天的"新儒仕课堂"首期学员结业典礼。

"相送当门有修竹，为君叶叶起清风。"初夏时节，我们又会聚在篿筜书院，迎来"新儒仕课堂"首期结业典礼。对各位捭阖纵横于事业沙场的学员来说，这可能是你们人生中的第 N 次结业典礼，但相信这次是极其特殊且富有意义的。在此，我谨代表主办单位篿筜书院和厦大国学院向第一期学员表示热烈祝贺！

熟悉的环境，亲切的面孔，令我们仿佛回到一年半前与各位学员初次相聚的开学时刻。回想当时，篿筜书院与厦门大学国学院广发"儒仕帖"，立意倡导儒仕精神，弘扬中华传统文化。于是，群英毕至，少长咸集，各路才俊齐聚篿筜书院。拜名师，读经典，聚新朋，访同门，研修国学精髓，探讨经企济世，人生格局与境界由此逐步提升。

相信大家还记得"新儒仕课堂"的第一课，就是由我们尊敬的陈鼓应老师与于丹老师这两代国学名师以对话的形式，为学员讲解"神于天，圣于地——以国学智慧提升人生境界"这一精彩题目，开启国学之门。随后，大家先读《大学》，掌握"三纲八目"这一《大学》功夫之道，了解"修身、齐家、治国、平天下"的要义。其次，到洙泗之滨竭访三孔，在孔子故乡曲阜聆听孔子后人解读《论语》，体验"读万卷书，行万里路"之乐趣。之后，陆续学习了"乐以天下，忧以天下"的儒家理想主义者孟子的主要思想，研读《中庸》以学习古代圣贤思想之微妙处，掌握中和之道。"四书"之后，再读《道德经》《庄子》，以了解道家思想，学习老子的"无为而无不为"，以及庄子的"从安命到逍遥"的高明之处，学会以出世的态度从事入世的事业。其后，《黄帝内经》与中医养生、佛家智慧与禅修让我们感受了国学对现实生活的重要意义，在朱高正老师的引导下探索《周易》的奥秘，了解了占筮卜卦的奥秘与乐趣，并选读《资治通鉴》精华以"鉴前世兴衰，考当今得失"。学习国学智慧的目的，既在于修养身心，品味人生，也在于"得古人之慧谋当今之事"。因此，我们在课程的后半部分，陆续学习了孙子兵法与谈判谋略、鬼谷子语言技巧以及国学智慧与现代管理，从"道"与"术"两个层面全方位了解传统文化对当今管理之术与经营之道的指导意义，务求学以致用。

游学是"新儒仕课堂"的一个重要学习方式，继前年 11 月的曲阜、邹城之旅后，去年 4 月的台湾之旅，访名流、名师、名校，以充实的学习内容结合轻松有趣的旅程，被学员们评价为"一次快乐的真善美心灵之旅"。在学习经典的同时，我们兼顾安排了"新儒仕课堂"的特色课程，即"国学新六艺"的学习，修习茶道，练养生操，品鉴古玩，初学书法，欣赏雅乐，品评红酒，厚养雅蕴，全方位提升新儒仕的儒雅之气与儒商风范。

一年半的学习课程丰富而多彩，由此也达到"新儒仕课堂"的教学目标：学习国学智慧，提升人生境界。十八个月的国学之旅温馨而难忘，许多同学从素不相识到相知相识，并建立了深厚的同学情谊，让彼此备感珍惜！

时光荏苒，"新儒仕课堂"首期的学习到今天就告一段落了。但这仅仅是为大家开启了通向智慧宝藏的一扇大门，庙堂之上的种种瑰宝仍需要我们穷尽一生的精力去探索。各位学员均为社会精英、成功人士，国学的智慧有赖你们以此为起点，继续弘扬发挥。望大家继续保持学习的精神，与圣贤为伍，和经典同行，不断修养身心，真正做到脚踏大地做儒家，头顶天空做道家，心中感悟佛家的顿悟，以出世的精神来从事入世的事业，追求游刃有余的人生！这是人生的最高境界！

"相送当门有修竹，为君叶叶起清风。"感谢大家一年多来的支持和信任！未来，笋笪书院和"新儒仕课堂"永远向各位同学敞开大门。祝愿大家在未来的人生旅途上不断超越自我，从优秀迈向卓越！谢谢！

2014年5月31日

附文：

社会精英竞当"新儒仕" *

8月27日晚，当王刚、董国强等名人与多位领导及厦门大学国学院陈支平教授、厦门笋笪书院王维生两位院长在台上共同按下"新儒仕课堂"的启动按钮时，现场欢声雷动，礼花满天。台下是一百多位来自厦门各行业的社会精英。此时，他们看到的，不仅仅是明星耀眼的光彩，感受到的也不仅仅是一股国学复兴的热浪，在他们的心中，更树立起一个新的人生标杆——"新儒仕"。一时间，"新儒仕"成为厦门城中的热门话题。

据了解，"新儒仕课堂"启动后短短一周时间，数十位各行业精英纷纷报名加入该国学研修班学员行列，政界、商界名人云集。

---

* 本文原发表于 2012 年 8 月 31 日《北京日报》。

何为新儒仕?

《法言·君子》曰:"通天地之人曰儒。"以现代人的语言来说,通常指博学多才、见多识广的人。尤其在现代的商界和社会管理阶层,都以被赞"儒雅"为荣,因为这代表着谦谦君子、温文尔雅的儒士风范。

然而,在"新儒仕课堂"主办者眼中,了解并掌握中华传统主流文化的核心思想内涵,领悟中国人的文化基因,以置身儒学之门,立修齐治平之人生大格局,以修身立业而兼济天下,这才是现代社会精英所该具备的知识和素养。同时,"新儒仕课堂"更参照传统"国学六艺"的概念,创新性提出了"学太极、习古琴、练书法、修茶道、品红酒、鉴古玩"国学新六艺课程,目的是为厚养雅蕴,培养新时代的儒雅之士和新儒商气质,倡导中国式的高雅。

在"新儒仕课堂",我们看到关于"新儒仕"的定义:"明古论经,了然万物;温文尔雅,淡定从容;经企济世,圆融无碍;心达德广,身心和合。"这也是该课堂培养中国式高端人才的最高目标。

为何学国学?

尽管从"新儒仕课堂"的报名情况来看,学习并继承优秀中华传统文化已是当代社会的一个共识,但具体到不同的人,学习国学的目的则各有不同。

来自政府机关的一位公务人员在报名时告诉工作人员,其实他工作很忙,但无论如何,可以利用周末时间学习一些以前接触较少的传统文化,这不仅是有益的,也是必需的。他说:"从中央文件都可以看出来,都在提倡弘扬传统文化啊,我们在政府工作更得自己先学习。"

自己经营一家大公司的林先生是第一批报名的学员之一,据他了解,很多与他一样自己经营一家企业的老板,如今都有学习的需要。尤其是在社会转型期,企业的经营面临种种不确定因素,作为公司领导者,战略眼光与胆识很重要,而这些都建立在个人的综合素质基础上。另外,高端研修班能提供一个新的社交平台,能够扩宽原有的社交圈子，建立新的政商人脉网络，这些同样是他们这样在商场摸爬滚打多年的企业老板非常需要的。

另一位央企老总看问题显然更深刻了。他说国学是治本而非治标的，并引用中医书上的话说："不是教你治病的，是告诉你怎么才不生病的。"国学不是直接教你如何做企业，而是帮助你一生站在高处，让你更能领先市场，领先社会潮流。

"新儒仕课堂"有何特色？

如今，为了顺应传统文化学习热潮，许多院校都推出了国学研修班。但仔细研究，可以看出有不少课程介绍都是千篇一律的说辞，且不少是应对市场需求而仓促推出，相互之间过于同质化，没有自己的特色，且学习体系不够完整。相比之下，"新儒仕课堂"主办方在潜心准备了两年并精心研究了一套国学研修的完整体系后，方才隆重推出，其对传统文化之虔诚和对国学内涵理解之深刻令人肃然起敬。

所谓"专业的人做专业的事"，"新儒仕课堂"是国内首个由著名国学研究院——厦门大学国学研究院与专业书院——厦门箕笤书院共同推出的课程，其专业程度不容置疑，从其目前推出的课程体系与师资来看，显然在整个南方地区乃至国内都是首屈一指的。

据悉，在课程安排上，该课程将"国学新六艺"融入教学过程中，箕笤湖畔晨练太极，"儒士馆"里学修茶道，一流美术展馆里品鉴古玩，厦门大学科学艺术中心里听名家讲座，高端会所里品红酒，古琴大师传授古乐，武夷山顶静坐禅修……如此丰富多彩的课程安排，颠覆传统课堂的刻板印象，真正达到"了然万物真性，成就品味人生"。

他山之石

为什么学国学？听听名家们怎么说——

翟鸿燊（国学应用大师）：

很多知识不需要学习，检索就行，人的能力、胸怀、境界是修出来的。

儒家思想讲的是五常，你把它用在企业经营上、营销上，无往不胜。很简单，仁义礼智信，人者仁也。

——摘自"翟鸿燊第八届学习型中国世纪成功论坛的演讲实录"

董国强（书法家、书画鉴赏家）：

社会、经济发展已经遇到一定的瓶颈，以资源、环境为代价，今天的中国和我们个人面对瓶颈的时候，从中央到地方是文化的发展，要盘活文化，用传统文化武装自己。

——摘自"新儒仕课堂启动仪式演讲实录"

孔维勤（台湾孔子协会理事长）：

现在是两岸及世界经济的低潮期，这个时间恰是最好的沉淀时期。企业家可以借此反思沉淀，以求更好地往前走。

《北京日报》：

对待传统文化的态度是考验政党的重要方面。

如何振兴中华文化，如何传承和弘扬中华文化，始终是萦绕在几代中国人心头的历史命题。时至今天，我们强调要树立高度的文化自觉和文化自信，其中一个十分重要的内容，就是要增强对中华优秀传统文化的自觉和自信。在这方面，不光每一位中国共产党人都要做忠实传承者和弘扬者，每一位中国人也都要做忠实传承者和弘扬者。不管到任何时候，这都应当是我们这个民族的意志品格和精神信念。

——摘自2012年8月31日《北京日报》文章

在于丹教授讲座上的致辞

各位领导、各位来宾、各位学员、市民朋友们：

大家下午好！

欢迎各位来到厦门人民会堂，参加今天的国学讲座。今天的讲座是由厦门大学国学研究院与厦门筼筜书院主办的"新儒仕课堂"的首次公开课。

"新儒仕课堂"是厦门大学国学研究院与厦门筼筜书院新近创办的一个高端国学研修课堂，立意区别于现在市面上流行的庸俗化、功利化的国学课程班，主张"正本清源"，回归国学本身，并以全名师阵容和最专业课程，致力于中华传统文化的普及与提高。

本次"新儒仕课堂"首次公开课的主讲嘉宾，就是深受全球华人喜爱的国学名师于丹教授。

于丹教授是著名文化学者，北京师范大学教授、博士生导师、文化创新与传播研究院院长，也是著名电视策划人，被誉为中国电视业的"军师"，同时也是古典文化的普及传播者。在中央电视台《百家讲坛》《文化视点》等栏目，通过《论语心得》《庄子心得》《论语感悟》等系列讲座普及和传播传统文化，以生命感悟激活了经典中的属于中华民族的精神基因，在海内外文化界和教育界产生广泛影响。先后在我国内地、港台地区，以及美国、英国、法国、德国、日本、韩国、新加坡、马来西亚、巴西、新西兰、澳大利亚等国家地区进行千余场传统文化讲座，得到广泛的好评，并掀起了海内外民众学习经典的热潮。

此次，感谢于丹老师在百忙之中抽空来到厦门。今天上午在筼筜书院，于丹老师和当今道家思想研究领军人物学界泰斗陈鼓应教授一起将为"新儒仕课堂"学员开讲第一课。为满足厦门广大热爱国学、热爱于丹老师的市民的热烈期望，主办方特别安排了本次公开课，请于丹老师为大家开讲"感悟中国智慧"，相信今天于丹老师的精彩演讲，将开启广大听众的国学智慧，帮助我们更好地学习和理解中华传统文化。

为了营造一个良好的聆听氛围，我再次强调一下课堂纪律。请大家现在将手机设置为静音，在讲座过程中，尽量不要随意走动。在讲座开始五分钟后，除了篪笃书院的摄影师和摄像师之外，其他人员一律不要使用任何摄像、录影设备。希望大家予以配合，并以良好的讲座秩序，充分展示我们厦门作为全国文明城市评比三连冠城市市民的良好素养与修为。

谢谢大家的配合。

现在，让我们以最热烈的掌声，欢迎于丹老师！

下面请于老师开讲！

2012年9月22日

附录一　日新其身

——获奖受聘情况

王维生院长受聘为厦门理工学院客座教授

文 / 箅笪书院

2015 年 11 月 13 日下午，箅笪书院创院理事长、院长王维生先生受聘为厦门理工学院客座教授的聘任仪式在理工学院行政楼举行。理工学院国学所负责人王元珍老师主持聘任仪式，赵振祥副校长颁发聘书，理工师生代表参加。

聘任仪式后，王院长为师生们做了题为《学习国学经典，提升人文素养》的演讲，演讲结合大学生的思想与生活，指出现代大学是"全人"的教育，通识教育对于理工科学校尤为重要，同学们通过国学经典的学习，可以提升人文素养，丰富并强大内心，获得无穷的智慧。王院长还鼓励同学们积极参加箅笪书院与理工学院共建的理工学院国学社、"国学夜话"及中华文化实践基地活动。演讲引发师生们热烈的探讨。

王维生院长受聘为福建师范大学客座教授

文 / 筼筜书院

　　2018 年 10 月 30 日，福建师范大学教育学院、教师教育学院"师者论坛"第三讲活动于图书馆学术报告厅正式举行。教育学院 1979 级校友、厦门筼筜书院院长王维生担任主讲人，参加本次讲座的有教育学院副院长洪明、黄仁贤教授，2017 级辅导员杜成煜及教育学院全体学生。此次讲座由教育学院党委副书记黄锦生主持。

　　讲座开始前，教育学院为王维生院长举行了客座教授敦聘仪式，由教育学院党委黄锦生副书记向王维生院长颁发了聘书。随后，王维生院长围绕"书院的前世今生""当代书院""国学与国学教育""筼筜书院的探索与实践"四个部分向同学们阐述了当代书院与国家教育的发展。他表示传统书院是集讲学、祭祀、藏书、修书于一体的教育组织，更是当代社会前进新思想、新理论的发源地。而当代书院则因现实需要、学术牵引及政府力行，已从"星星之火"发展成涵括学术使命、教育使命、思想使命的"燎原之势"。

在谈到厦门筼筜书院的建立时，王维生院长表示特别感谢在师大母校教育系的 4 年学习生活，这 4 年的求学生涯成为他的教育背景和思想理论源泉。在当代物质文明蒸蒸日上，精神文明却在滑坡的现象下，一个以"旧学商量，培养新知"为核心理念，并承担现代使命的书院逐渐成为上可以作为国家外交的"名片"，下可以成为市民的"精神家园"，展示了传承、创新、发展传统文化的教育魅力。在讲座尾声的互动环节中，同学们积极提问，王维生院长热心地回答同学们的困惑之处，为此次讲座画上了一个完美的句号。

本次讲座让同学们领悟到当代书院的再度兴起是历史的必然，沿袭中国优秀传统文化对个人修身有莫大的帮助，更能在高度物质文明的社会中帮助未来的为人师者们涤清内心的困惑，在"师者"的道路上徐徐前行。

筼筜书院荣获
第三届全球华人国学传播奖 *

文 / 筼筜书院

　　2018 年 11 月 18 日，由千年学府湖南大学岳麓书院、凤凰网、敦和基金会、一点资讯联合主办的"致敬国学：第三届全球华人国学大典"在北京举行颁奖盛典，全国人大常委会原副委员长许嘉璐致贺信，来自海内外的近 400 位专家学者和各行业精英集体致敬国学。筼筜书院荣获全球华人国学传播奖——"公共建设力奖"，与著名学者杜维明，国学名宿楼宇烈、张立文、成中英，香港中文大学中国文化研究所等机构，《国家宝藏》《清明上河图 3.0》高科技展演等新项目以及 30 部学术著作分享了此届全球华人国学大奖。

---

* 　第三届全球华人国学大典相关介绍、部分照片等皆转载自凤凰国学栏目，特此致谢。

筼筜书院颁奖词

　　2017 年 9 月初，这座闹中取静的书院，见证了两位金砖国家领导人的重要会晤。筼筜，是竹子的雅称；书院，藏君子之志。作为厦门市首座现代书院，这里既是市民亲近传统、熏习国学之所，也是海内外名家切磋学术、碰撞思想之地。十届国学论坛，上百场公益讲座，数万名研修学员，目不暇接的文化活动，这座从零起步的书院，立足当代，赓续传统而不忘现代，十年磨一剑，蔚然已成汲古溉今、蜚声两岸的文教典范。旧学商量，新知培养——致敬第三届全球华人国学传播奖之公共建设力奖——篔筜书院。

王维生院长的获奖感言

　　获此殊荣，万分不易；与有荣焉，弥足珍贵。这是对我们创办篔筜书院，以及书院十几年来在普及推广传播国学和推动各地传统文化交流等方面所做的点滴工作的最高奖励和肯定！非常感谢主办单位提供这个机会。感谢全球国学爱好者的支持，让我们书院在此次全球网络投票中获得最高票。感谢评审委员会所有专家对篔筜书院的厚爱与鼓励！

　　篔筜书院是一个非常年轻的书院，成立至今才十几年的时间，其创办发展的历程可以说是中国当代书院发展的一个缩影。今天，我们获得这个沉甸甸的奖杯，无上荣耀，今后唯有更加努力，更好地发挥作为当代书院的使命，因应时代，续命河汾，尤其是进一步发挥篔筜书院在传统文化交流中的特殊作用，为文化交流做出它应有的贡献，发挥它应有的作用！

　　谢谢大家！

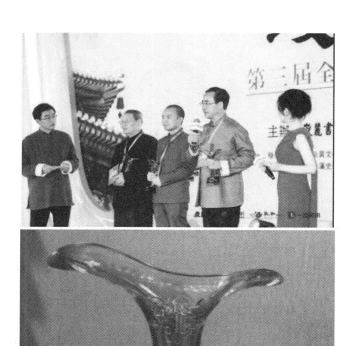

"致敬国学：全球华人国学大典"简介

　　自 2014 年起，两年一届的"全球华人国学大典"，正发展成海内外华人共同致敬中华文化、共同呵护精神家园的人文盛会和思想盛宴。国学大典也因为坚守"致敬国学、亲近国学、重建斯文"的文化理想，动员海内外知名学者、各界精英与广大网友广泛参与评选全球华人国学奖，以及国学讲坛、跨界文化论坛、祭孔大典、国乐节、颁奖盛典等系列活动，成为全景呈现当代国学研究与传播生态的知名品牌，观察传统文化当代发展的"风向标"和"晴雨表"。

　　"致敬国学：第三届全球华人国学大典"由第九届、第十届全国人大常委会副委员长许嘉璐先生亲自担任总顾问，中华炎黄文化研究会、中国哲学史学会、中国训诂学研究会、中国比较文学学会、中国秦汉史研究会、中国唐代文学学会、中华孔子学会、中国孔子基金会八大机构提供学术支持。"第三届全球华人国学奖"的评奖活动历时六个多月，经过筹备、推荐、统计、评审等多个环节，在两百多位海内外不同学科领域专家学者的实名推荐及评选下，最终推选出"国学成果奖""国学传播奖"及"国学终身成就奖"三大奖项获奖名单。凤凰卫视王鲁湘、许戈辉再度联袂主持颁奖盛典，学术支持机构负责人，中宣部外文局巡视员胡晓东、湖南省文化旅游厅副厅长张帆、中国道教协会副会长孟至岭，以及王守常、葛承雍、龚鹏程、朱大可、王杰、于丹等知名学者现场助阵，让本届国学大典亮点频频，高潮迭起。

　　全球华人国学传播奖旨在褒扬真诚传播国学，以智慧行动引导大众亲近中华优秀传统文化的贤达先进。2014年首届全球华人国学传播奖的获奖名单中，筼筜书院名誉院长饶宗颐先生和历史学家李学勤曾荣获终身成就奖，书院也派代表前去千年书院岳麓观礼；2016年，筼筜书院开始申报其中的相关奖项，今年书院正式入围。该奖项特别重视这些坐冷板凳的专家与机构，同时也注重带动民众的参与热情，进行国学的普及传播，这也是筼筜书院作为新时代书院一直在践行的路径。得知荣获该奖项，筼筜的师友心情非常激动，备受鼓舞，与有荣焉，这一奖项也更加激励大家不忘初心，载誉前行。

喜讯：篑笆书院荣获"中国国学传习奖"

文 / 篑笆书院

2018 年 6 月 18 日，第二届阳明心学高峰论坛组委会在绍兴大剧院隆重举行"唤醒良知，此心光明"国学颁奖晚会，篑笆书院与太湖大学堂等六家机构荣获"中国国学传习奖"。王维生院长出席高峰论坛，参加主题对话和颁奖晚会。

"中国国学传习奖"颁奖词

书院是中国传统文化教育机构。随着中国传统文化在当代的复兴，涌现出了大批民间书院。这些书院勇于主动承担起国学弘扬的重任，持中守正，担当道义，孜孜不倦，奖掖后进，成为中国传统文化之当代复兴在民间的中坚力量。本届论坛组委会特设"中国国学传习奖"，以奖励在文化继承、发展、传播与创新上做出贡献的集体单位。

中国阳明心学高峰论坛组委会

附录二　媒体观察

——为文化张本

传承优秀传统文化　当代书院责无旁贷 *

——访厦门筼筜书院创院理事长、院长王维生

文 / 杜华伟

前言

　　书院是中国古代一种独特的教育组织，千百年来曾在知识传授、文化传播、人格培养和社会教化方面发挥过极其重要的作用。伴随着传统文化复兴和人们对现代教育的反思，近些年，当代书院在全国各地纷纷创立，厦门筼筜书院便是其中一员。"筼筜"是竹子的雅称，书院乃君子的梦想，坚持"旧学商量，新知培养"理念的筼筜书院创造了当代书院的"厦门模式"。去年9月，金砖国家领导人厦门会晤期间，习近平主席在筼筜书院接见俄罗斯总统普京，并举行中俄双边会晤，使筼筜书院名扬世界。笔者于2018年8月实地调研筼筜书院并访谈王维生院长，在谈到当代书院的价值时，王维生说道："传承优秀传统文化，当代书院责无旁贷。"

访谈

　　杜华伟（以下简称杜）：王院长您好，首先感谢您接受我的访谈！我之前是做古代书院研究，最近几年开始深入研究当代书院，希望对当代书院的定位、功能、类型、机制，以及当代书院对古代书院精神的传承等问题进行全面系统研究。您作为当代书院的创办者与实践者，在这方面肯定有自己的深刻体会与独到见解。所以，今天想请

---

　　* 本文是《书院人》的专栏采访。

您谈谈当代书院与传统文化教育的问题。

王维生（以下简称王）：好的，希望我们共同推动当代书院研究与实践发展。

杜：教育部于 2014 年 3 月制定并发布的《完善中华优秀传统文化教育指导纲要》中指出：加强中华优秀传统文化教育，要坚持学校教育、家庭教育和社会教育相结合。2017 年 1 月，两办联合印发的《关于实施中华优秀传统文化传承发展工程的意见》中也明确指出：要把中华优秀传统文化贯穿于启蒙教育、基础教育、职业教育、高等教育和继续教育各个领域。当代书院作为社会教育和继续教育的重要机构，在此过程中承担着重要职责。那么，筼筜书院作为"当代四大书院"之一，在传统文化教育方面主要有哪些活动？

王：筼筜书院从 2005 年开始筹建，2009 年落成开院，采取"政府支持、企业投资、公益经营"的运行模式，书院坚持"旧学商量，新知培养"的办院理念，长期开设"青少年国学经典启蒙""成人国学经典讲习"等公益课程，同时举办"名家讲座""竹林读书会"和"筼筜分享会"等多种国学普及活动。除了针对青少年与成人的国学普及教育之外，书院还与周边高校、政府与对外机构合作开设不同层次的国学研修班，例如"新儒士课堂"，充分利用多种优势资源，订制国学学习内容，既秉承传统文化基本内容，又使课程更具系统化、专业化及创新性。当然，除了国学教育，筼筜书院同样重视国艺教习，每学期都会开设大量的古琴、书法、武术、插花等艺术类课程，使学员们在获得传统文化知识的同时，能够不断提升艺术素养。

杜：近年来，当代书院在全国各地纷纷创立，有的主要进行成人国学普及，有的主要进行青少年才艺培训，还有一些全日制民办书院，为三至十五六岁甚至年龄更大的孩子提供系统的国学教育。那么，您认为当代书院的使命应该是什么？

王：当代书院是在传统文化复兴的大背景下，为了适应现代人的文化需求，作为体制教育的补充而产生的。它继承了古代书院"传道济民"的教育宗旨和有教无类、学派会讲、自由辩论、知行合一的教育方法，为现代人提供学习国学、提升自我的平台。书院的使命就是弘扬传承和发展中华优秀传统文化，核心应该是"培养现代公民"，即"培养现代君子"。"君子"是中国人道德的化身和理想人格的象征，"君子"一词在《论语》中共出现 107 次之多，是儒家最为推崇的人格理想，在中华民族文化中占有重要地位。当代书院应该发扬传统书院"成人教育"的优良传统，应该着重培养拥有正直善良、温润儒雅、博学守道品格的现代君子。

杜：当代书院开展的活动丰富多样，有经典研习、传统节日庆典，也有当地民俗活动、游学体验等，但经典教育始终是其中最重要和占比最大的部分。那么，您认为当代书院为什么一定要重视经典教育？

王：首先，书院是儒家的道场，当然要重视经典教育。其次，现代教育提供更多的是知识，而经典中蕴含着我们民族的思想和智慧，教人懂得如何安身立命。传统文化中有许多关于为人处世的智慧，让我们知道应该怎么做，以及人生的格局应该在哪里，我想这一点对于人们养成良好的行为习惯、提高人生格局非常有帮助。筼筜书院以青少年身心发展规律为依据，参照传统的经典学习次第，将国学教育分为蒙学、四书和概论三大阶次十个阶段。学生从幼儿园中班至小学五年级，连续用七年时间修完全部主干课程。通过书院了解与家长反馈，接受过书院系统经典教育的孩子在生活学习、待人接物方面都有了很大改变。同时，参与书院经典学习的成年人在工作习惯、人际关系、生活规划方面也都有不小的收获。

杜：当代书院数量众多，办学模式各异，每座书院都有自己的特色。作为创造了当代书院"厦门模式"的筼筜书院，它的主要特色是什么呢？

王：筼筜书院在办学理念、办学机制和对台交流等方面都有它的独到之处。明确书院的教育功能是作为现代学校教育的有效补充，定位准确；书院以"旧学商量，新知培养"为宗旨，理念清晰；书院创办的"国学论坛"，凸显地缘优势！自创院以来，每年秋季上百位来自各地的学者在这里讲学论道、切磋学问，明显地带动了两岸传统文化交流与书院研究发展，于学界影响巨大。同时，现代"学田制"也是筼筜书院的一大特色。我们在书院周边配套相应的文化产业设施，一方面，从业态上呼应了书院弘扬传统文化的主题；另一方面，通过这些"学田"经营，为书院提供经费保障，从而使书院所有的文化教育活动都能做到公益运行。

杜：我知道，筼筜书院已经走过了十个年头，今年秋天将要举办第十届国学论坛，这是一个令书院实践者与研究者都很期待的盛会。请问王院长，筼筜书院在未来发展上会有什么新的打算？

王：筼筜书院走过的这十年里，有艰辛与困惑，也有收获与喜悦；有成绩与经验，也有需要完善的地方。关于未来发展，我觉得筼筜书院作为中国当代书院的一个典范，又有"习普会晤"的金光加持，应该有先行者的担当。从宏观层面来讲，当代书院的三大使命，即学术使命、教育使命、思想使命三个方面，筼筜书院都应当继续有所作为。在微观方面，除了原有的一些功能模块之外，我想主要会集中在以下几个方面：首先，注重师资培养，这是当代书院发展的重要因素，要充分发挥已经建立的"中国书院学会当代书院研究中心"的作用，积极进行课题研究，提升书院教师的理论水平；其次，进一步探索当代书院发展机制，充分利用政府、企业、高校、志愿者与书院的资源，使所有资源在推动国学教育方面形成合力；最后，筼筜书院坐落在美丽的白鹭洲公园，拥有得天独厚的自然环境，应该努力将筼筜美景与国学教育相结合，使游客在感受金砖会晤外交氛围和欣赏厦门美丽风光的同时，也能接受传统文化教育，进一步提升厦门旅游品位。

杜：谢谢王院长接受访谈，期待筼筜书院这座"无中生有，厦门模式"的当代书院能够在下一个十年取得更好的成绩，更有效地服务于社会！

王：感谢十年来支持帮助我们达成梦想的所有人，感谢书院的运营团队，以及所有参与书院事业的同人。"传承优秀传统文化，当代书院责无旁贷"，筼筜书院继续在路上。

结语

"让经典生活化，让生活经典化"，这是王维生对于当代书院的定位与期待。小小一座篔筜书院，在推动传统文化的传承上，却有着巨大的作用力：上可以作为国家外交名片，下可以成为市民精神家园！青少年在这里接受传统文化的洗礼，不仅为将来传承传统文化打下了扎实的基础，也有助于他们从小树立正确的道德观念；普通市民在这里学习传统文化，有助于城市品格、城市文化、城市精神的塑造。与此同时，篔筜书院在两岸文化交流上先行先试，有利于增强两岸的文化认同感，推动两岸共同传承中华优秀传统文化。

（作者单位：兰州交通大学）

2017年12月福州电视台
《闽都记录》专题访谈

【前言】王维生山长自年轻时便对中华优秀传统文化有着无比的向往和热爱。箆笃是竹子的雅称，书院是君子的梦想，怀揣着这份君子梦，从起心动念到身体力行，历时十余年，他用自己的双手和心血，在厦门都市的一隅建立起了这座城市的第一座现代书院——箆笃书院。

山长：兼容并蓄、与时俱进的中国书院

书院是中国古代非常特殊的一种教育机构，起始于唐朝，兴盛于两宋，明清时期全国普及。1901年，光绪皇帝的一纸诏书把全国书院改制为西式的大中小学堂，即现在的大中小学前身。

由此可见，书院在中国历史上延绵了一千多年。我们可以从以下几个方面来理解，为何说书院是中国传统的特殊教育形式。

书院是我国古代文化尤其是儒家文化传承非常重要的场所，也可以称其为"儒家的道场"。中国文化经过两千多年的演变，最终形成了以儒、道、佛三家为主体的传统文化，每一家都有自己的道场，如佛教的寺庙、道教的道观、儒家的道场即可以说是书院。

书院是许多历史时期新思想的发源地和汇集地，对中国古代历史和文化的传承发展和思想创新发挥着非常重要的作用。传统的书院以儒家文化为主。

中国思想文化的发展经历过很多时期的不同转变，比如宋明理学，尤其是程朱理学的形成，实际上是吸收了儒、释、道三家文化而构建出的理学体系。理学诞生于书院，主体以儒学思想为主，同时兼容并蓄佛道思想，融会贯通而成。

所以，从文化上讲，书院是一个非常开放包容的学术机构。虽然古代书院里有很多学派之争，但古人的学术思想和胸襟是比较开放的，不同的学派和思想，都可以在书院进行交流，互相学习借鉴。

比如，南宋时期发生的影响中国八百多年的著名历史事件——"鹅湖之会"。这是由朱熹和陆九渊、陆九龄兄弟三人在江西铅山鹅湖寺进行的一场为期三天的辩论，可称之为一场理学家和心学家围绕着学问和学问之道的哲学观点及治学方法展开的学术辩论。

理学和心学都是传统文化非常重要的组成部分，但双方的治学方法和哲学观是有区别的，有诸多明显的不同主张。两家不同的学派通过激烈的争辩阐明各自的观点，并互相学习借鉴，这表明书院对文化秉持兼容并蓄的开放态度。书院的这种独特的文化特征对中国传统文化的发展起着非常积极的作用。

中国地大物博，汇集了众多的民族，各个地域都有其显著的地域文化特征，各样不同的文化都能很好地在中华文化的大框架之下互相会通，共同形成了中华民族主流文化。

所以，兼容并蓄、与时俱进、不断进取是中国书院非常显著的一个特征。

记者旁白：王维生院长认为中华传统文化是中华儿女的根和魂，这其中便包含着书院文化要增强民族的文化自信，需要让更多人了解传统书院文化制度的前世今生，打破人们对书院的固有印象。

山长：温故知新的现代书院

现代书院是在传承传统书院的基础上诞生的新的教育形式。就历史角度而言，传统书院指 1840 年之前的书院，1840 年到 1919 年的书院属于近代书院，1919 年之后的书院则属于现代书院。这是从历史学的角度来划分，但这种划分在书院领域不是特别明显。我们现在强调的区别于传统书院的新书院，一般是指近二三十年来新创建的现代书院。新书院是为跟传统历史上的那些著名书院区别，而产生的新名词。

传统的书院在历史上已经延绵了一千多年，它也形成了一些明确的功能定位和规则，比如说书院的讲学、藏书、祭祀、出版四大规则。这也是书院在历史上存在的最主要的一些功能。现代书院沿袭并发展了这些功能，学校教育功能、出版功能、藏书功能等越来越发达，从而也促进了传统文化的传承和发展。

记者旁白：切磋琢磨，温故知新，在秉承对文化传承、创新、发展的理念过程中，王维生山长也渐渐有了自己对书院文化的理解，以及对现代书院未来的展望。

山长：如何定位新书院是一个课题

近二三十年，中国的新书院如雨后春笋般出现，这样的现象，我认为有其一些主要的背景。

一方面，从大环境而言，盛世兴国学是中华历史的规律。其次，中国经过近 40 年的改革开放，经济高速发展，在物质经济建设方面取得了长足的进步，这使得我们的自信心不断地增强提升；但精神层面上，随着物质的发展，尤其是快节奏的生活，往往让人们感觉灵魂跟不上脚步。这种时候，很多人就会停下来，从精神层面去思考我们应该追求一种什么样的生活，追求一种什么样的文化，如何在现代生活中安身立命。在这些种种问题面前，大家不约而同将目光投向传统文化，投向书院，这是二三十年来书院蓬勃发展的一个很重要原因。

另一方面，现代学校教育所存在的种种弊端和不尽如人意之处，也让人们把目光重新投向书院，希望从中国传统的书院当中，吸取育人的方法。

据目前统计，全国新书院可能已达上万所，而在中国历史上，1901 年之前，中国出现的大大小小书院有据可查的有七千余所。现在中国新书院，从数量上已经超过了旧书院，但在质量和文化传承方面仍然任重道远。

如何定位新书院是一个课题。一方面，新书院在传统书院的基础上传承传统书院的一些办学理念、思想、功能；另一方面，新书院又是在新的历史时期下诞生的产物，所以现代书院不完全等同于传统书院。因为时代背景变了，它的很多传统功能也发生了根本转变。

比如出版功能、印刷功能、藏书功能已被现代的出版业、印刷业和图书馆替代，所以这些不再是现代书院最核心的一些功能。但文化传承的功能新旧书院是一样的，当代书院最重要的一个功能就是传承、发展和创新传统文化。我们如何在继承中华五千多年优秀传统文化的基础上，实现创造性的转换和创新性的发展是当代书院面临的一个非常重要的任务。

记者旁白：王维生山长对于书院文化的热爱，源于国学的魅力。国学博大精深，书院则是国学传播的场所。国学和书院，两者之间密不可分。

山长：书院教育是现代教育的补充

我们现代教育已经很发达，为什么还有书院重新创建的机会呢？这说明我们现在社会在教育文化的某些方面是有所缺失的。自 1901 年以来，我们整个全国教育由终止原来的书院教育转变为向西方学习的西式教育体系，这一百多年来，整个中国教育是面向西方学习的，学习西方的学校管理体系、课程理论体系、科学、哲学、艺术和人文。所以我们整个现行的学校教育体系可以说都来自西方，包括来自苏联的一些教育理论和思想。现在的西方教育，包括我们现在的学校教育，擅长和侧重传承科学和文化教育，但在人文教育方面，尤其是中国传统教育和书院教育所强调的成人教育方面，现代教育是有缺陷的。我们所讲的成人教育不是长大成人，而是指作为一个人，一个生活在社会上的人如何成为一个"真正的人"，一个能够担当社会责任、尽其职责、有所担当的人。

在古代，成人教育有一套完整的教育体系，儒家"四书"里《大学》开篇就讲"大学之道在明明德，在亲民，在止于至善"，这三句话表达了中国传统教育的一个纲领，即它的教育在于如何培养能够彰显光明道德，能够以治国平天下为己任的成人教育，这种成人教育是我们现在学校教育比较缺少的。通俗来讲就是我们现在学校教育注重教科学、技能和文化，这些都是"术"的层面，但缺少"道"的层面的教育，即缺少教一个人如何安身立命的课程。如何安身立命对每一个人的成长和人生是非常重要的，中国古代在这方面就有一套完整的体系。

刚提到了《大学》开篇里的三纲即明明德、亲民、止于至善；在此基础上《大学》还有八条目，即格物、致知、正心、诚意、修身、齐家、治国、平天下，这就是"儒家的八目"。这"八目"就是一个人如何成人的一些路径，是古代教育里非常清晰的一套教育方法和理论体系，这些内容在现代学校教育里是明显不足的。

现在书院的兴起，也是因为现代教育存在这些问题。所以现在书院教育的主要功能应该是传承传统文化，对现代学校教育做有效的补充，尤其是在教人如何安身立命等人文知识方面要有所侧重和建树。我认为，这也是现代书院有别于现在学校教育非常重要的一个方面。

记者旁白："旧学商量，新知培养"是王维生山长的办学理念。他觉得书院当中学习的不应该仅仅是中华优秀传统文化，它的大门也应为外来文化所敞开，东西方的优秀文化应在这里碰撞出新的火花。

山长：书院可以成为古今中西文化会通之所

在全球化的时代背景下，一个最显著的特征就是各国文化、各民族文化之间交流碰撞的频率非常高，所以从文化发展的角度来看，中西文化的交融、汇通、创新和发展，将是一个趋势，也非常必要。

中国文化非常显著的特征之一就是会通精神。中国人非常善于吸收外来文化，并且将其融会贯通转化为我们自己的文化。会通精神是我们中华民族文化的一个强项。

新时期的新书院既传承了中国传统书院的功能定位、思想及办学理念，同样也以传承弘扬中国传统文化为己任，这是其功能和任务之一。除此以外，它的另一项任务是面向世界，面向全球化的时代，如何吸收西方的文化，尤其是吸收西方具有人类普世价值的文化，如何使其与中国的传统文化兼容并蓄。这是当代书院教育非常显著的一个问题。

所以现代书院既要吸收传统，又要吸收外来；既要站在历史的根基上，又要放眼全世界，既传统又现代是新书院的一个特征。中西文化怎样在书院交流会通，是现在很多书院办学中一直努力尝试的一个方向。

中西文化的交流一定会越来越紧密，因为不管是中国文化、西方文化还是其他文化，都有一些核心的、有价值的、具有人类普世意义的普世价值观。我认为凡是人类具有普世价值的这些文化和思想，都是值得我们学习和借鉴的，所以当代书院一定要以开放包容和全球化的眼光来看待这个问题。

从党的十八大开始，国家层面更加强调要弘扬传承中国优秀传统文化，把创新性的发展、创造性的转换提到一个非常高的高度，尤其是在 2017 年春节前，中共中央办公厅和国务院办公厅两办联合发文《关于实施中华优秀传统文化传承发展工程的意见》，这个纲要实际上就是把弘扬传承中国优秀传统文化作为一个国家战略；尤其是习总书记在党的十九大报告中把文化自信，把如何进一步创新中华优秀传统文化提到一个前所未有的高度。我认为其有以下几个含义：一是进一步强调文化自信，文化自信来源于我们优秀的中华传统文化，这是我们的根和魂，这点非常明确。二是在此基础上，要去创新，要创造性地转化、创新性地发展，这是未来很长时间里非常重要的任务。党的十九大报告里很明显的一个指向是怎样用我们优秀的传统文化来丰富国人的思想和灵魂，同时也不排斥吸收外来文化。因此，可以预见党的十九大之后，中国优秀传统文化的发展会提到一个更高的高度，会得到前所未有的重视；也可以预见中国优秀传统文化的发展、弘扬和传承，尤其是书院文化的传承和发展会愈加重要。在这样的背景下，我们也可以预见中国当代书院事业的发展正走入一种快速发展的轨道，它一定会伴随中华民族和中华民族文化的复兴，并在民族的伟大复兴进程里发挥其独特的作用。

重建斯文中国，亲近"国学高峰论坛"*

王维生：谢谢凤凰网的邀请，各位早安。我理解今天的主题有两个方面意思，刚才有的老师也提到了。我认为重建斯文是目标和理想，亲近国学是手段和途径。斯文中国的重建有赖于国学的传承、弘扬、创新，有赖于国学进一步发挥它的教化功能，在这方面昨天晚上吃饭的时候我也谈到了，跟我这两年的想法不谋而合。这两年我参加西安的黄帝文化论坛写的文章都是如何重塑君子之道。我认为中国这个社会要斯文，君子之道一定要重新塑造和推广。今天我们之所以需要重新建构君子之道，是因为新君子之道不仅要有传统君子的斯文跟智慧，同时也必须具备现代公民意识，尤其是要有世界的格局、全球的视野，吸收现代文明和人类的普世价值。这个当然有赖于学者共同构建，我们书院这几年也一直在推动这个事情，希望经过几年的努力，在这些方面能够有所创新。

回到如何来亲近国学，怎样让人亲近国学？这是一个重要的课题。结合我们近十年在国学普及方面所做的工作实践，有三个方面的体会提出来请各位批评指正：

一、国学需要得到更多层次、更广泛的普及。目前国学的弘扬还处在小众状态，还在体制外。下一步必须从体制外进入体制内，并且得到比较健康合理的发展。体制外的乱象还是比较多的，如有的国学教育把读经作为唯一的教育内容，甚至要替代学校教育，这种现象还是比较多的，客观上对国学的传承与弘扬却并不一定是有利的。国学教育如果从体制外进入体制内，这方面的问题就能解决。如何从小众到大众？目前大家热衷的读经主要是小孩子的经典学习，这个普及是重要的基础的一步，但还不够。对国学的弘扬，应该通过创造条件，让更多的人来学国学、了解国学，从而亲近国学。我们书院不仅开设小孩子读经的系列课程，也面向成年市民开设系列的国学经典学习课

---

* 本文是 2016 年 6 月凤凰网"致敬国学"节目的访谈。

程，同时还面向企业家跟政府工作人员开设高端的国学课程，在座的毛佩琦老师也曾经给我们的学员上过课。此外，通过努力，我们向厦门市政府提出广泛普及国学教育的建议得到了采纳。这两年，厦门在全力建设一批社区书院，目前已经建了20多所，目标是建设200所，把书院建到每一个社区。这是通过普及传承传统文化，亲近国学的一个很好途径。国学只有通过更多层次、更广泛的普及，才能够让更多人认识它和亲近它。

二、国学需要传承，也需要创新和发展。如何结合当下，进行传承与创新？从大的方面讲，理论上的建构，如何重建中国思想文化体系，这是学者们非常重要的任务。没有传承，就不能发展，但如果没有创新，也会被淘汰，不容易让人亲近，在这方面学界还有很多事要做。

三、从传播方面来讲，国学的传承和传播在形式和内容上如何创新，也是非常重要的问题。要让人家亲近，就需要做一些创新。在这方面，我们书院不仅注重经典的传播和两岸的传统文化交流，而且注重国学生活化的一面。其实国学的很多内容存在于老百姓日常生活当中，但正如我们通常所讲的"为大家日用而不知"。国学除了经典之外，还有琴棋书画诗、太极武术、花道、茶道、香道等内容。这些既是中国传统培养君子的方法，同样也是今天培养现代公民，提升他们人文素养的重要途径。在我们书院的课程设置当中，除了经典课程学习之外，还有古琴、琴歌、诗词吟诵、太极武术、茶道、花道、香道等一系列的课程，这些课程非常受市民的欢迎，他们认为跟自己的生活非常贴近。对此，我们也注重增加在形式创新上的关注。比如说古琴，不仅是教弹奏，还教琴歌；再比如我们开设的少儿茶道班，家长很喜欢，小朋友学了以后就会用，家里来客人，三四岁的小孩可以表演茶道给人看，大家就觉得很有意思，觉得这是非常好的学习途径。此外，常礼举要和现代礼仪等课程也很受欢迎。

所以，国学需要更广泛的传播，更重要的是在内容和形式上需要传承和创新。谢谢！

2016年6月27日

探寻国学传统的现代魅影 *

文 / 苏小恬　林小恩

　　弘扬国学——20 世纪末开始，一股"国学热"掀起了我国思想文化界的新一轮文化热潮。今天，"弘扬国学"这四个字口号而备受推崇。从学前班幼儿教育到 EMBA 精英学堂，五花八门的文化课程班，都陆续打出炙手可热的"国学"牌。避开其中隐含的所谓"国学交易的黄金时代"不谈，单纯从观感层面来说，国学传统文化确实随着"国学热"而渗透到了现代生活的方方面面。诚如罗素所说，"随着现代科学技术、经济的发展和进步，已有可能公平地把文化的权利分配给大家，为整个社会人人享受，而无损于文化的发展"。接触文化、享受文化，在国人对国学传统的日益推崇和重视过程中，我们也看到了国学传统在文化民主化道路上前行的身影。

---

* 　本文原载于《城式》杂志 2010 年新年特刊。

然而，在这种主动推进式的国学弘扬之下，真正附着于现代生活中的中国传统文化元素，却似乎开始被人们忽略和遗忘。传统存在于生活，传统"为百姓日用而不知"。如果说，对国学传统文化的弘扬，就是一种精神的回归，是一种国人身份的认同，那么在遵照传统、学习经典的同时，我们何不尝试从身边的探寻做起？

筼筜书院，一处承载着国学传统的文化园林，如何让国学教育成为少年学子现代教育的有效补充？

琴棋书画，古代文人骚客聊以修身的必备技能，如何成为传统文化素养在现代生活中的精华提炼？

本期《城式》特别策划，邀您从本我出发，展开瑰丽与磅礴的体验，一同探寻藏匿于现代生活中的国学传统魅影。

筼筜书院——用文化园林承载国学传统

在被誉为厦门"城市客厅"的白鹭洲公园东部，一个新的国学传播、研究和交流基地——筼筜书院已经建成并投入使用。筼筜书院占地38000平方米，位于厦门繁华市中心的白鹭洲公园东部，在厦门市政府规划指导下，由厦门白鹭洲建设开发公司投资兴建及承办。

小隐隐于野，大隐隐于市

　　独特的地理位置使筼筜书院有别于国内其他传统书院。厦门是一座充满文化魅力的城市，历史上曾有过玉屏书院和紫阳书院，也有不少国学大师给厦门留下了宝贵的人文遗产。同时，厦门是两岸交流的窗口和桥梁，筼筜书院同样也是两岸国学大师、学者们交流和研讨的最佳场所。

　　筼筜书院依湖而居，虽处市中心，却因周围的小山和绿树环抱，颇有闹市中的世外桃源之感。"小隐隐于野，大隐隐于市"，书院建于此地，正可以承接其悠久的文化气息。书院由三个建筑群落组成。主体建筑位于公园中部，居中心位置，是书院的主题功能用房。主体建筑带有经典的中国书院格局和闽南建筑风格，由讲堂、展廊和儿童读书区三个部分组成。其中，讲堂是传统文化的主要讲习场所，完备的硬件设施及典雅庄重的装修风格使其成为举办高品位的主题讲座、学术活动的最佳场所。展廊是传统文化艺术作品的主要展示场所，每月均推出不同主题的展览活动。儿童区是为少儿读经和国学培训设置的专门区域。南北各有两组建筑作为书院的配套设施用房，主要以顶级传统文化艺术品拍卖、收藏、鉴赏为主，并设有儒士茶文化馆，是传统文化爱好者们鉴赏古文化艺术品、了解资讯、交流心得的场所。整体建筑风格体现民族性、传统性、人文性和闽南地域特色。

　　书院以"筼筜"命名，此二字的历史可追溯至 800 年前。相传，大约 800 年前，身为同安主簿的朱熹"偷得浮生半日闲"，微服简行来到厦门本岛的西北部，见到了一丛丛节长竿高的毛竹——本地人称之为"筼筜"。那天，朱主簿兴致很高，竟因物产命此地名。以后在他的诗中，也多次出现了"筼筜里""筼筜铺"，足见其对"筼筜"二字的偏爱。此后，"筼筜港""筼筜湖"，以及"筼筜渔火""筼筜夜色"等陆续出现，渐成厦门一处名景。在厦门旧八大景中，不仅

"箮笿渔火"位列其中，更有清人蒋国梁题诗曰"万顷箮笿水接天，夜来渔火出云烟。"

如今，箮笿书院成为新时代弘扬国学的文化平台，它以传播中国优秀传统文化思想为主旨，以"旧学商量，新知培养"为办院理念。坚持学术性与普及性相结合的办院方针，是箮笿书院的生命力所在。自书院启用后，广邀国学精英讲授国学要义；充分发挥厦门在闽台文化交流中的区位优势，吸引海内外人士（尤其是港台地区国学界人士）共同研究、交流国学；举办国学培训、读经诵典等系列活动；展示传统文化的物化遗产、工艺美术作品等。

结合传统书院的风俗和现代书院的特点，箮笿书院延聘中国大陆、中国台湾、中国香港等地区国学专家作为书院学术顾问，为书院的学术发展把握方向。目前，已敦聘饶宗颐先生出任书院名誉院长。同时，正积极延请大儒或名宿担任院长，并由关心书院的文化人士成立理事会，共同推动书院的发展。

未来，书院将在名誉院长、国学泰斗饶宗颐先生及海内外国学大师、专家学者的引导下，以弘扬中国传统文化为己任，对儒道互补、兼容并蓄的中国国学经典进行研究与传承，力求将学术研究与教育活动相结合，构建中华儿女求知问学、传承国学的精神家园。

旧学商量，新知培养

箮笿书院，可谓是在中国传统书院基础上应运而生，顺势作为。然而，作为厦门首家现代意义的国学书院，在新的历史条件下如何兴办与发展，这是一个全新课题。作为箮笿书院的创始人之一，箮笿书院创院理事长王维生这样表述："凡事都要创造，我们是第一批人，最大的困难是没有可以仿效的，而最大的优点则是可以发挥想象力自由创造。"

走进书院的正厅讲堂，"旧学商量，新知培养"在两侧对开，直入眼帘，此中蕴含的正是箮笿书院贯彻始终的办院理念。"传统的未必都是好的。"王维生说，对传统文化的弘扬，不能绝对地照搬，而应该秉持一种客观的态度，取其精华，去其糟粕，这就是"旧学商量"的含义所在。如果将"旧学商量"视作一种方式和态度，那么"新知培养"无疑就是其主旨和目的所在。弘扬经典传统与开发创新，两者之间并不矛盾。

历史上的中国传统书院，大都兼具教育、修书、藏书和祭祀等功能，可以说，"书院"本身就是现代教育的前身。箢筥书院的同人心怀对中华传统文化虔诚敬畏的心态，以"旧学商量，新知培养"为理念，结合传统书院的风俗和现代书院的特点，搭建了一座别样的文化园林，把文化融入园林，让园林成为文化载体。如今，这座文化园林已经成为涵盖国学教育、两岸传统文化交流、国学专题研究"三位一体"的新时代弘扬国学的文化平台。

延续中国书院的传统功能，箢筥书院筹建的初衷，就是为了给现代社会的少年学子多提供一项选择——让孩子们在接受现代教育的同时，可以在课余时间从国学传统经典的普及中发掘兴趣与爱好。目前，箢筥书院按学生年龄层级和培训科目开设六个教学班：国学与书法初级班、提高班，国学与古琴初级班、提高班，少儿蒙学班，国学经典讲习班。箢筥书院还根据不同的教学班设定不同的教学过程与目标。例如，国学与书法班主要是介绍古代文具的基本常识及其使用方式、书法通说、书法四要等，并且结合文字起源，使学生掌握正确用笔方法，书写端正；国学与古琴班则要求能够掌握古琴入门指法，完成两首古琴基本乐曲演奏，同时寓国学于古琴教育中，提高学生人文素养；而对于少年国学班，则特别注重少年的品行养成。未来，书院还计划开设"从小做起"、全面而系统培养"儒士"的特别课程班，让孩子在书院中成长。

2009年11月28日，厦门箢筥书院开院典礼暨首届海峡国学高端研讨会成功举办。研讨会会聚大陆及台湾地区几十位国学界的研究学者，以"如何推动国学经典的经世致用"为论题各抒己见，是箢筥书院两岸传统文化交流平台的首次尝试。未来，箢筥书院将在多方的支持和努力下延续并完善"海峡国学研讨会"这一品牌，充分发挥厦门的地缘优势，让促进传统文化交流成为筼筜书院有别于其他书院的最大特色。

为了提升书院的学术地位，筼筜书院还将出版筼筜书院院刊，邀请学者编撰系统化的国学传统研究专著，并建立国学专题研究的"筼筜文库"。

不同于国内其他现有书院"旧书院复办"的形式，作为一个国学教育研究机构，筼筜书院在经营模式上也贯彻"旧学商量，新知培养"的办院理念。据创院理事长王维生介绍，筼筜书院将中国古代学校教育的"学田制"与现代经营理念相结合，通过经营"学田"为学院筹措办学经费，除了保证学院有充足资金从事课程教育和学术研究外，还兼顾了学院的公益性，真正做到返璞归真。

王维生：打造厦门第四张城市名片 *

文 / 孙靓燕

临近虎年，王维生更多以篔筜书院理事长的头衔出现在媒体视野里。在商界纵横驰骋多年的他一身文化情愫，喜欢翻《论语》，经常读《诗经》，对国学情有独钟。于是两年时间，白鹭洲建设开发公司耗资 300 多万元建起了篔筜书院，这个集书卷气、古朴气、玲珑气于一身的公益书院，目前已成为青少年诵读国学经典、学习书法和古琴的好去处，同时，各种各样的国学研讨会和国学讲座也进行得如火如荼。

王维生对记者说，办书院是弥补缺失的传统文化，不过不是恶补，而是循序渐进，特别是要从娃娃抓起，说不定未来的国学大师会在这些娃娃中诞生。

---

* 本文原载于 2010 年 3 月 29 日《台海》杂志。

雄心：打造厦门第四张名片

《台海》：您既是筼筜书院理事长，又是白鹭洲开发公司总经理，这两个身份跨度挺大，虎年您会把更多时间花在哪个身份上？

王维生：我对书院很感兴趣，我本身也是学教育出身，还当过九年的大学老师，我一直想建个书院，传承传统文化。但我知道书院不能取代现代教育，书院只是现代教育的补充，特别是补充现代教育在传统文化教育方面的缺失。作为白鹭洲开发公司总经理，经营一个国企，与经营一般以追逐利润为中心的企业又不同，加上白鹭洲位置特殊，既是"城市客厅"，又是"城市原点"，要顾及很多社会效益和公众影响，决策的时候比较困难。不过我会尽量从人文的角度去思考。2010 年，我会把更多精力放在筼筜书院，要努力把它打造成厦门的第四张名片、中国的四大书院之一。现在国学和书院的复兴是个趋势，我相信有更多的人会投入这个事业中。

《台海》：每年白鹭洲的元宵灯会都是厦门市旅游文化展示的一个重头戏，您新年打算怎么唱这出戏？

王维生：厦门市领导正全力把元宵灯会打造成厦门的第三张城市名片。第一张是九八投洽会，第二张是马拉松。因为从影响力、规模和参与的人数上看，厦门没有其他的活动可以与之比拟。每次灯会有将近 300 万人来参加，这对丰富市民的节庆文化生活，提升周围商家的辐射力，以及带动厦门的旅游都能起到积极作用，特别能带动两岸文化交流。去年，我们邀请了台中、金门、澎湖三个县市参加，今年我们邀请了更多的台湾县市或组织参加，相信反响会更热烈。

《台海》：许个新年愿望吧！

王维生：如果有可能的话，我希望在厦门或是其他地方再造几个白鹭洲。

经营：以"学田制"维持书院

《台海》：书院算是比较古老的文化普及场所，因此对大众来说会有些陌生，您能否简单介绍一下？包括书院目前的主要活动项目与日常工作。

王维生：书院的缘起可以追溯到春秋时期。古代书院是传道授业解惑的地方，筼筜书院的职能也是如此。我们在暑期办了国学体验班，有经典诵读，也有国学讲座，还有书法培训和古琴培训。秋季开学后，我们正式对外招生，大家反响热烈。原来计划招两个幼儿经典诵读班，结果报名人数超过我们的预期。不难看出家长对孩子学习传统文化的重视，未来的国学大师，说不定就在这些幼儿中产生。

《台海》：书院都是公益性的，目前书院在日常经营中有没有碰到一些困难，比如经费不足，或是影响力不够？

王维生：目前影响力确实不够。大家对书院认识不足，这是很正常的，毕竟书院还在起步阶段。我们对书院的定位是教授中国传统文化，弥补现代教育中对传统文化教育的缺失。

至于运营经费，目前都是白鹭洲开发公司在支撑。其实创院之初，我们就学习了古人的"学田制"的做法。以前官府或者士绅在建书院时，都会划拨或者置买一块田地赠给书院作为"学田"，用于出租收取租金，或者部分自己耕种，租金所得用于书院日常开支。我们在做书院规划建设时，就在书院旁边设计建设了三栋配套建筑，拿来出租，以租金所得作为书院运营经费。目前，书院基本的运作经费还是有保障的，但要扩大书院影响力，还需要更多资金的支持，这包括开设高端研讨会，出院刊，建文库，把最新的研究成果结集出版，以及举办一些对社会更有影响的活动。所以我呼吁社会各界，多多支持书院的发展。希望一些理事单位、有能力的社会团体和企业家能加入进来。

《台海》：筼筜书院有没有向国内一些成熟的书院取经？

王维生：我们几乎是摸着石头过河。冯骥才说过，现在办书院没有先例可参照。冯骥才办了个北洋书院，也是挂靠在高校。国内有名的岳麓书院也是湖南大学附属学院，属于教育系统。中国作协副主席陈忠实办了个白鹿书院，也是挂在西安一个大学。这些书院和我们的定位都不一样，我们纯粹做书院，做传统书院的教习、研讨，这在国内比较少，基本是无经可取。但大家面对的问题还是相似的，特别是解决经费问题，如果没有财力和实力支撑，很难做下去。

心得：交流和借鉴让筼筜书院更好地发展

《台海》：筼筜书院是白鹭洲一景，致力于促进两岸文化交流，为两岸学者共同研究中国传统文化搭建桥梁。那在两岸书院交流过程中，台湾方面曾给过您哪些影响？

王维生：为筹办筼筜书院，我专门到过台湾的孔庙、台南书院、台北书院、澎湖的文石书院等进行参访学习。台南书院是台湾的第一个书院，很有文化底蕴，但目前这些传统书院都被当作博物馆晾在一边。在台湾，反倒是个人办的书院比较有人气。比如孔子后人孔维勤办的书院，起初就在他家的客厅，就是找三五个学生在家里开课、讲学，氛围、效果都不错，后来慕名而来的人越来越多，他才想到去外面寻找更大的场所。可以说，有声势有影响的台湾书院其实不多。我们应该学习的不是他们书院的经营模式，而是台湾日常学校教育里对传统文化的重视。

《台海》：台湾在传统文化的传承上做得确实比较好，新一年里，您觉得大陆应该如何促进传统文化教育的发展呢？

王维生：在大陆的中小学教育中，传统文化占的分量非常少。而在台湾地区的中小学教育方面，传统文化几乎占了一半。台湾地区的年轻人能懂古代的碑文，懂得断句；台湾地区的教育界人士也比较热心，一直在努力推动这项工作，比如南怀瑾、王财贵等。大陆这几年，书院这种形式在不断地被审视、被接受。首先，书院是很好的学习传统文化的场所，有可能的话，应该多建一些；其次，日常的学校教育里，应该加强传统文化的部分；最后，传统文化特别是国学的弘扬，其实是一个相当长的过程，大家应该多点耐心和鼓励。

《台海》：筼筜书院在 2010 年会有哪些两岸文化交流活动？会请哪些人进行交流？

王维生：作为对台的交流前沿阵地，厦门具有得天独厚的优势。去年的首届海峡国学论坛上，两岸学者达成了共识，要把论坛一直办下去，甚至有可能由厦门和台湾地区两边轮流举办，因为那场研讨会对台湾学者影响很大。不少台湾学者都很震撼，他们也办书院，但很多都是私塾性质的，而厦门可以拿出城市中心区的核心地块，在这么好的环境、这么好的氛围下建书院，这让他们非常赞叹。台中市的两岸交流协会会长就说，筼筜书院做得很好，在台湾地区已小有名气。台湾辅仁大学的校长黎建球回台后也在为书院做宣传。除了高端研讨，平常我们还会增加一个小范围内的专题性的研讨会，做圈内的学术探讨，而学者与民众之间互动多一点，应该会更有效果。

生活小调查

《台海》：您工作之余喜欢做什么？

王维生：我现在每天下午都会去游泳。我大学时是学生会的体育部长，运动是我的强项。现在时间有限，打球要约人还要找场地。游泳嘛，一个人就可以的。只要有可能，我几乎每天都去，一小时左右吧。

《台海》：您的书柜很大，平常是不是很喜欢读书？

王维生：以前是很喜欢，睡前会翻一翻。读《论语》比较多，以前有"半部《论语》治天下"的说法。但是现在太忙了，看得少。

《台海》：平常有没有下厨或做家务？拿手菜是什么？

王维生：下厨的机会很少。我以前单身时就很会煮菜，但结婚后，都没有时间。我太太做菜很好，基本不用我帮忙。我就固定每个星期六上午打扫卫生。

《台海》：您的工作井然有序，您的家人是不是给您提供了坚强的后盾？

王维生：提到这个，我要感谢我的太太，家里的事几乎不用我操心。我在家里很轻松，没有别的事，就星期六打扫卫生。此外，我的小孩也很争气，学习成绩一直不错。2009年我有两大收获：第一是笕笪书院的开办，第二是我的女儿同时被美国六所著名高校录取，最后她选择了哥伦比亚大学，这让我很欣慰。

《台海》：十年来体味最深的一句话是什么？

王维生：努力争取一个平台，再好好地去发挥。靠影响别人来做成一件事很困难，所以要成功就要先获取一个属于自己的平台。

"文化建园" 上下求索 *

文 / 尹俊杰

王维生已经成了大忙人，早上约的采访，直到晚上 9 点多才见面。见面就开讲，一讲就是 3 个多小时。当我们意犹未尽地分手时，已经是第二天的凌晨了。

王维生，男，40 多岁，英俊的脸上没有留下多少岁月的痕迹，而他的举止分明表示这又是一位经历丰富的人。头发一丝不乱，戴一副眼镜，透过镜片，可以发现一丝循循善诱的亲切和待人以诚的善意。西装笔挺整洁，皮鞋乌光锃亮。既有成功企业家的潇洒，又有学者的儒雅。

谈起自己，王维生三言两语：1979 年上大学，学的是教育；1983 年到 1990 年在大学做教师；1990 年下海，1995 年到白鹭洲（公司），先是做了 9 年副总，2004 年转正至今。

说到白鹭洲和篔筜书院，王维生开始侃侃而谈

篔筜湖原是厦门西海域的一座港湾，这里诞生的厦门老八景"篔筜渔火"，数百年来为文人墨客津津乐道。1993 年，厦门市政府决定对湖心小岛进行开发建设，并将其命名为白鹭洲，担负此重任的白鹭洲建设开发公司应运而生。两年后的 1995 年，他来到白鹭洲，从此与公园的建设和管理结下不解之缘。

10 多年来，王维生与白鹭洲公司遵循着"把更多的文化融进大自然之中，让更多的园林成为艺术之苑"这一宗旨，本着"为城市创造高品质的文化、休闲、娱乐环境"的经营理念，努力探索一条将文化艺术与园林景观完美结合的城市园林建设新思路，开创了一条人

---

* 原文题为《百名名人采访之三十："文化建园"上下求索》，作者尹俊杰时任北京市园林绿化局公园处处长，原载于 2011 年 3 月《景观》杂志。

与自然、自然与文化和谐共处的公园建设运营发展之路。2010 年 12 月，经国家住房和城乡建设部批准，厦门白鹭洲公园荣获"国家重点公园"称号。

白鹭洲是厦门首座大型开放式城市公园，位于市中心。优越的地理位置、良好的绿化景观与休闲文化设施，使白鹭洲公园成为厦门城市的"磁心"和"绿肺"，而其建设的点睛之笔当属筼筜书院。

王维生说，建筼筜书院是经过了一番周折的，这块地当初有人要建酒吧，有人要建商场，有人要开发住宅，我们力主建一座书院。

为什么？现在生活好了，心却很累。活着为了什么，为名利？精神没有支撑，没有信仰，钱多了，不知道该干什么，人伦秩序丧失。重新审视传统文化，他感到应回归传统，学习祖先的智慧。书院建成什么样？远处看，很传统；近处看，很现代；进去看，很地道。这就是他为筼筜书院设计的三种表情。书院建筑要与公园环境相协调，让大家到这里来能静下心来。

创意不离谱，公园内的建筑要让人赏心悦目，公园内的氛围要让人心灵宁静。筼筜书院整片区域占地 38000 平方米，依湖而居，虽处市中心，却因周围的小山和绿树环抱，颇有闹市中的世外桃源之感。主体建筑位于公园中部，居中心位置的是书院主题功能用房，带有经典的中国书院格局和闽南建筑风格，由"讲堂""学堂""展廊"三个部分组成。办书院干什么？培养人文素养，浸润人的心灵。

谈到兴办筼筜书院的初衷，王维生若有所思

千百年前，书院作为儒家文化的一种载体，"以诗书为堂奥，以性命为丕基，以礼仪为门路，以道德为藩篱"，将学术传承与教育由私人交流变成一种向公众开放的领域，成为名流学者们讲经论道之所，文人学士们向往之地。在中国古代的文化传播中，没有一种形式能如书院呈现得这般自由、包容和开放。在发扬儒学方面，唐宋以后，儒学教育与普及便以书院教育为主力，教化民众，改进社会风气。正如欧洲中古学术的发展往往依附于大学、学院一样，儒学或宋明理学的种种风尚及学派往往依附书院而发扬光大。可见，学术的发达往往和思想家荟萃的场所有千丝万缕的关系。虽然 100 年前，书院在我国古代所承载的精神气质和文化使命已告结束，现代仅存的书院大都失去它直接的思想传播功能，但它依然成为后人精神瞻仰的指引性符号。

传统书院在近代渐趋衰落后，历经近百年的沉寂，又在现代意识的反观下悄然兴起。从 20 世纪 80 年代冯友兰、季羡林、汤一介等当代著名学者发起成立中国文化书院起，相继出现了万松蒲书院、白鹿书院等，近年来又有更多的书院在新一轮国学热中相继成立。这些现代书院的创立，再一次昭示，书院仍然是中国文化人心中永远抹不去的记忆，是中国文化人所向往的一个美好的精神家园。

中国传统书院在今天的再度出现，从积极的方面讲，即"盛世兴国学"，改革开放 30 多年，经济发展了，人们的文化信心开始增强了；从另一方面讲，历经 30 多年的高速发展和市场经济的荡涤，功利性、世俗化、高节奏，成为现代人的精神之累。在崇尚西方文明过后，很多人开始面向中国历史和文化传统，去那里寻求根源，进行精神上的回归。书院的重现，也给人们多了一份教育与文化的自由选择。诚如复旦大学文史研究院院长葛兆光教授在筼筜书院演讲时所说："仓廪实而知礼节。"厦门作为中国大陆经济较发达的地区，政府、企业、大学都有在"仓廪实"的基础上使得民众有"知礼节"的需要，所以推动筼筜书院的成立，推广传统文化教育，很合乎孔子所提倡的"富之"然后"教之"的理念。筼筜书院提倡传统文化的教育从大的方面来说，是对传统和历史的认同做出努力；从小的方面来说，是对民众的教养和文化提供滋养，这是一件非常好的事情。作为一种文化设施，书院放到公园里既丰富了公园的景观，又增加了公园的文化气息，何乐不为？

谈到筼筜书院的建设，王维生略显兴奋

书院虽地处市中心，但因建园之初就建造了小山，种满了绿树翠竹，与繁华保有一定的距离，颇有闹市中的世外桃源之感。书院周围的"学田"是两家美术馆和一家茶馆会所，与书院一起形成了浓郁

的传统文化聚集。书院位于园区中心位置，是经典的中国书院格局，又富有闽南建筑气息。他认为筼筜书院将成为新时代弘扬国学的文化平台，这一点毋庸置疑。它以传播中国优秀传统文化思想为主旨，以"旧学商量，新知培养"为办院理念，广邀国学精英讲授国学要义；充分发挥厦门在闽台文化交流中的区位优势，吸引海内外人士共同研究、交流国学；举办青少年国学培训、读经诵典活动，展示传统文化遗产、工艺美术、艺术作品等，推进国学在新的历史条件下发扬光大。作为当代书院的一种创新模式，厦门筼筜书院秉承书院传统，创新书院发展体制，致力于探索一条新的传统文化普及与发展之路，希望能让人们在教育上多一份自由选择，也多一种中华文化的寻根与创新的方式。

谈到筼筜书院的定位，王维生胸有成竹

筼筜书院的创立，可谓是在中国传统书院基础上应运而生，顺势作为。然而，作为厦门首家极具现代意义的国学书院，在新的历史条件下如何兴办与发展，这是一个全新课题。正如当代著名作家冯骥才所言，目前书院发展最大的问题是没有先例，我们是第一批人，最大的困难是没有可以仿效的，而最大的优点则是可以发挥想象力自由创造。诚如台湾辅仁大学校长黎建球教授寄语筼筜书院："筼筜书院是第一个既没有传统的包袱，又承受现代使命的地方。"

为此，延续中国书院的传统功能，筼筜书院筹建的初衷，就是为了给现代社会人们多提供一项选择——让人们在接受现代教育的同时，还可以在课余时间从国学传统经典的普及中发掘兴趣与爱好。

今天，当人们走进筼筜书院的正厅讲堂，"旧学商量，新知培养"在两侧对开，直入眼帘。这副对联出自朱熹的"旧学商量加邃密，新知培养转深沉"，通过研讨和辩论，"旧学"因有"新知"的启迪更加精深周密，而"新知"因得"旧学"的栽培滋养更为深稳沉实，这也是孔子"告诸往而知来者""温故而知新"治学方法的继承和完善，此中蕴含的正是筼筜书院正在贯彻的办院理念。如果将"旧学商量"视作一种方式和态度，那么"新知培养"无疑就是其主旨和

目的所在。弘扬经典传统与开发创新，两者之间并不矛盾。筼筜书院的同人正是心怀对中华传统文化虔诚敬畏的心态，以"旧学商量，新知培养"为理念，结合传统书院的风俗和现代书院的特点，搭建了一座别样的文化园林。如今筼筜书院已经成为涵盖国学经典教育、传统文化交流、国学专题研究与讨论的传统文化平台。

谈到筼筜书院的运作，王维生如数家珍

首先是青少年的国学启蒙。书院根据学生年龄层级和培训科目等，制订了《三字经》《弟子规》《千字文》《笠翁对韵》及四书等十个阶段的国学启蒙计划，孩子在五年级之前可以学完相关的课程。同时开设书法、古琴等艺术类课程及暑期的特色课程。在这个方面，特别是伴随着"读经热""私塾热"，以及家长的心态等，蒙学教育一直是书院开办以来最为热闹的、受众最为广泛的部分。在各类教学中，根据不同的教学班设定不同的教学过程与目标，并且不断创新教学形式。例如，《千字文》班，书院把文字学与书法结合，作为学习千字文的方式。在孩子的教育中，非常注意提高学生人文素养与品行养成。在成人的经典普及教育层面，书院也为成人制订了相关的计划，包括古琴、书法和国学经典讲习班，注重从经典原文的字句起学习传统文化。特别值得注意的是，筼筜书院面向公众的经典普及都是公益性质的。

其次是名儒会讲。在中国传统书院的发展历史上，名儒会讲是书院的一大特色。在传统文化交流、国学专题研究与讨论方面，厦门因其独特地理位置，成了两岸交流的窗口和桥梁，筼筜书院同样也成为国学大师、学者们交流、研讨的最佳场所。2007 年 8 月，国学泰斗饶宗颐先生为筼筜书院亲笔题写院名，并答应担任筼筜书院名誉院长。

最后是出版刊物。出版刊物是书院的重要功能之一，筼筜书院对此十分重视，尤其是多次重要的学术研讨会会聚众多名家学者，他们精心提交的论文均是宝贵财富。书院通过定期出版《筼筜书院》院刊杂志，将专家顾问的文章收集在筼筜书院院刊中，逐步建立起国学专题研究的"筼筜文库"。书院将学者们的会讲内容通过出版物刊发，有利于更好地保存学者们的研讨成果，凝聚各方智慧、展望研究前沿，同时向社会大众进行推广和传播，有利于展现国学精华并碰撞出思想与智慧的火花。此外，书院从规划之初就已设立了箢筜书库，已计划在合适的时机推出系列国学书籍，相信会在书院发展历史上留下其独特与悠久的印记。

谈到箢筜书院的发展前景，王维生充满信心

在厦门市政府的支持下，稳定的企业资金支持，使得箢筜书院能够在发展中坚持公益性经营，各项活动取得广泛的社会影响力。在经营模式上，创造性地将中国古代书院的"学田制"与现代经营理念相结合，通过经营"学田"为书院提供办学经费，保证书院有充足和持续的资金从事教育和学术研究，保证书院的公益性和纯粹性，力求真正做到返璞归真。南北两组建筑作为书院的配套设施，主要用于中国传统艺术的创作，以及古玩、古书籍和文房四宝的展示和经营，所得款项全部用于书院的支出。

"众擎易举，独立难成"，书院自成立之时起，便深得社会关注，用书院这一历久弥新的形式吸引众多一心向学的人。立意如此，施行却不易，但义无反顾，商量旧学，培养新知，营造传统文化的学习氛围，培养品格，让更多的人来此流连徜徉。

结束意犹未尽的采访，"文化建园"几个字深深地印在了笔者的头脑里。关于这个命题，有认同也有争论。应当怎样理解这个命题呢？"文化建园"，不言而喻就是在城市园林的建设和发展过程中，从建造、经营和管理上贯穿丰富的文化内涵，创造出能够充分体现人类文明的园林建设实践活动。城市园林是人类社会发展到一定阶段刻意追求自然的一种文化现象。随着人类精神生活的不断丰富、文化积累的进一步增加，人们不满足于受地域的限制而生活在城市纯粹的人工环境之中，希望在城市之中体验到大自然的山山水水，城市园林随即产生。"文化建园"就是深刻理解园林的文化属性，充分掌握园林的文化内涵，突出强调园林的文化意义和文化作用，从弘扬优秀传统文化和展示现代文明风范的结合上，从追求完美空间艺术形式和融

入园林新科技的结合上，赋予园林城市建设和管理以浓厚的精神文化色彩和科学技术成分，创造出具有时代特色的园林文化。"文化建园"的内容非常广泛，体现在文化领域的方方面面，包括建筑、文学、艺术、科技、民俗、娱乐等。我想，王维生在白鹭洲公园内创建的篑筜书院，在未来的公园建设运营中应是一个方向，那就是"文化建园"。篑筜书院是白鹭洲公园内的一处文化景观，然而，又不仅仅是文化景观。它不仅好看，而且有用，充分发挥着教化作用、浸润作用。如果公园建设除了大量植树种草、营造优美的环境，发挥生态功能之外，还能有一点文化，让人们在享受绿荫和鲜花的同时也能在精神上、心灵上受到一点浸润，岂不是公园作用的升华吗？岂不是公园对建设和谐社会的贡献吗？

企业家当不忧不惑不惧 *

采访、撰文 / 林洲杰　摄影 / 陈慧婷

作为一名企业家，不但要具备自由市场经济的商业逻辑和理性精神，也需要"共同人性"的道德约束且关注内心价值。可以说，自我修炼是企业家永恒的主题。那么，企业家的修行应该从何处开始？国学对企业家修身、治企有何意义？怎么看待企业家的自我修行？企业家可以通过怎样的途径和方式来实现自我修行、提升自我？带着一系列的问题，我们采访了厦门白鹭洲建设开发公司总经理、厦门筼筜书院创院理事长王维生山长。

走进绿树掩映中的筼筜书院，幽静的环境顿时使初夏的躁动安宁下来。院内筼筜竹清新脱俗的身影，为书院增添一份诗情画意。这样一个返璞归真的院子充满了与智慧相配的雅致。

初见王维生，并没有拒人于千里之外的距离感。和他说话的时候，他永远面带微笑，对于我们提出的每一个问题他都极其耐心、一丝不苟。他为人低调谦和、温厚稳健，一言一语中显露出他既有大海的宽广胸襟和船长的开阔视野，也有水手脚踏实地的勤勉细致。

身为厦门筼筜书院的创院理事长，王维生一直默默坚持做企业家心性修行的引领者。他说强大的内心是做好做大企业的关键，因此企业家只有通过自我修行，提升自身的境界和视野，做到不忧不惑不惧，最终才能成为一位卓越的领导者。他也希望筼筜书院能走出厦门，办成连锁书院，为更多的企业家和市民造福。

盛世兴国学

《**总裁圈**》：筼筜书院于 2009 年 7 月落成，当初您是秉着怎样的理念开创筼筜书院的？作为厦门第一座现代书院，筼筜书院对传统文

---

* 本文原载于 2014 年 5 月《总裁圈》杂志。

化的传承起到什么作用，能够给现代教育什么启迪？

王维生：当初我们秉承"文化建园"的理念，把文化和艺术的内涵融入城市园林的建设当中，这也是世界园林的发展趋势。当然，更为关键的是在十多年前，我们已经觉察到盛世兴国学的趋势，改革开放以来经济高速发展，但人们的灵魂跟不上脚步，总是感觉缺少了点什么，其实就是智慧。所以，我们就想有机会为厦门人民营造一个精神家园，为市民尤其是青少年提供一个学习传统文化的选择机会，用国学智慧来引导大家。这个想法一提出来之后，就受到市领导的充分肯定，后来就诞生了篔筜书院。

篔筜书院对传统文化的传承可以说起到"星星之火"的作用，唤醒市民对传统文化的注意和兴趣；搭建了学习传统文化的平台，为市民提供了各种形式的学习传统文化机会，比如我们的经典讲习班、讲座、名家论坛等；对市民学习国学起到引导的作用；充分发挥厦门的地缘优势，搭建传统文化交流的重要平台；创建现代书院的"厦门模式"等。篔筜书院的体制和运作模式在国内是非常有特点的。政府支持、企业投资、公益运营，用学田制来支撑整个书院的运作经费，这也形成了篔筜书院比较清晰、符合现代社会的办院模式。

书院的再度兴起能够唤醒体制内的教育，重视传统文化的教育，加大人文智慧和思想的教育，希望最终能让国学教育融入体制之内。

《总裁圈》：篔筜书院是两岸国学大师、学者们交流、研讨的最佳场所，是新时代弘扬国学的文化平台，它以传播中国优秀传统文化思想为主旨，以"旧学商量，新知培养"为办院理念。请您介绍一下篔筜书院办院理念的含义，您怎么看待国学在中国的复兴？

王维生："旧学商量，新知培养"其实来自朱熹在"鹅湖之会"后的一首和诗——"旧学商量加邃密，新知培养转深沉"，原诗的本意是讲学问之道。而我们借以来表达的是对传承传统文化的态度和办书院的理念，旧学（传统文化）好不好大家可以商量，培养新知与新人才是我们弘扬优秀传统文化和办书院的目的。

当前，中华民族正处在伟大的民族复兴过程之中，如果我们站在哲学的高度来看，就会发现，民族的复兴必须有民族文化的复兴来支撑，而国学就是我们固有的民族文化。德国著名哲学家卡尔·雅斯贝尔斯有个著名观点："直至今日，人类一直靠轴心期所产生、思考和创造的一切而生存，每一次新的飞跃都回顾这一时期，并被它重新燃起火焰。轴心期潜力的苏醒和对轴心期潜力的回忆，或曰复兴，总是提供了精神力量。"这段话的意思是说，各种有悠久历史文化传统的民族，在它们的每次重大历史转折点时，往往要回顾自己文化的原点，以得到"精神力量"。历史的现实的确如此，而中国现在也正面临这种情况。今天的"国学热"就是其序曲。

须以修身为根本

《总裁圈》：时至今日，企业家接受国学教育已蔚然成风，中国传统文化正走出书斋，飞入万千企业"家"。对于博大精深、浩渺无垠的中国传统文化，企业家到底该以何种态度、持何种立场去接触、去研习？您认为国学对企业家修身、治企有何意义？

王维生：在学习的态度和立场上要避免两种极端，不能全盘否定或全盘肯定，事物不是简单地一分为二，而是多元的。学习传统文化应是抽象地继承，而不是照搬照套。我们要学习的是智慧和精神，所以我们抱着"旧学商量，新知培养"的理念也是适合当下学习国学的态度。

格局决定结局，境界决定高度，高度决定视野。企业家学习传统文化的最大功用，实际上就是提升格局、境界和视野。企业家是企业的领袖，他的所思所想、所作所为在很大程度上决定企业的走向。

《总裁圈》：只有具备一定修为与思想境界的企业家，才能把企业带向一个广阔而高远的视野与境界。因此有的企业家，在研习国学时带着很强的目的性，他们希望通过对传统文化的深入了解来谋求企业治理之道。对于企业家的这种心态，您如何看待？

王维生：企业家接受国学等传统文化的教育，我觉得是值得鼓励的。《礼记·大学》提到"修身、齐家、治国、平天下"，这是古代读书人或君子所追求的目标。"自天子以至于庶人，壹是皆以修身为本"，不管是统治者还是想有所作为的人，都必须以修身为根本。修身不仅是个人行为，也是家庭的需要，更是社会的诉求。

传统文化是修行养料

《总裁圈》：企业家在事业做到一定的规模后，会开始注重心灵修炼，而中国传统文化往往会成为他们修炼的主要"养料"。但中国传统文化浩如烟海，到底该从哪里入手？许多企业家热衷于学习成功企业的成功模式，甚至照搬那些企业的规章制度和企业文化的时候，却往往忘记审视自己。您认为企业家的修行应该从何处开始呢？

王维生：这是一个关于"悟道"与"求术"的问题。大部分没有接触过国学的企业家认为学习国学可以照搬照套地运用到企业经营管理、人际交往中，其实这是一种误解。

学习国学最重要在于悟道，即学习古人的智慧和思想。现在企业家碰到的问题不在于缺少知识和方法，而在于缺少智慧和思想。至于"术"的部分，现在的管理学已经非常完善了。学习国学，悟"道"远远大于求"术"。一个大企业家，是应该有大人格、大文化、大情怀的，"术"只能让一个人成为出色的匠人，而不是真正的大家。

中国传统文化经过两千多年的衍变和融合，最终形成儒、道、佛三大支柱。儒家强调开拓进取、积极入世；道家强调自然无为，道法自然；佛家"解脱"为本位，强调空无自在境界。儒、道、佛三家虽各有所重而相径庭，然仍能融合会通，相济相补，和而不同，构成彼此共存共荣的文化格局。

儒家自觉，道家自然，佛家自在。我觉得企业家应该三方面都兼修，争取做到"脚踏大地做儒家，头顶天空做道家，心中感悟佛家"的顿悟。中国人的理想人格是儒道佛交融互补，以出世的精神来从事入世的事业，追求游刃有余的人生，这是人生最高的境界。

修炼强大的内心

《总裁圈》：做企业是一场艰苦的旅行，其间会不断地遭遇大雨、邂逅冰雹、触碰礁石……必须具备强大的内心，才能化解这一切，扛到最后。那么，您怎么看待企业家自我修行的意义？企业家可以通过怎样的途径和方式来实现自我修行和提升自我，成为一个卓越的领导呢？

王维生：内心的强大是做好做大企业的关键，它得益于生活的历练，源于思索与沉淀。企业家只有通过自我修行，才能提升精神境界，才能拥有强大的内心、坚定的意志和饱满的情绪，拥有战胜怯懦的勇气和敢于冒险的精神。

企业家通过自我修行，义利观会有所改变。义利观是现在中国企业家迫切需要解决的问题，社会上存在太多的伪劣产品，实际上是因为企业家没有正确的是非观、义利观，被求利忘义的思想所主导才会出现这种乱象。孔子说"不义而富且贵，于我如浮云"，强调的正是"君子爱财，取之有道"的义利观。通过学习和修行，企业家会有一个明显的转变，养成正确的义利观。

企业家通过自我修行，会加强自身的社会责任感。做企业不仅是为了追逐利润，还有很多的社会责任需要去承担。通过提升自我，企业家就会时刻提醒自己：不应以牺牲环境或公众利益为代价，要反哺、回馈社会。

企业家通过自我修行，将更加了解"达者"如何兼济天下。孟子说"穷则独善其身，达则兼济天下"，企业做到一定程度，企业家都应该算是达者，但对于如何支配财富，如何使人生过得更有意义，企业家们往往有很大的困惑。通过修行，他们就会改变以前一掷千金的陋习，转而参与社会公益事业，使精神上更加富足。

那么企业家如何修行，如何做到内心的强大呢？孔子有一段话值得借鉴："君子道者三，我无能焉，仁者不忧，知者不惑，勇者不惧。"仁者不忧虑，是因为仁者乐天知命，内省不疚，所以才能够无忧无虑；智慧者不迷惑，是因为智慧者明于事理，洞达因果，所以才能够不迷惑；勇毅者不畏惧，是因为勇毅者折冲御侮，一往直前，所以才能够不畏不惧。

一个企业家如果能做到不忧不惑不惧，那么他的内心一定足够强大，碰到任何困境一定有毅力扛到最后，最终成为一个卓越的领导者。

企业家应该是当代君子

《**总裁圈**》：老一辈企业家往往是在艰辛坎坷、误打误撞中摸索成长，与此不同的是，新一代的企业家更愿意花费一定的时间进入商学院或管理学院进行修炼、提升自我。您如何看待新老企业家不同的自我提升方式？

王维生：新老企业家不同的自我提升方式与他们各自不同的成长环境、受教育程度、周边的群体等要素是分不开的。

老一辈企业家以创业为主，自己摸爬滚打出来的。而年青一代的企业家主要还是以继承为主，所以成长环境不同；老一辈企业家的受教育程度偏低，但他们为新生代创造了良好的受教育机会和环境，所以新一代企业家受教育程度普遍都较高；老一辈企业家往往喜欢"单打独斗"，而新一代企业家善于抱团成长，所以他们更愿意呼朋唤友一起进入商学院提升自我。所以新老企业家修行的方式明显不同。

新一代的企业家进入商学院修行能够得到很多方面的收获：真正读书，学习到有用的知识与思想；交到朋友，积累人脉；为自己的企业带来新的商机等。"江山代有才人出，各领风骚数百年"，作为新一代企业家，要想真正推动我国商业文明的进步与健康，首先就要从自我修炼开始。

《**总裁圈**》：所有的自我修行都是为了做更好的自己，从而带领出一个更好的企业。那么您理想中的企业和企业家分别是什么样的？请描述下。

王维生：我理想中的企业家应该是当代的君子，或者至少应该是一个新儒商。这样的企业家最基本要符合三个要求：人格高尚，做人要正直善良；有责任感，对社会、对家庭、对员工、对自己都要抱着负责任的态度；言行一致，做到知行合一。

企业家必须在商道中坚持自我修行，只有具备这样的修为与思想境界，才有可能把企业带向一个更为广阔而高远的视野与境界。

旧学商量　新知培养[*]

——厦门市筼筜书院探索现代"学田制"的经验做法

资料提供/厦门市委政研室　　整理/省委政研室政文二处

调研内参

（特　刊）　　第35期

中共福建省委政策研究室　　2015年9月29日

旧学商量　新知培养
——厦门市筼筜书院探索现代"学田制"的经验做法

　　筼筜书院是厦门市首家现代书院，2005年开始筹划，2009年建成。书院以"旧学商量、新知培养"为办院理念，采取"政府支持、企业投资、公益性经营"的运营方式，立意成为海峡两岸最具活力与影响力的现代书院之一。著名作家、文化部原部长王蒙先生说，筼筜作为书院没有历史，但可以创造历史。

领导批示

送：省领导，省直有关单位，各市、县(区)委书记，各市、县(区)长

　　【提要】筼筜书院是厦门市首家现代书院，2005年开始筹划，2009年建成。书院以"旧学商量，新知培养"为办院理念，采取"政

---

*　本文发表于2015年9月29日福建省委政策研究室《调研内参》特刊。

府支持、企业投资、公益性经营"的运营方式，立意成为最具活力与影响力的现代书院之一。著名作家、文化部原部长王蒙先生说，篔簹作为书院没有历史，但可以创造历史。

篔簹是竹子的雅称，篔簹书院以此命名，以传播中国优秀传统文化思想为主旨，广邀精英讲授国学要义，开展多层次的国学教育普及、两岸国学论坛及国学专题研究、经典文集出版等活动。到过篔簹书院的许多专家认为，该书院有"三绝"："第一绝"为规划设计，虽地处城市中心，但闹中取静，回归草木莺飞，是块"天人合一"的净土；"第二绝"为建筑形态，将闽南建筑风格与现代建筑材料相结合，很好地完成了新闽南建筑的美学思考；"第三绝"为功能作用，虽是"无中生有"，但真正起到了书院功效，成为专家学者谈古说今、市民学子学习国学的课堂。

一、创建学术性与普及性相结合的国学乐园："旧学商量，新知培养"

书院是教育和学术研究机构，承载着中国传统文化的精华和风神秀骨。篔簹书院紧紧把握传承与创新的关系，结合传统书院的规制和现代书院的特点，积极搭建新时期学术研讨和文化普及的平台，推动传统文化迸发活力、重焕生机。一方面，书院聘请著名学者饶宗颐先生为名誉院长，聘请百余位知名学者为学术顾问，同时与海内外数十所高校、研究机构建立紧密联系，先后邀请李敖、陈鼓应、葛剑雄、毛佩琦、于丹等知名学者到院开讲，推动学术交流分享；另一方面，坚持面向全市青少年开展系列国学经典启蒙教育，面向市民开展系列国学经典讲习，一年三季的"国学经典公益常设班"已开展百余班次，并定期举办公益"名家讲座""竹林读书会"等活动，形成了独具一格的国学经典艺术教育普及方式，得到了广大市民的普遍欢迎。2014年9月，书院被推举为中国书院学会副会长单位，并获批成立"中国书院学会当代书院研究中心"。

二、创建传统文化交流的高端平台：
"同根同源、传承经典"

箴笃书院发挥地处厦门的优势，以弘扬中华优秀传统文化为己任，以促进两岸传统文化交流为重点，推动闽台两地民众增进了解、融合共进。自 2009 年起，坚持每年底都与厦门大学国学研究院、台湾"中央研究院"中国文哲研究所等单位联合举办"国学论坛"，至今已连续举办六届。作为国台办批准的重点对台交流项目，该论坛以高端两岸交流及重视经世致用为特色，被誉为当今两岸最活跃的高端学术交流平台，影响日益广泛。此外，书院还积极促进两岸青少年文化往来，支持开展两岸大学生"重走朱子之路"活动，举办了多期两岸大学生儒学与志工之爱研习营、"同根同源·传承经典"两岸青少年中华经典之旅夏令营等活动。2014 年 11 月，书院被全国台联确定为"全国台联国学研习交流基地"。

三、创建书院运营管理的现代"学田制"：
"政府支持、企业投资、公益性经营"

"学田制"是古代书院常见的一种教育经费保障机制，由国家拨给或学校自行购置一定数量的土地，作为固定资产，学校通过土地租赁来获取教育经费。最早见于宋代乾兴元年（1022 年），朝廷赐兖州州学学田 10 顷，"以为学粮"。箴笃书院汲取先人的办院智慧，将古代书院的"学田制"与现代的经营理念相结合，通过经营"学田"、收取周边配套租金等，为书院筹措办学经费，解决资金来源问题。书院筹建伊始，就明确由厦门白鹭洲建设开发公司进行投资兴建和运营管理，书院用房、周边配套设施等"学田"及箴笃书院学术交流中心等均属白鹭洲公司所有。白鹭洲公司在厦门市委、市政府的指导下，按照城市文化产业发展的整体战略布局开展建设，在从事课程教育和学术研究的同时，兼顾书院的公益性，确保了书院的可持续发展。